Key B. Hacker

MACINTOSH

Key B. Hacker

Ein Computer und seine Mitwelt

Springer Fachmedien Wiesbaden GmbH

Das in diesem Buch enthaltene Programm-Material ist mit keiner Verpflichtung oder Garantie irgendeiner Art Verbunden. Der Autor übernimmt infolgedessen keine Verantwortung und wird keine daraus folgende oder sonstige Haftung übernehmen, die auf irgendeine Art aus der Benutzung dieses Programm-Materials oder Teilen davon entsteht.

1984

Umschlaggestaltung: Peter Lenz
Das Foto wurde vom Verlag mit freundlicher Unterstützung der Firma Computer-Service, Wiesbaden, hergestellt.

ISBN 978-3-528-04326-1   ISBN 978-3-663-14046-7 (eBook)
DOI 10.1007/978-3-663-14046-7

INHALT

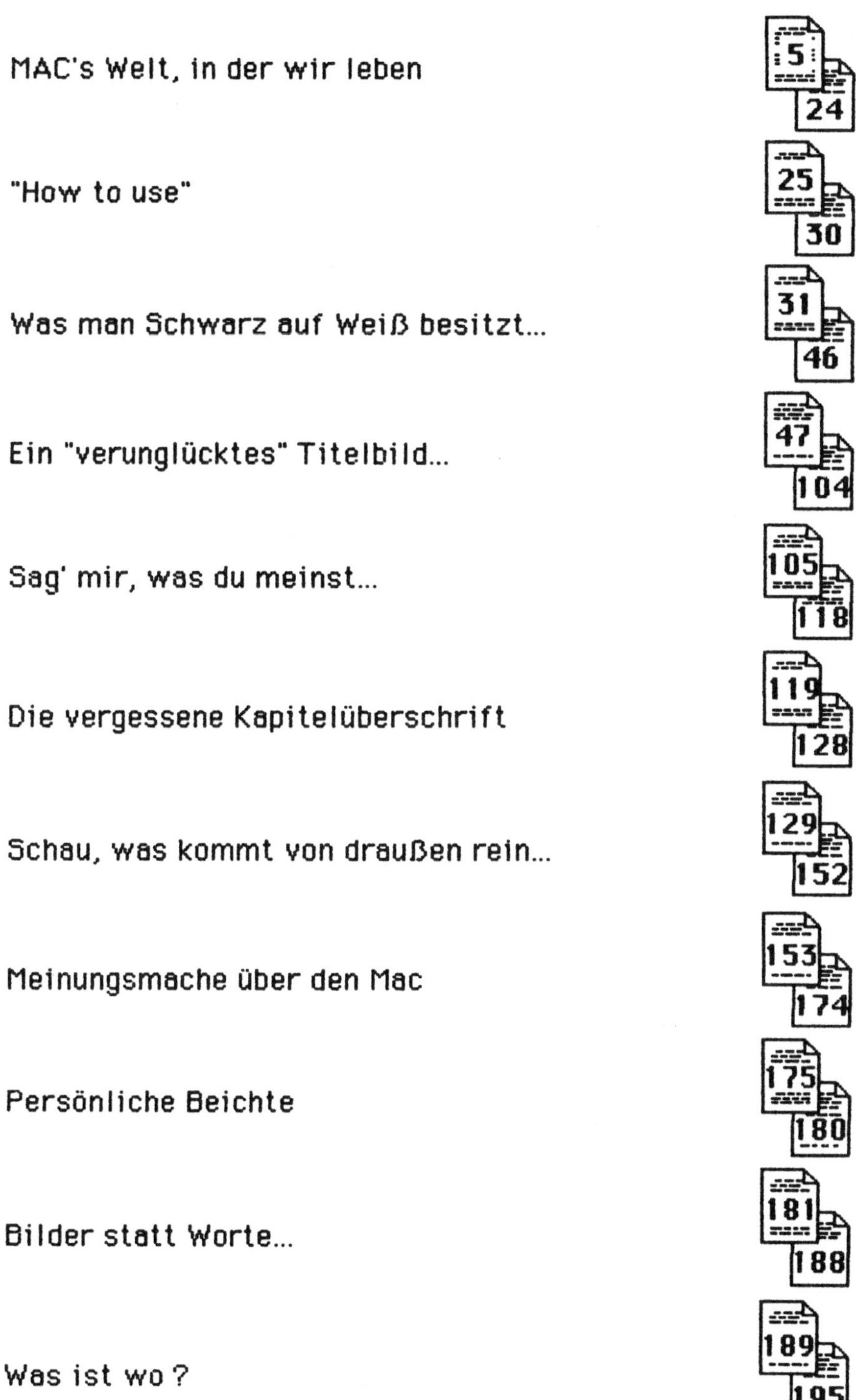

MAC's Welt, in der wir leben

Benutzer von Mikrocomputern geraten nicht selten in den Ruf von Spinnern. Da sind Väter, die sich in den Kneipen darüber verbreiten, daß sie sich mit dem Kauf eines solchen "Dings" für ihren Nachwuchs einen Bärendienst erwiesen hätten. Mütter jammern beim Kaufmann darüber, daß die "Blagen nur noch an diesem komischen Apparat" herumhängen, anstatt auch mal an die frische Luft zu gehen.

Im Fernsehen häufen sich Sendungen, aus denen der unbedarfte Zuschauer schließen muß, die private Mikrocomputerei sei vom echten Wahnsinn nur durch einige äußere Attribute verschieden. TV-Redakteure gehen auf Zuschauers Kosten für drei Stunden mit einem acrylumhausten Computer unter Wasser, um einen 3 Stunden-Weltrekord im Unterwasserprogrammieren aufzustellen und strahlen diesen Unsinn auch noch auf die Menschheit aus (eine Minute hätte schon genügt, weil es einen derartigen Rekord noch nicht gab, aber der Nonsens wäre gleichgroß geblieben).

Fachzeitschriften drucken seitenlange Programmlisten zur Führung eines Haushaltsbuches, obwohl jeder Schulanfänger ausrechnen kann, daß die täglichen Einkäufe mit Kladde und Kuli schneller festgehalten und bilanziert werden können als mit einem Home Computer, der erst eingeschaltet, dann mit dem Programm und anschließend mit den bereits aufgelaufenen Daten geladen werden muß, ehe die Anschaffung eines Brotes und eines Glases Marmelade dem Datenbestand zugefügt werden kann.

Nur weil es schlichtweg möglich ist und oft aus keinem anderen Grunde werden die unmöglichsten Sachen mit Home Computern veranstaltet, ohne daß es einen vernünftigen Grund dafür gibt, sie anders als gewohnt zu tun – es sei denn, um sich im Umgang mit diesen Geräten zu üben und ein Gefühl für die **Gesetzmäßigkeiten** zu entwickeln, denen diese Maschinen und die "Rituale" des Umgangs mit ihnen unterliegen.

Fest steht, daß die vielen guten Ratschläge, durch die sich viele **Fachverlage** bereichern, so ausnehmend gut nicht sind. Fest steht auch, daß die **Bildungsinstitutionen** ihre Aufgaben nicht rechtzeitig erkannt und wahrgenommen haben. Offenkundig ist weiter, daß viele **Politiker** neben wohltönenden Worten häufig nichts Wahrnehmbares außer Versäumnissen hinterlassen haben. Ebenfalls kein Geheimnis ist, daß mehr zu einem **modischen** Schnickschnack ausgeartet ist, was längst zu einer methodischen Heranführung an ein **neues Medium** der Informationstechnik hätte ausgeformt werden müssen.

So dilettieren denn viele junge und nicht nur junge Menschen mit Mikrocomputern herum, bis sie vielleicht einen **Sinn** in ihrem Tun entdecken, den ihnen niemand aufgezeigt hat. Spüren sie keinen Nutzeffekt, artet die ganze Sache in **Langeweile** aus, der sie sich durch andere Interessen entziehen. Für Außenstehende, die selbst kein Gespür für die Mikrocomputerei entwickelt haben, ergibt sich daraus ein Schauspiel, dessen Grundlage ihnen eine besondere Art von Geistesverwirrung zu sein scheint. Computer-*Freak* bedeutet ja schließlich *Einzelgänger*.

Wie auch immer man zu den Mikrocomputern steht – sie sind ein **Produkt modernster Technologie** und selbst Grundlage einer neuen Art des Umgangs mit **Information** geworden. Was diesen Geräten in Deutschland weitgehend noch fehlt, ist eine verbreitete pragmatische Einstellung zu ihnen. Aber das wird nicht verhindern können, daß immer mehr sinnvolle Anwendungsgebiete erschlossen werden. Eines Tages werden Mikrocomputer zur allgegenwärtigen Selbstverständlichkeit geworden sein.

Dramatisch und tragisch ist dabei nur, daß man der gekonnten Nutzung moderner Mikroprozessortechnologie und daraus folgend auch der Mikrocomputertechnik in anderen Ländern weit näher gekommen ist als in Deutschland. Die typischen Mikrocomputer, genannt auch **Personal Computer**, der mittleren und gehobenen Leistungsklassen bringen nämlich überall im Bereich von **Produktion** und **Verwaltung**, wo ziemlich viele Informationen schnell überschaut und auf den neuesten Stand gebracht werden müssen, zu vergleichsweise sehr geringen **Kosten** erstaunlichen

Nutzen. Damit erhöhen sie zwangsläufig die **Wettbewerbs-
fähigkeit** bedeutend. Insofern sind Unternehmen, die hierzulande
recht träge auf an sich gesunde Angebote der Informationstechnik
reagieren, schnell im Nachteil. Schlimm wird es erst, wenn die
heutige Jugend in die künftigen Schlüsselpositionen und auch, was
ebenfalls entscheidende Auswirkungen haben kann, in die
Alltagsjobs eindringt. Denn dann wird den frühzeitig auf Nutzung
moderner Informationstechnik getrimmten Berufstätigen in
anderen Ländern eine ziemlich ungeübte Mannschaft von Arbeitern
und Angestellten hierzulande gegenüberstehen.

Nun wird der Wettbewerb die **Unternehmer** zwingen, alle
Rationalisierungsvorteile zu nutzen, sodaß rein technisch auch in
Westdeutschland die Mikrocomputer zum Zuge kommen werden.
Auch wird das notwendige Personal zu deren Einsatz verfügbar
sein, zumal wegen stets **steigender** Programmintelligenz der
Ausbildungsgrad bei den Bedienern zunehmend **niedriger** liegen
kann. Doch in den Ländern mit frühzeitigem Erkennen der neuen
technologischen Möglichkeiten werden die Folgen erträglicher
sein. Dort wird sich um die neuen Instrumente herum ein neuer
Bereich von Dienstleistungen schneller und fundamentierter aus-
bilden, wodurch substituierte, etwa durch Technik ersetzte Menschen in geringerer Zahl anfallen werden. Hier dagegen wird dieser Prozeß voraussichtlich länger brauchen mit der Folge, daß
über längere Zeit hinweg ein Heer von **Rationalisierungsopfern**
von der Allgemeinheit mit durchgeschleppt werden muß.
Gleichgültig wie – letztlich muß das auch finanziert werden. Und
zwar über die Preise, in denen sich alle Arten von Abgaben und
auch Steuern wiederfinden lassen. Schwinden durch steigende
Preise die Exportchancen, kann eine Verarmungswelle auf uns
niedergehen. Bei geringeren Exporterlösen würde die Binnennach-
frage sich auf schwächere Kaufkraft stützen. Werden jedoch die
Exporte subventioniert, wird die Kaufkraft durch höhere Inlands-
preise geschädigt.

So oder so – die Entwicklung wird dramatisch sein, günstig-
stenfalls eine dramatische Wende zum Guten bringen. Mikrocomputer haben aber viele Gesichter. Sie können in sehr kleinen
Gehäusen stecken und etwa eine **Produktionsmaschine** ungeheuer intelligent machen. So intelligent, daß sie ihre Arbeit ganz
allein erledigt und niemanden mehr braucht, der sie steuert oder

sie mit Material versorgt. Sie braucht dann auch keinen zweiten Mann für die zweite Schicht und auch keinen dritten für die dritte. Zwar wird sich ein Spezialist darum kümmern müssen, für eine derartige Maschine den Verstand zu entwickeln, doch das muß er nur ein einziges Mal tun für eine Maschine, die dann vielleicht in tausend Exemplaren gebaut wird, tausend Menschen arbeitslos macht, zweihundert Wartungsspezialisten Arbeit verschafft und die Arbeit von dreitausend Leuten tut. Sicherlich muß diese Maschine auch gebaut werden, entweder von Leuten, die früher ihre Vorgängerinnen gebaut haben, oder von neuen Leuten, aber irgendwann werden solche **Maschinen von Maschinen** aus ihrer Verwandtschaft gebaut werden, bis sie eines Tages in der Lage sind, sich selbst zu vermehren, indem sie sozusagen nebenbei außer dem Job, zu dem sie abkommandiert sind, noch die Aufgabe erledigen, bei Bedarf ein Duplikat von sich selbst herzustellen. Gewiß Zukunftsmusik.

Alles zwischen dem Heute und dem Morgen einer wie auch immer und wann auch immer kommenden Zukunft muß in Betracht gezogen, vorausgedacht, geplant und wenn nötig realisiert werden. Der Weg in die Zukunft muß gegangen werden, solange es eine Zukunft gibt, und wer da nur wenige Schritte versäumt, findet sich schnell vor einem großen Loch wieder.

Was diese ganze Litanei im Vorspann eines Buches soll, das schlicht und einfach dem Innenleben des **Macintosh** gewidmet ist, wird gleich noch ersichtlich. Es hat nämlich keinen Sinn, mit Peek und Poke die Eingeweide dieser Maschine zu löchern, ohne sich darüber im Klaren zu sein, welchen Stellenwert die Mikrocomputer schlechthin haben und welchen Stellenwert diese Maschine gegenüber anderen Maschinen besitzt.

Daß Mikrocomputer von Laien scheel angesehen werden und selbst bei den Benutzern nicht gerade den Ruf des Gelben vom Ei genießen, beruht auf ihrer störrischen Art im Umgang mit Menschen. Grundsätzlich haben durchschnittlich veranlagte Maschinen nichts anderes zu bieten, als vom System her ein fürchterliches **Kauderwelsch** über einen anstrengenden Bildschirm und unverschämte Anforderungen an die Beherrschung einer total beknackten Sprache, bei der hirnrissigerweise völlig irrwitzige Kürzel wie **COPY,0,1,,NFMT,CBF,CFWO,NDMW,Y** sogar noch als sagenhaft komfortabel gelten. Wenn je Maschinen es geschafft haben, Menschen gründlich unterzubuttern, dann sind es die Mikros.

Nun muß man sich dabei vor Augen halten, daß diese Maschinen auch Außergewöhnliches leisten. Das **Auto** brachte es fertig, für viele Menschen zum **Fetisch** zu werden. Mancher Fahrer hat sicher schon seinem Gefährt dankbar aufs Blech gehauen, aber da war das Blech nur Ersatz fürs Pferd. Der Mikro kann mehr – er kann den Menschen ersetzen. Einerseits bringt er die besten Anlagen dazu mit, denn er schimpft nicht, wenn man etwas falsch macht, bricht auch nicht in schadenfrohes Gelächter aus, sondern analysiert meistens den Fehler, um ihn helfend kundzutun. Anderseits belohnt er korrektes Arbeiten mit Erfolg an Ort und Stelle: läuft ein Programm fehlerfrei, kann man es prompt genießen und seiner Fähigkeit sicher sein. Nur verlangt der Mikrocomputer dafür **riesige Opfer**. Die Fälle, daß Neulinge monatelang Nacht für Nacht an ihren Maschinen klebten, um eines Tages zu den Gurus der Mikrosekten zu zählen, sind nun mal nicht selten. Und selbst da, wo Fertigprogrammschöpfer salbungsvoll die Erlösung von allen Datenübeln vorgaukeln, verrät die Dicke von **Bedienungsanleitungen**, welche **Roßkuren** vielen Benutzern zugemutet werden sollen, damit diese in den EDV-Himmel eingehen dürfen.

So ist der Ruf des Mikro-Clans zunächst einmal heillos lädiert.

Sehen wir uns in vertrauten Bereichen unseres Lebens um, fallen uns sicherlich einige Dinge auf, bei denen wir modernste Technik nutzen, ohne daß es uns je schwergefallen ist, sie in den Griff zu bekommen. Wir haben halb- oder vollautomatische Plattenspieler, spielen vom Sofa aus alle TV-Programme mit der Fernbedienung durch, suchen per Tipptasten bestimmte Bandstellen mit dem Kassettenrekorder oder drehen uns die Finger fransig für Ferngespräche in alle Welt. Dabei denken wir kaum bewußt darüber nach, was wir treiben: wir haben nur unser Ziel im Kopf, das wir mit unserem Tun erreichen wollen.

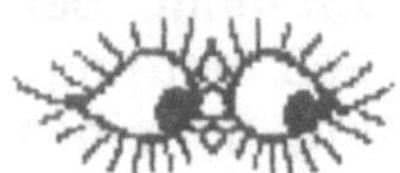

Beim Lenken eines Autos folgen wir einer Logik, die wir bereits auf unserem Kinderdreirädchen gelernt haben. Lenker rechts bedeutet Rechtskurve, Lenker links bringt uns in eine Linkskurve. Diese Regel blieb gültig, als wir unser erstes Zweirad bekamen; nur mußten wir die Balance dazulernen. Eine Richtungsänderung anzuzeigen, wurde uns ebenfalls schon schnell geläufig: Arm raus beim Fahrradfahren. Beim Autofahren bleibt die Logik erhalten: Hebel oder Taste im Uhrzeigersinn bewegen steht für Rechtssignal, im Gegensinn für Linkssignal. An die Stelle der Fahrradklingel trat irgendwann die Hupentaste. Daß man bei Dunkelheit die Beleuchtung einschaltet, wurde und blieb einleuchtende Erkenntnis.

Wir sind mit den Produkten gewachsen – oder die Produkte wuchsen mit uns. Als das Fernsehen kam, war es zwar sensationell, doch im Grunde nichts anderes als illustrierter Rundfunk, denn die drahtlose Nachrichtenübertragung ist für die meisten von uns ein alter Hut. Um mit moderner Technologie jemanden zu schocken, mußte man schon einen Verschollenen von einer Pazifikinsel ausgraben.

Würden die Behörden nun auf den Gedanken kommen, beim Umsteigen auf eine anderes Autofabrikat von den Fahrern jeweils das Ablegen einer neuen Führerscheinprüfung zu verlangen, käme es garantiert zu äußerst bösen Zwischenfällen. Auch würde sich eine Geschirrspülmaschine kaum verkaufen lassen, wenn man zum Gerät noch für zwei oder drei Tage gegen saftige Bezahlung einen Instrukteur mieten müßte, der in die Handhabung einweist. Derlei Umstände würden von jedermann als **Zumutung** mit **Protest** belegt.

Seltsamerweise ist das, was in anderen technischen Bereichen
als Zumutung empfunden würde, im Umgang mit Mikrocomputern
die Regel. Freilich ist die Kleincomputertechnik noch neu, sogar
zeitgeschichtlich gesehen brandneu, doch haben die Techniker und
mit ihnen die ersten Beherrscher der neuen Systeme vor lauter
Freude, daß da überhaupt Erstaunliches sich tut, völlig vergessen, daß Technik für die Menschen da ist und sich menschlichen
Erwartungshaltungen anzupassen hat – nicht umgekehrt.

Tatsächlich haben die Mikrocomputer zum Umgang mit den
Menschen etwas mitbekommen, das vertrauten Dingen entstammt:
Tastatur wie bei einer Schreibmaschine und Bildschirm wie bei
einem Fernsehgerät. Fatalerweise sind es jedoch eher die
Hilfskräfte, nämlich Stenotypistinnen, und nicht die Manager und
Chefs, die sich mit Tastaturen auskennen; und ein Bildschirm ist
ein nichtssagender Anblick, wenn man nicht versteht, was sich
auf ihm tut. So waren denn jene Menschen, die am ehesten hätten
herauskriegen können, wozu ein Mikrocomputer nütze sein mag,
tastaturscheu, wogegen die Meister(innen) der Tastatur nicht das
Zeug mitbrachten, derlei Entscheidungsprozesse unter ihren
Frisuren in Gang zu bringen und an die Glocke zu hängen.

Der Mikrocomputer kam in Verruf, weil in dieser Richtung alles
Nötige unternommen wurde. Aus den Hochschulen seilten sich
fertige und unfertige Spiritisten ab, die sehr wohl rochen, daß
mit der Hohepriesterei in Bits und Bytes kräftig Geld zu machen
war. Nur sprachen diese Gurus von Prozessors Gnaden längst
nicht mehr die Sprache ihrer Jugend, und sie folgten längst einer
kurvenreichen Logik, deren Schleudergefahr ihnen nicht bewußt
war. Jeden Piep und Pup bis in Atome auflösend schufen diese
Datenakrobaten Wahnsinnsprogramme für nahezu jeden Zweck und
dazu Bedienungsanleitungen, die sich lesen wie Doktorarbeiten zu
wissenschaftlichen Rülpsern. Wer es dennoch wagte, sich mit
Mikrocomputern einzulassen, kam entweder ins gelobte Land oder
in Teufels Küche – nur: genau vorherzusagen war das nicht. Selbst
die Rechtsprechung kam dadurch in fatale Situationen, weil
Richter die Worte Hardware, Software, Systemfiguration und
Problemlösung nur mühselig in Beziehung zu Gesetzen teils aus
der Postkutschenzeit bringen konnten.

Dagegen tat sich für tatendurstige Schüler und Studenten mit etwas Kleingeld sowie für Tüftler in vielen Bereichen der Hochschulen und Industrielabors ein abenteuerreiches Paradies auf. Mit den in jeder Hinsicht legendären **PET**s, den ersten Strippengedöns-**TRS 80**s von Radio Shack und ganz besonders mit den **Apple//**s aus Kalifornien bekamen sie Spiel- und Werkzeuge in die Hand, mit denen in Wohnzimmern, Dachkammern und Gelehrtenstuben die geistige Verdrahtung des neuen Mediums vorangetrieben wurde. Besonders vom **Apple//** ist bekannt, daß er wegen seiner Erweiterungsfähigkeit in technisch-wissenschaftlichen Bereichen zum Universalinstrument wurde, das selbst Großcomputern wegen besserer Verfügbarkeit der Mikros nicht selten den Rang ablief. Das Rechnen dauerte zwar immens länger, aber trotzdem waren die Ergebnisse wesentlich schneller zur Hand, weil die Warteschlangen vor dem Rechner wegfielen.

Naturgemäß hatten die jüngeren Menschen größeren Spaß an der Befriedigung ihres Spieltriebes. Während einerseits immer mehr Spielprogramme auf den Markt kamen oder untereinander verdealt wurden, kletterte durch die Beliebtheit der flexiblen Intelligenzbestien die Produktion so sehr, daß die Preise zum Teil ins Bodenlose fielen. Dadurch wurden neue Käuferschichten erschlossen, an denen die Werbung glatt vorbeiredete. Was versprochen wurde, spiegelte sich kaum in der Realität wider, während die Wirklichkeit eher einer Epidemie glich, bei welcher der Ansteckungseffekt die eigentliche Kaufentscheidung nährte. Nur öden Spiele auf die Dauer an, weshalb viele Computer, vor allem die spezifischen Spielcomputer, sich zunehmend in Kleinanzeigen wiederfanden. Wo der Programmiervirus sich in die Seele eines **User**s bohrte, zeigte sich zunehmend die Umwelt des Befallenen irritiert.

Der schlechte Ruf der Mikros wurde immer eklatanter. Denn Mikro, so meinen die mehrheitlichen simplen Gemüter, ist Mikro. Daß da gewaltige Unterschiede zu entdecken sind, entgeht den meisten - selbst denen, die sich eigentlich brennend für diese Materie interessieren sollten.

Allen Computern blieb lange Zeit gemeinsam eigen, daß sie entweder mit mehr oder weniger guten Programmen und nur mit diesen gefüttert und betrieben werden sollten oder sich bei freier Programmierung als verflixt unzugänglich erwiesen. Alles und jedes mußte man ihnen haarklein vorschreiben, und das auch noch in den verzwicktesten Sprachen unter Beachtung zwar logischer, aber nicht für jedermann offenkundig einsehbarer Regeln. So wundert es nicht, daß auch hier viele Handtücher geworfen wurden. Die Vielfalt von an sich total überflüssigen Programmen in unzähligen Zeitschriften legt beredtes Zeugnis dafür ab, daß die Computerei von vielen als reiner Selbstzweck betrieben wird und selbst diejenigen, die es besser wissen müßten, keine Ahnung davon haben, wie man bessere Konzepte verfolgen könnte. Von daher gesehen ist auch die Ratlosigkeit politischer Stellen zu tolerieren.

Eine Waschmaschine wäscht, eine Spülmaschine spült und ein Auto fährt. Ein Mikrocomputer dagegen tut, wenn man ihn nur einschaltet, überhaupt nichts außer Warten darauf, daß man ihm sagt, was er tun soll. Und tun kann er mit entsprechenden Programmen nahezu alles, was mit Informationen oder dem Austausch von Informationen mit der Umwelt zu tun hat. Dazu gibt es eine Unzahl von Spezialgeräten. Was insgesamt so weh tut, ist immer noch weitverbreitet die Mühsal, welche der Mensch sich auferlegen muß, um mit der angeblich so intelligenten Maschine zu kommunizieren. Dabei sollte man doch glauben, daß die Maschine – wenn sie schon für jeden Zweck und Dreck zu programmieren ist – auch darauf programmiert werden kann, sich etwas menschlicher zu geben.

Tatsächlich wurden Anwenderprogramme häufiger, deren Dialog so aufgebaut war, daß ständiges Schielen in akademisch verklausulierte Manuale weniger zwingend schien. Über diese Programme hinaus aber blieb die Maschine, was sie zu sein gewohnt war: sperrig und garstig. Schon die Tatsache, daß alles und jedes als Zeichen oder Wort in die Tastatur gehackt werden mußte, ehe der Mikrocomputer reagierte, und dabei eine unübersehbare Vielfalt von Regeln peinlichst einzuhalten war, wirkte auf viele erschreckend. Zu diesem Schrecken gesellte sich bei nicht wenigen Anwendern noch mangelnde Übung im Umgang mit Tastaturen, die dazu nicht einmal bei allen Computern gleich gestaltet sind.

Eigentlich müßte der Gedanke, dem Computer bessere Manieren beizubringen, naheliegend gewesen sein. Nur: Keiner dachte daran. Bis eines Tages die **APPLE**-Züchter in Kalifornien ihre jüngste Tochter namens **Lisa** vorstellten und dadurch bewiesen, daß es auch anders geht und daß wohl alle anderen ein wenig geschlafen hatten.

Der Fachwelt blieb die Spucke weg. Was Apples Lisa ihnen vorzeigte, war eine Simulation der gewohnten Umwelt auf dem Bildschirm. Der Mensch ist gewohnt, seine Hände zu gebrauchen und mit ihnen etwas zu tun, zu "hantieren" eben. Das Hinlangen zu den Dingen auf dem Bildschirm besorgte bei der Lisa ein Zeiger, der sich synchron zu einem Kästchen bewegte, das man auf dem Tisch vor dem Computer beliebig hin- und herschieben konnte; das Zulangen, das Greifen erfolgte nach dem Druck auf einen Knopf an diesem Kästchen. Das flinke kleine Kästchen wurde "**Maus**" genannt. Seither sind "Mäuse" der große Schlager.

Denn Apples Konzept wurde prompt mit mehr oder weniger Geschick (meistens weniger) vom Mitbewerb aufgegriffen und zu teils großartigen Geschäften vermarktet. Apple selbst wurde mit der Lisa nicht recht glücklich. Möglicherweise waren die Schöpfer der neuen Computerkonzeption von ihrem Produkt so berauscht, daß sie glaubten, die ganze Welt süchtig machen zu können, weshalb sie offenkundig den Preis für das Produkt viel zu hoch ansetzten. Der Markt reagierte zu träge. Auch war das Konzept zwar blendend, doch fehlte es der Software noch an Feinschliff. Das Korsett der Lisa saß etwas steif.

Somit glaubte sich die Fachwelt noch einmal davongekommen. Während die "Mäuse" sich mehrten, hatte Apple so ziemlich das Nachsehen, zumal (wenigstens weitgehend) der **Apple///** auch nicht gerade mit Stückzahlen glänzte. Zudem mußte Apple zusehen, wie Grundzüge des Lisakonzeptes von fremden Firmen zunehmend kopiert und als letzter Schrei in den Markt gelobt wurden. Auch war der Computerriese **IBM** mit einem **Mikro** in den Markt geschwommen und hatte für Wellengang gesorgt. Was sollte jetzt noch groß erstaunen?

Aber Apple als Vorreiter hatte sein Innovationspulver noch nicht verschossen. Erst kamen die Gerüchte, und dann kam er selbst: der **Macintosh** – Lisas Sohn.

Eine Revolution?

Apples Öffentlichkeitsarbeit ist nicht gerade ein Honigschlekken für Journalisten. Was die europäische und insbesondere die deutsche Apple-Zentrale zur Einführung des Macintosh unternommen hatten, war reinstes Schaugeschäft und mit echten Informationen nur dürftig gespickt. Es wurde kaum ein Trick ausgelassen, den Journalisten das Wasser im Munde zusammenlaufen zu lassen, und auch an Schampus wurde nicht gespart.

Auf und nach der pompösen **Pressekonferenz** im Januar **1984** kamen auf gezielte Fragen nur spärliche Antworten. Warum das so war, steht in den Sternen. Verletzend daran schien nur, daß in den amerikanischen Fachblättern ausführliche Informationen nachzulesen waren, die bereits im Oktober des Vorjahres, wenn auch sicher mit Sperrfrist, von Apple in Cupertino freimütig geliefert wurden. Während also die US-Journalisten echte Informationen für ihre Leser ausbreiten konnten, antworteten die Apple-Manager in Deutschland auf Fragen nur mit einem Achselzucken. Sie schienen auch deshalb nicht viel zu sagen, weil sie "nichts wissen" durften. Dafür gab es sicherlich strategische Gründe. Lieber redeten die Herren über Bilanzen.

Das Resultat daraus war derart, als hätte Apple es vorausberechnet: Es begann eine Jagd auf Nachrichten über den Mac, und die Blätter im Wald der Fachmagazine rauschten nur so drauflos. Dabei gerieten manche Übungen, Fakten durch Fabeln zu ersetzen, zur Farce. In einem Magazin waren sogar ganze Passagen nichts als Abkupferungen aus amerikanischer Literatur. Wenig ersichtlich wurde, bis auf rare Ausnahmen, was der Mac wirklich darstellte. In üblicher Weise nur die technischen Daten mit schwülstiger Scheinfachlichkeit zu umranken, konnte den Schlüssel zum Sinn dieser Maschine nicht vermitteln.

So wurde der Mac auf Anhieb sehr populär, aber eine wirkliche Vorstellung von ihm hatte kaum jemand. Auch waren die Einschätzungen der Zukunft dieses Computers völlig unterschiedlich. Die einen glaubten an ein mäßiges Geschäft und an eine deutliche Zurückhaltung potentieller Kunden, die anderen waren davon überzeugt, in Mac einen künftigen Renner sehen zu müssen. Aber weder das eine noch das andere liegt in Apples Interesse. Zwar wollen die Amerikaner von dieser Maschine hohe Stückzahlen absetzen, doch haben sie außer dem Mac noch eine ganze Produktpalette, deren verschiedene Komponenten ebenfalls in einem Rahmen bestimmter Stückzahlen Käufer finden müssen. Dazu gehören vor allem der Apple*///* und der Apple*//*, und der wieder besonders in der neuen Ausführung *//c*. Würde die ganze Welt nur nach dem Mac schreien, wäre das für Apple problematisch. Erst mußten die Apple-Händler selbst davon abgehalten werden, nur noch den sensationellen Mac anzubieten. Deshalb setzte Apple einen Preis fest, der einerseits die Kauflust auf eine bestimmte zahlungsfähige Schicht begrenzen, anderseits jedoch gleich von Anfang an ausreichende Stückzahlen gewährleisten sollte. Der Preis wurde zwischen den Produkten der *//*er-Serie und der Lisa so ausbalanciert, daß nach beiden Seiten ausreichender Abstand gewahrt blieb, der sowohl Händler wie Interessenten von blinder Entscheidung für den Mac abhalten mußte.

Die Unsicherheit besonders unter beruflichen "Fachleuten", was der Mac denn nun eigentlich wäre, übertrug sich auf mögliche Interessenten. Sie ließen sich von den zu Anfang gleich lieferbaren Programmen **MacWrite** und **MacPaint** zwar mächtig beeindrucken, doch konnten sie offenbar nicht schlüssig erkennen, was diese Maschine und die besondere Art der auf ihr laufenden Programme für den trivialen Alltag bedeuten mochten. Alles ganz hübsch, alles ganz anders – alles aber auch irgendwie ebenso rätselhaft wie überraschend, obgleich überzeugend. Jedoch überzeugend von was? Selbst Apple-Händler schielten nicht selten auf den Mac, als sei er eine Bombe ...

Zu all dem addierte sich noch das abwertende Gezeter der **Konkurrenz**. Die nämlich erkannte mehr oder weniger unbewußt die vom Mac ausgehende Gefahr. Verglichen mit einem Auto war der Mac eben nicht ein Kraftfahrzeug, das ein bißchen schneller fuhr, ein wenig bequemer war, ein automatisches Getriebe serienmäßig mitbekam, über eine Lenkhilfe verfügte und dazu noch einen geringeren Treibstoffverbrauch aufwies. Bei den Autos servierte **Citroën** Ende der 50er Jahre ein revolutionäres Modell mit hydropneumatischer Federung und einer Menge von Sachen, die anders als bei anderen Autos waren. Dieses Auto wurde Anfang der 70er Jahre von einem Modell abgelöst, das immer noch revolutionär und der Konkurrenz weit voraus war, vor allem im unerreicht hohen Fahrkomfort. Unermeßlichen Reichtum aufgrund eines einmaligen Erfolges hat Citroën damit nicht erringen können. Nicht verborgen blieb, daß von all den technischen Leckerbissen, die diese französische Marke im Laufe vieler

Jahrzehnte entwickelte und in den Serienbau einfließen ließ, die meisten vom Mitbewerb irgendwann in irgendeiner Form übernommen oder nachgeahmt wurden.

Bei Apples **Lisa** zeichnete sich zunächst eine ähnliche Entwicklung ab. Diese Maschine war alles in allem **revolutionär**. Aber sie war einfach zu teuer. Was die sogenannte Lisa-Technologie aber zu bieten hatte, wurde mehr oder weniger geglückt in verschiedenen Teilbereichen von anderen Computersystemen übernommen. Auf der Basis der gleichen Technologie funktioniert nun der Mac. Und der ist zwar teuer und soll seine Entwicklungskosten möglichst in Rekordzeit wieder einspielen, aber er ist insbesondere im Zusammenhang mit der jetzt schon vorzuweisenden Software nicht **zu** teuer. Ein dem Citroën vergleichbares Schicksal, wie es sich für die Lisa abzeichnete, wird dem Mac jedoch erspart bleiben, wofür es zwei Gründe gibt: 1.) haben die Apple-Manager aus ihren Lisa-Erfahrungen gelernt und mit dem Mac reagiert, 2.) wird der Mac nicht von Franzosen vermarktet, sondern von Amerikanern, die schließlich auch den Sieg mit ihrem Apple// an ihre Fahne heften konnten.

Um den Mac und seine Marktbedeutung zu begreifen, bedarf es mehr als nur der flüchtigen Lektüre eines Artikels, der vielleicht nicht einmal fundiert ist, und auch mehr als nur einer beiläufigen Begegnung anläßlich einer Vorführung. Man muß sich schon in die Vergangenheit abseilen und fragen, aus welchen Überlegungen heraus diese Maschine entwickelt wurde. Denn der Mac ist revolutionär, was den Begriff eines Personal Computers überhaupt angeht.

Dazu muß man sich vergegenwärtigen, was ein **Personal Computer** überhaupt sein soll und in der Regel aufgrund der nunmehr etliche Jahre alten Erfahrung mit solchen Maschinen ist.

Was er sein sollte, läßt sich in ausreichender Menge in den älteren Nummern der amerikanischen Magazine nachlesen, die nach und nach mit dem Erscheinen von Personal Computern ebenfalls aus der Taufe gehoben wurden. Bringt man alles auf einen Nenner, so kristallisiert sich die Vorstellung heraus, die schon bei der Namensgebung für diese Produktgattung maßgebend war, daß es sich um Computer für die Benutzung durch nur eine Person an Ort und Stelle handeln soll – also um ein in sich abgeschlossenes System, das einem einzigen Benutzer zur Bewältigung seiner Aufgaben zur Verfügung steht. Man nennt solche Systeme auch **Stand Alone Systems** (alleinstehende Systeme).

Daran hat sich im Grunde bis heute nichts geändert, auch wenn Personal Computer mittlerweile an Großrechner gehängt werden können und dabei sowohl als **Terminal** (Ein-/Ausgabe-Station des Großrechners) wie auch als eigenständiges System arbeiten können. Auch die **Vernetzung** von Personal Computern, also die Verbindung mehrerer sogenannter "PCs" miteinander, ändert am Prinzip nichts. Durch alle Maßnahmen wie auch das Teilen eines leistungsfähigen Massenspeichers (**Sharing Harddisk**) sind lediglich Leistungssteigerungen erzielt worden, und das "Ende der Fahnenstange" ist noch lange nicht abzusehen.

Allen Maschinen war lange Zeit eigen, daß sie für den Dialog mit dem Menschen nur zwei Mittel zur Verfügung stellten: die Tastatur zum Erkennen der menschlichen Absicht und den Bildschirm zur Wahrnehmung der maschinellen Aktivität. Was sich dabei jeweils tat, ist hier nicht wichtig. Wesentlich ist eher, daß der Mensch sich der Maschine und der ihr mitgegebenen Intelligenz drastisch anpassen mußte. Zum einen mußte er lernen, eine Tastatur zu handhaben. Zum andern war er gezwungen, auf die Sprache der Maschine einzugehen. Das schien sehr schwierig zu sein. Und viele denkbare Anwender bekamen beim Anblick derartiger "Monstren" Angst. Und viele prädestinierte Anwender der neuen und dazu vergleichsweise spottbilligen Technik erkannten ihre Chance nicht. Sie zogen es vor, Wartestellung zu beziehen.

Bei fertigen Anwenderprogrammen war es häufig besser. Hier beschränkte sich der Dialog auf Bildschirmausgaben des Computers, die irgendwelchen Fachbereichen angepaßt waren, und auf Eingaben des Benutzers, die sich entsprechend dem Fachbereich (etwa Finanzbuchhaltung) auf Mengen oder Bezeichnungen beschränkten. Abgesehen von Leuten beispielsweise aus dem technisch-wissenschaftlichen Bereich, die für dem Umgang mit Personal Computern ganz andere Voraussetzungen mitbrachten, wandten sich deshalb insbesondere solche Interessenten dem Computer zu, die nur auf den Einsatz fix und fertiger Programme zur Lösung eines genau umrissenen Problems abzielten. Diese Leute kamen vorwiegend aus dem kaufmännischen Bereich, so daß Personal Computer selbst im unteren und mittleren Geschäftsbereich zwar eine gute, aber keineswegs ausreichende Verbreitung gefunden haben. Bei Liquiditäts- und Lagerbestandskontrollen, die in der Regel nur Teil der Informationen aus entsprechenden Gesamtprogrammen sind, ergeben sich jedoch derart nützliche Informationsvorsprünge und Entscheidungshilfen, daß nicht computerisierte Betriebe möglicherweise zunehmend in prekäre Wettbewerbssituationen geraten. Sie haben einfach nicht den gleichwertigen Überblick und sind insofern wesentlich benachteiligt.

Die heute weitverbreiteten Programme sind in sehr vielen Fällen jedoch alles andere als das Gelbe vom Ei. Weil sie in der Regel von hochkarätigen Programmierfachleuten aus dem akademischen Bereich stammen, sind diese Programme häufig mehr nach einer Logik gestaltet, die der Programmierlogik und damit der Computerlogik entsprechen, nicht aber dem Alltag des Anwenders aus einem bestimmten Beruf. So steht bei der Einführung eines Computersystems in einen Betrieb zwischen dem Gestern und dem Morgen meist eine schwierige Tortur der Eingewöhnung, die durch beängstigend dicke Bedienungsanleitungen gekennzeichnet ist.

Diese Quälerei lassen sich die Programmhersteller nicht selten auch noch fürstlich bezahlen. So wird zum Erlernen einer technisch brillanten Finanzbuchhaltung für einen renommierten Computer von einer Einarbeitungszeit von "zwei, höchstens drei Tagen" gesprochen, während der Käufer später vor Ort selten mit weniger als fünf bis sechs Tagen auskommt. Bei einem Preis für die Einarbeitung von 500 Mark je Tag macht das angesichts des Preises von 3.500 Mark für das Programm selbst fast eine Verdoppelung der Kosten für die Software aus.

So haben sich in der Personal Computer-Branche aus den genannten und etlichen anderen Gründen eine Menge Ungereimtheiten eingenistet, die alle mit der Ahnungslosigkeit potentieller Benutzer und dem Schamanentum der Branche zu tun haben. Wer den Markt endgültig und überzeugend aufreißen wollte (natürlich möglichst für sich selbst – für wen denn sonst?), mußte sich schon etwas Neues, Weiterführendes, ja, im eigentlichen Sinne "Bahnbrechendes" einfallen lassen. Daß ein Gigant wie **IBM** es nicht schaffte, mag nur Laien verwundern. IBM-PCs sind tüchtig, aber alles andere als der letzte Stand der Technik, auch was die Programme angeht.

Hier trat Apple auf den Plan. Mit der Lisa. Doch diese Maschine war zu teuer und von der Software her (wie der technologisch im Prinzip gleiche Mac es dann verriet) alles andere als ausgereift. Das Revolutionäre an der Lisa und nunmehr auch am Mac ist die sogenannte **Benutzeroberfläche**, also alles das, was dem Menschen als dem möglichen Benutzer der Maschine von dieser entgegengebracht wird. Das ist zwar auch ein Bildschirm, und auch eine Tastatur ist vorhanden. Aber der so gewaltige und dennoch unscheinbare Unterschied ist die **Maus** mit ihrer Einsatzfähigkeit, die vor allem eine Frage der Software ist.

Mit der Maus protzen mittlerweile eine Unmenge Anbieter. Aber sie protzen mit Imitaten. In ihnen steckt die Idee von Apples Lisa. Auf Trab gebracht wird all dieses Getier von verschiedenen Programmen, die mit **Pull-down-Menus** arbeiten und noch einige andere Erinnerungen an Begegnungen mit Lisa-Programmen wiedergeben. Alles ein Beweis dafür, wie sehr Lisa den Wettbewerb beeindruckt und befruchtet hat. Lisa wurde erst ein Star, dann geplündert und schließlich um ein Haar vergessen. Also muß Apple doch eine Idee gehabt haben, die allen anderen fehlte, so daß ihnen Nachahmen weniger peinlich vorkam als ihre Einfallslosigkeit. Für Apple jedoch ein verdammt schlechtes Geschäft.

Dieses Buch

Weil der Mac der erste auch für "kleinere" Budgets bezahlbare Personal Computer mit einer völlig neuen und für den Betrieb allgemein geltenden Benutzeroberfläche ist, weil der Mac darüber hinaus mit Sicherheit eines Tages zu den "klassischen" Maschinen zählen wird, ist ein triftiger Grund gegeben, sich mit diesem Produkt in einem **Buch** auseinanderzusetzen.

Die Lektüre dieses Buches soll auch helfen, eine Entscheidung für oder gegen diesen Computer zu treffen. Denn wer das Buch aufmerksam gelesen hat, mag durchaus auch zu einer **Entscheidung gegen den Mac** gelangen. Eine solche Entscheidung würde dem Mac nicht schaden, dem Anwender aber sicherlich helfen. Denn der Mac ist nicht als eine Hyper-Super-Allerweltsmaschine gedacht. Wenn das so wäre, würde Apple planen, alle anderen Produkte binnen kurzem aufzugeben.

Die Entscheidung für einen bestimmten Computer setzt immer eine vorherige genaue Analyse der Probleme voraus, die man mit Hilfe der Maschine besser lösen will, als sie in jeder anderen denkbaren Weise zu lösen wären. Im Home Computer-Bereich werden etwa immer wieder Programme zur Führung eines Haushaltsbuches erörtert und als Listing veröffentlicht, obwohl man sich an zwei Fingern abzählen kann, daß die Eintragungen per Hand in einer Kladde einschließlich Summierung und Saldierung wesentlich schneller vonstatten gehen kann als durch ständiges Anwerfen des Computers. Zwischen diesem Extrem, wo der Computer glatt zum Flop wird, und dem anderen Extrem, wo er kosten-, zeit- und etwa auch personalsparend nicht nur die bisherige Arbeit tut, sondern darüber hinaus noch mehr nützliche Ergebnisse quasi im Handumdrehen erarbeitet, die man immer schon gern gehabt hätte, aber mit klassischen Mitteln nicht verwirklichen konnte – zwischen diesen beiden Polen steht für jeden Interessenten irgendwo der Baum der Erkenntnis, auf dessen Früchte er zugreifen oder verzichten mag.

So mag die Analyse der Probleme, die ja meist Zeit- und/oder Mengenprobleme sind, eine Entscheidung für den **Mac** ergeben. Weil Computer jedoch wie jede Ware Geld kosten, kann die Lösung aber auch den Erwerb eines *anderen* Computers nahelegen. Denn, wie Apple selbst vor allem seinen Händlern nahegelegt hat, eine **Mac-Euphorie** darf nicht dazu führen, die hervorragende Leistung anderer Maschinen – insbesondere aus der Apple-Familie – zu übersehen. So ist es eine Tatsache, daß etwa der Apple//,

der jetzt als *//e* und als *//c* angeboten wird, schon zu einem
Klassiker unter den Personal Computern geworden ist. Er lebt
weiter und ist ein Renner. Das muß Gründe haben.

Apple selbst gibt an, daß allein für den Apple*//* auf der Welt
über **17.000 Programme** zur Verfügung stehen, und bei einer
solchen Menge muß man einfach annehmen dürfen, daß auf dieser
Maschine nahezu jedes Problem schon angefaßt und auch gelöst
wurde. Hinzu kommt, daß nunmehr auch der Apple*//* mit der Maus
à la Mac ausgestattet werden kann, was zu einer wesentlichen
Vereinfachung der Handhabung führen kann und auch muß. So mag
allein die Greifbarkeit einer Problemlösung auf dem Apple*//* im
Zusammenhang mit einem wesentlich günstigeren Anschaffungs-
preis den Mac als uninteressant erscheinen lassen, selbst wenn
die Lösung des Problems auch mit dem Mac möglich wäre. Dieses
gilt auch dann, wenn im Einzelfall die Maustechnologie nicht
durchschlägt und die Einarbeitung vielleicht etwas umständlicher
werden kann. Denn die Tatsache, daß ein Omnibus in der Regel
mehr Pferdestärken hat, mehr Sitzplätze, mehr Stauraum für
Gepäck und mehr Bewegungsfreiheit bietet als ein Personenauto,
veranlaßt ja auch niemanden, nur noch einen Omnibus kaufen zu
wollen statt eines wesentlich billigeren Autos für die Familie, das
genau die gewünschte Arbeit tut und höchstens bei einer
Urlaubsfahrt mal etwas eng werden könnte.

Für Einsteiger, die mit einem Minimum an Lernaufwand den Weg
zum Personal Computer gehen wollen und aus welchen Gründen
auch immer nicht zu sehr aufs Geld sehen müssen, ist wiederum
nicht nur der Mac die vielleicht richtige Wahl, sondern eventuell
eher sogar die **Lisa**. Zwar ist das letzte Wort über den Mac noch
nicht gesprochen, weil der Ausbau auf mehr als eine halbe Million
Zeichen Speicherfähigkeit und eine höhere Speicherfähigkeit bei
den Diskettenlaufwerken schon jetzt im Raume steht, doch ist bei
vorhersehbar üppigen Träumen von einer entsprechenden Leistungsfähigkeit die Lisa sicherlich in vielen Fällen die bessere
Wahl und das bequemere Bett. Auch darüber muß nachgedacht
werden, ehe man einen Auftrag unterzeichnet.

Grundsätzlich maßgebend bei der Entscheidung für ein
Fabrikat, ob **IBM**, **TA**, **ITT**, **Apple** oder ein anderes, sollte die
Überlegung sein, wie "menschlich" denn die Maschine ist; das
heißt, wie weit die Maschine den Denk- und Handlungsgewohnheiten
des Menschen entgegenkommt und keine mühseligen Klimmzüge
zur **Beherrschung der Maschine** abfordert. Denn wohin in
Dreiteufelsnamen kämen wir, wenn es immer wieder und noch so

weitergeht, daß die Computer die Menschen unterbuttern, ehe die Maschinen ihre Nützlichkeit unter Beweis zu stellen bereit sind?! Und in diesem Punkte hat Apple etwas, was sonst keiner hat.

Die Maus zu haben — und welcher Rechner, der etwas auf sich hält, hat heute noch keine Maus? — bedeutet an sich noch gar nichts, solange die Maus am Rechner nicht kann, was sie an Rechnern wie der Lisa vollbringt. In einem TV-Werbespot von Apple sagt einer der Konstrukteure des Mac, die Maus werde bei zunehmendem Vertrautwerden mit ihr in Wirklichkeit zur Hand des Benutzers. Und genau das ist der Punkt. Das Kabel, welches Maus und Maschine verbindet, wird zur Verbindung zwischen Mensch und Maschine — und zwar zu einer sehr direkten. Denn einerseits ist die Maus ja nur ein herausgeführter Bestandteil der Maschine. Anderseits wird die Bewegung einer menschlichen Extremität direkt zu einer Bewegung von Werten im maschinellen Speicher, die über den Bildschirm kontrollierbar gemacht wird. Ergibt sich dabei ein gewollter Wert (an der Pfeilposition), wird durch Klicken eine Entscheidung getroffen. Dieses Klicken wiederum ist vergleichbar mit dem Druck auf eine bestimmte Taste bei anderweitigen Entscheidungen, — etwa Stop-Taste bei einem Cassettenrecorder, Druck auf einen Klingelknopf, Ein-/ Ausschalter beim Radio, Hupentaste beim Auto. Hier führen wir erst die Hand irgendwohin, kontrollieren visuell oder gefühlsmäßig den Erfolg, treffen dann erst durch Druck oder Dreh die Entscheidung in Erwartung weiterer Abläufe. Was also ist die Maus...?

Offenbar ist die Maus in dem Sinne, wie zur Zeit nur Apple sie einzusetzen in der Lage ist, das Bindeglied zwischen dem Betriebssystem des Computers und dem Betriebssystem des Menschen. Und dieses Bindeglied funktioniert. All die etwas betulichen Ausführungen in dieser Einleitung sollten dazu dienen, den Blickwinkel für die Problematik um die Computerei etwas zu erweitern. So ist denn dieses Buch auch alles andere als eine systembezogene Einführung in Peek und Poke, Bit und Byte oder Bus und Interface. So transparent wie etwa der Apple// wird der Mac vorerst nicht werden. Und das hat Gründe. Denn bei den auffallend niedrigen Preisen für ebenso auffallend leistungsfähige Software sollten die allzu intimen Geheimnisse des Mac eine gewisse Weile den Softwarehäusern vorbehalten bleiben, die mit viel Aufwand solche Software zur Welt bringen und auch eine Chance haben müssen, erst einmal auf ihre Kosten zu kommen. Doch was gegenwärtig irgend machbar ist, den Mac unabhängig davon und darüber hinaus in den Griff zu kriegen und besser beurteilen zu können, wird zu finden sein.

Diese Buch ist in ungewöhnlicher Weise geschrieben. Auf den Bücherborden des Autors verstauben dutzendweise Fachbücher in englischer und deutscher Sprache, deren Lektüre sich teilweise nicht vermeiden ließ.

Diesen Büchern ist in der Regel gemeinsam, daß sie genau den Vorschriften entsprechen: Sie fangen an und hören auf; dazwischen sind sie fein säuberlich nach Kapiteln und Abschnitten geordnet, wenn nicht sogar durchnumeriert bis zum "6.3.4.25 af)". Und häufig sind sie nicht so sehr (wie oft versprochen) für die "Einsteiger" geschrieben, sondern mehr für die Herren Kollegen, damit diese gefälligst zur Kenntnis nehmen, wie schlau der Autor ist. Nach diesem Prinzip werden übrigens auch viele Fernsehfilme gemacht.

Da bringt es der Autor einfach nicht fertig, in die Reihe solcher Bücher auch noch sein eigenes zu stellen.

Die Computer sind dazu gedacht, eines Tages allen Menschen als Verbindung zu einer großen Welt geordneter Informationen zu dienen. Jedenfalls wird das immer wieder behauptet. Von diesen Menschen, in deren Leben der Computer etwas ganz Alltägliches wie Video, Radio oder Telefon sein soll, werden die meisten Menschen einfache Menschen sein, die beileibe nicht dumm sind, jedoch eben Laien. Cassettenrecorder zum Beispiel werden ja auch nicht nur von Elektronikern oder Elektrotechnikern benutzt. Schon Kinder führen sich mit solchen Geräten die *Biene Maja* zu Gemüte...

Also sollte ein Buch über einen Computer und seine Mitwelt einmal etwas ganz anderes sein: nämlich simpel, etwas aus- und abschweifend, herumquatschend, vielleicht sogar etwas chaotisch – schlichtweg etwas völlig Gegensätzliches zu jener strengen Welt des **PEEK** und **POKE** und **VARPTR** und **CMD"O",VAR(1),(6,7)**. Wenn nämlich das nicht mehr erlaubt sein sollte, wenn alles der Computerlogik an Disziplin nicht mehr Entsprechende als unannehmbar außen vor bleiben müßte – dann freilich wäre es an der Zeit, nach dem Hammer zu suchen.

"How to use..."

Wer des Englischen nicht mächtig ist, mag schon bei diesen drei Worten innerlich ausflippen. Viele Computer geben sich so, als sei die ganze Welt bereits amerikanisch. In die Diskussion, ob ein Betriebssystem in Deutsch oder gar eine deutsche Programmiersprache nützlich ist oder nicht, wollen wir hier nicht eintreten. Das Englische als Standard ist hier sowieso selbstverständlich, und wer sich da abkoppelt, löst sich vom Rest der Welt. In Einzelfällen mag es angebracht sein, Ausnahmen zu machen (etwa das deutsche BASIC auf dem Apple// von Juerss), doch sollte man es beim Weltstandard belassen.

Nur, um im gewöhnlichen Alltag mit einem Computer ganz normale Arbeiten erledigen zu können, darf man nicht gezwungen sein, sich auf eine andere als seine Muttersprache einlassen zu müssen. Apple hat es verstanden, dieses Problem zu lösen. Das Hauptwort beim Macintosh, sicherlich in allen Sprachen gleich oder ähnlich lautend, heißt "Click" oder "Klick" oder "Clic". Es ersetzt beim Macintosh alles, was bei vielen anderen Maschinen die ersten hundert Seiten des Manuals füllt. Dieses "Hauptwort" beim Macintosh ist natürlich nur ein Geräusch, das vom Drücken der Taste auf der Maus herrührt.

Damit wären wir mittendrin. Denn die beiden Macs (der große und der kleine), sind per Klick entstanden und ebenso per Klick vom Grafikprogramm in das Textverarbeitungsprogramm übernommen worden. Und da stehen sie nun - von vielen fassungslos bestaunt, die viel teurere Computer gekauft haben.

Um die Sache noch etwas auf die Spitze zu treiben, gleich noch ein Klick-Produkt:

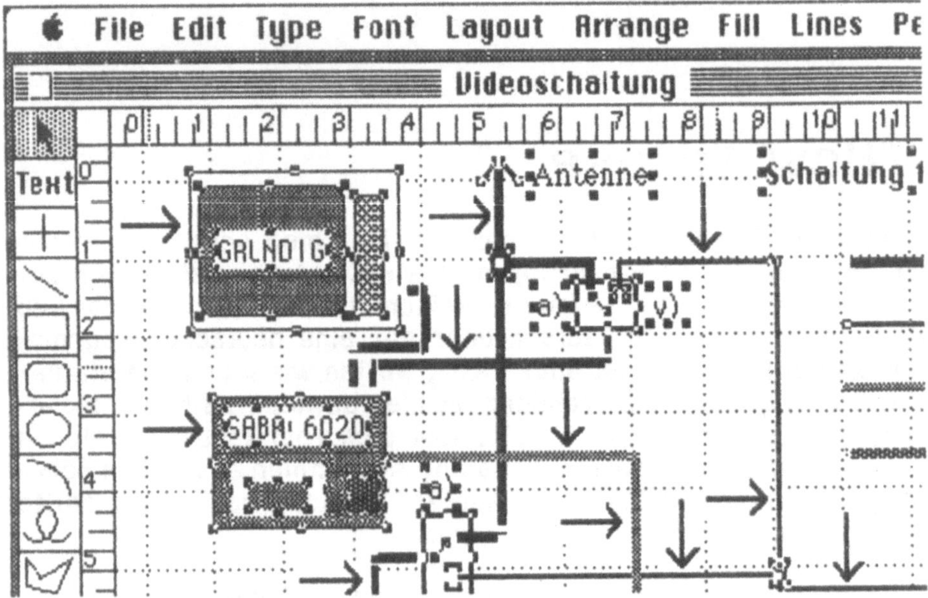

Diese Zeichnung ist durch "Herumklicken" mit dem Zeichenprogramm **MacDraw** entstanden. Sie wurde samt übrigem Bildschirminhalt auf Diskette abgespeichert, mit dem Grafikprogramm **MacPaint** aufgegriffen, etwas bearbeitet (die Pfeile), als Ausschnitt in die Albumdatei übernommen und von dort mitten zwischen den Text gebracht. Alles per Klick.

Diese etwas unsystematische Einführung in Macs Arbeitswelt hat ihren Zweck erreicht, wenn beim Leser äußerste Skepsis geweckt wird. Denn wir wollen uns einmal näher mit der Frage befassen, die der gesamten Zeichnung (siehe Anhang, **Bild 1**) zugrundegelegen hat und grafisch gelöst wurde.

Die zu beantwortende Frage war, wie eine TV-Antenne, zwei Farbfernseher und drei Videorecorder am besten verschaltet werden können, und zwar so, daß das eine oder das andere oder Verschiedenes zur gleichen Zeit unternommen werden kann. Dazu macht man sich am besten eine kleine Skizze mit Papier und Bleistift. Das geht schnell und billig. Eine derartige Skizze kann jedoch auch Teil einer Dokumentation sein. Und da steht dann ein Zeichner an seinem Brett und zeichnet und zeichnet und zeichnet, bis vielleicht ein Radiergummi schon verbraucht ist und endlich ein neuer Bogen aufgezogen und ganz von vorn angefangen wird. Denn es soll ja alles gut aussehen.

Genau da setzt der Computer an. Mit ihm kann man Linien ziehen, gerade oder mit beliebigen Radien oder frei, und Felder anlegen, die ineinander übergehen, endlich eine Einheit bilden und doch jedes für sich vom Computer verwaltet werden und somit beliebig zu verschieben, zu verändern oder zu entfernen sind. Auf dem Bildschirm kann jedes Element beliebig manipuliert werden, bis das Werk vollendet ist. Alles per Klick, sofern die Arbeit mit dem Programm **MacDraw** getan wird.

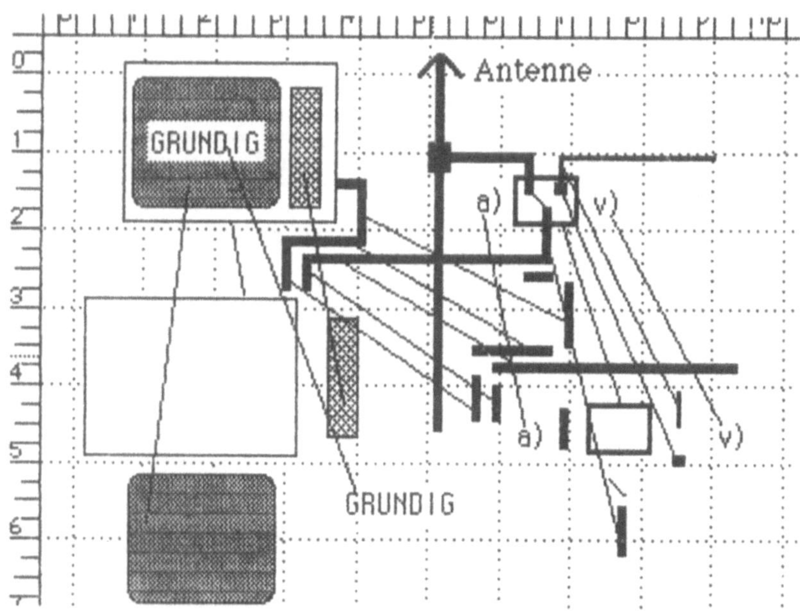

Zur Veranschaulichung wurden (siehe auch **Bild 2** im Anhang) die Elemente eines Ausschnittes vereinzelt, nachdem die Gruppe als Ganzes zunächst gedoppelt wurde. Nach der Übernahme der Bildschirmkopie in das Programm **MacPaint** wurden die Linien eingetragen, die einen Teil gleicher Elemente miteinander verbinden. Nur für die Texte wurde die Tastatur benutzt.

Daß man die Flächen mit vielen verschiedenen Mustern auslegen und die Linien in Länge und Breite beliebig verändern kann, versteht sich von selbst. Sonst hätte ein derartiges Programm kaum einen Sinn. An dieser Stelle aber gleich der Hinweis, daß Vertreter anderer Systeme und Programme zum Teil mächtig stolz sind, obgleich ihr Verfahren mit wesentlich größerem Aufwand und für viel mehr Geld bei weitem nicht soviel leistet. Da müssen umfangreiche Konventionen erlernt und strikt eingehalten werden, wo beim Mac nur in der Gegend herumgeklickt wird, bis man es hat.

Auf die Programme **MacPaint** und **MacDraw** werden wir uns später noch konzentrieren. Jetzt wollen wir den Einstieg mit einer weiteren Verblüffung zünden, die sich daraus ergibt, daß dieses **Buch insgesamt mit** dem Textverarbeitungsprogramm **MacWrite** auf dem Macintosh **geschrieben** ist. Was die Buchseiten enthalten, sind etwas verkleinerte Abbildungen dessen, was man beim Macintosh auf dem Bildschirm sieht und durch den Drucker namens **Applewriter** auch Pünktchen für Pünktchen originalgetreu ausgedruckt bekommt. Das sieht dann so aus (hier natürlich ein wenig verdeutlicht, weil man das Lineal ausblenden und auch nicht vor jedem Absatz stehen haben muß):

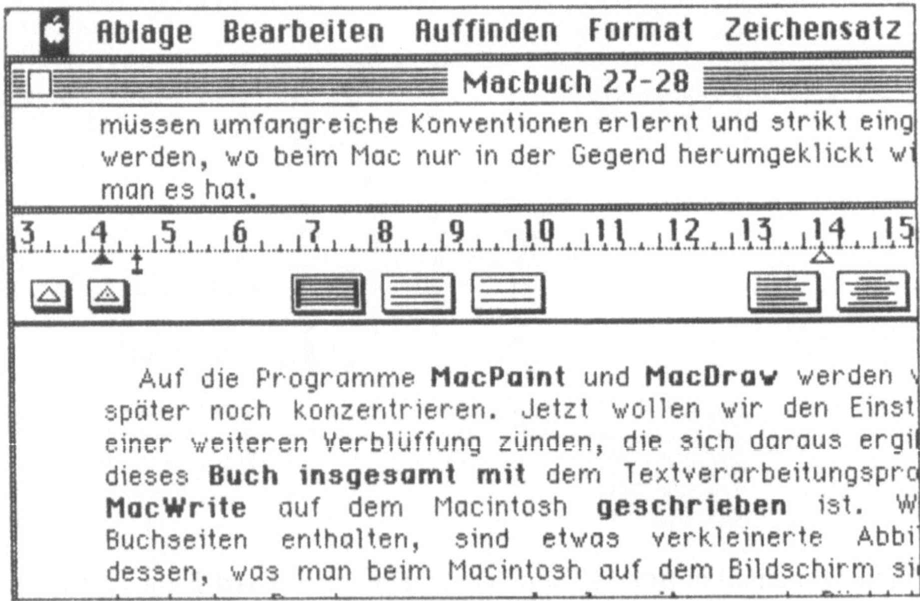

Es muß doch einfach verblüffen, wie innerhalb einer Textverarbeitung ein Teil der Grafik, die bei ihrer Nutzung auf

dem Bildschirm zu sehen ist, so einfach **zwischen** dem Text auf-
taucht. Wer davon nicht beeindruckt ist, kennt nichts von Computern und hat noch nie erlebt, wie die Vertreter anderer Marken
mächtig stolz sind auf viel, viel weniger. Wer jetzt nicht
begreift, daß es sich lohnt, den Macintosh genau kennenzulernen
und in etwaige Überlegungen bei der Absicht einzubeziehen, vielleicht einen Computer zu kaufen, kann dieses Buch vergessen.

Die komplette Abbildung des Bildschirms ist als **Bild 3** wieder
im Anhang. Wir werden sie noch brauchen, wenn wir im nächsten
Teil uns erst einmal mit der **Textverarbeitung** beschäftigen.
Der Grund dafür liegt auf der Hand: Die meistgebrauchte Information ist das **Wort**. Wir denken, sprechen, schreiben und lesen in
Worten. Wo Menschen nicht direkt miteinander reden können, benutzen sie das geschriebene Wort zur **Nachrichtenübermitt-
lung**. Ob die Worte in Ton gedrückt, in Wachs geritzt, auf Perga-
ment geschrieben oder mit der Maschine auf Papier gehämmert
oder gedruckt werden, spielt keine Rolle. In jedem Falle handelt
es sich um **Information**.

Und für den Umgang mit dieser hat der Computer kolossale
Stärken. So sind **Textverarbeitungssysteme** ein großer Teil
der Computeranwendungen überhaupt. Freilich kann man nicht alles nur in Worten ausdrücken. Zumindest würde es oft sehr
schwer fallen. Selbst beim Reden bedienen wir uns weiterer Hilfen, und von manchen Menschen sagt man, daß sie "mit Händen
und Füßen" reden.

Die einfachste Unterstützung des gesprochenen Wortes bietet
die Illustration. Deshalb ist es so besonders wichtig, daß der
Macintosh in der Lage ist, als "**Bit-Image-Maschine**" neben dem
Wort, das man hörbar und sichtbar machen kann, auch innerhalb
der Textverarbeitung die **Illustration** zu verarbeiten, die man
nur **sehen** kann. Vielleicht wäre es etwas zu mühselig, nun
grundsätzlich aus jedem nichtigen Grund Text und Grafik mischen
zu wollen. Aber Anlässe, es zu tun, gibt es genug - etwa für
Rundschreiben oder Dokumentationen.

Für den Fall, daß man bestimmte grafische Darstellungen ständig benötigt, ist vorgesorgt. Der Macintosh besitzt nämlich ein **Album**, auf das man bequem zurückgreifen kann, von MacWrite, MacPaint und anderen Programmen. In dieses Album kann man hineintun, was man möchte, um es jederzeit und immer wieder aufs Neue herausfischen zu können, etwa wie diese Zeichnung:

Oder diese:

Was man Schwarz auf Weiß besitzt...

... kann man getrost nach Hause tragen.

Wie beruhigend – dieser Spruch und die Resultate, die sich aus seinem Rat ergeben. Was nützt schon die Wahrheit, wenn man sie nicht schriftlich hat? Und was auf Papier steht, wird auch dann meistens geglaubt, wenn es gelogen ist. Papier macht alles angenehm stabil. Gleichzeitig nimmt es die Fußspuren menschlichen Daseins auf. Der Mensch mag sterben, aber in seinen Worten auf Papier lebt er weiter, solange jemand seine Papiere zur Hand nimmt, was ja nicht immer attraktiv sein mag. Aber was wäre mit Goethe, gäbe es ihn nicht bequem und preiswert auf bedrucktem Papier? Und die Bibel? Sie ist das meistgedruckte Werk und das Fundament einer ziemlich einheitlichen Lehre weit um die Welt.

Das Wort als austauschbare Information ist die Basis der menschlichen Wissensanhäufung. Auch die gesamte Organisation des täglichen Lebens rund um die Welt ist primär von der Wortinformation abhängig, zu der ja auch Zahlenwerte gehören. Die Worte in die richtige Form für den Transport zu gießen, ist mithin eine der wichtigsten Aufgaben des Menschen. Selbst bei Gebrauch modernster Medien wird das Wort meist erst irgendwie niedergelegt, dann etwa per Draht oder Funk übertragen und nach der Übertragung wieder fixiert. Diese Arbeiten nun werden zunehmend von Computern erledigt.

Das Wort allein ist jedoch noch nicht alles, obgleich es als reine Information vollauf genügen würde. Bei der schriftlichen Niederlegung kommt noch die Frage der Gestaltung hinzu. Bei der Handschrift hat das zur **Kalligraphie** geführt, der Kunst des schönen Schreibens. Nach der Erfindung des Buchdruckes bildete sich eine Vielfalt verschiedener Schrifttypen heraus, von der ein Blick in die Anzeigenspalten der Zeitschriften am schnellstens und bequemsten einen Überblick bietet. Das gedruckte Wort ist zum Vorbild geworden auch für die Textaufbereitung durch den Computer.

Die meisten Computer benutzten Zeichengeneratoren oder in den Speicher geladene **Zeichensätze**, die bei der Bildschirmausgabe selbst ein einheitliches Bild bieten. Lediglich bei der Darstellung gibt es in der Regel zusätzliche Aufbereitungen wie **hell** und **halbhell**, **invers** und **unterstrichen** oder auch **kursiv**. Für die verschiedenartigen Darstellungen beim Druck wird aber meist auf die Möglichkeiten von **Nadeldruckern** zurückgegriffen, die mit entsprechenden Steuerzeichen angesprochen werden. Das alles ist insgesamt recht umständlich und verlangt bei der Nutzung der Textverarbeitungsprogramme eine gründliche, ziemlich umständliche Einarbeitung. Statt den Druck von **Dot-Matrix-Druckern** (das sind die Nadeldrucker) als eine selbständige Qualität für den Betrachtungseindruck anzuerkennen, wird zunächst wenigstens von minderer Qualität gesprochen. Die sogenannten **Schönschreibdrucker** dagegen schränken die Vielfalt wieder ein, weil mit nur einem **Typenrad** oder anderen Typenträger gearbeitet werden kann (ständiges Wechseln wäre wohl eine Zumutung), was neben dem **Standarddruck** höchstens noch den **Fettdruck** durch leicht versetzten Doppelanschlag zuläßt.

Da ist es schon wichtig, die Textverarbeitung auf dem Macintosh als eine Alternative ins Auge zu fassen. Die Arbeit mit diesem Programm ist sehr einfach. Nach dem Start meldet es sich mit einer Kopfleiste für die Anwahl verschiedener Bearbeitungsroutinen, allen voran die Ablage. Das sieht dann so aus:

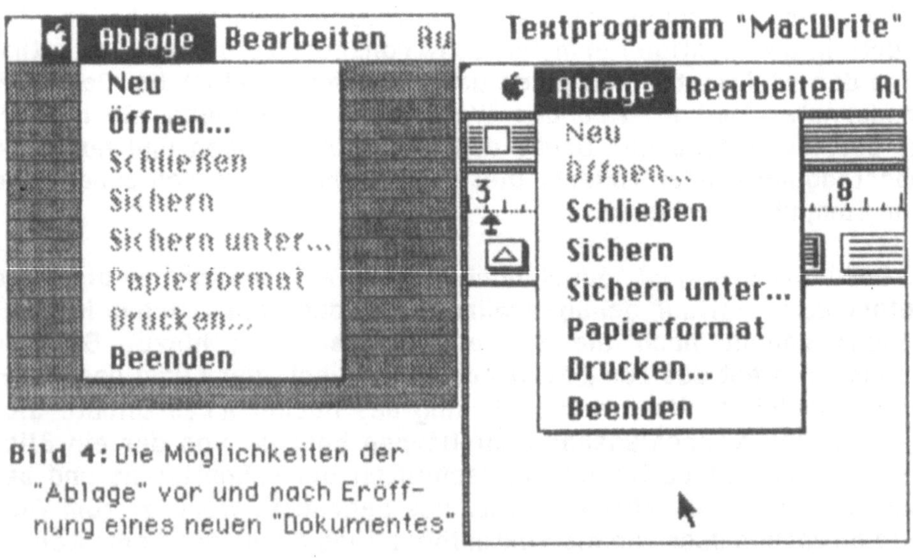

Bild 4: Die Möglichkeiten der "Ablage" vor und nach Eröffnung eines neuen "Dokumentes"

Was beim Macintosh nach dem Anklicken in der Kopfleiste jeweils "herunterklappt" und nach dem Loslassen der Drucktaste wieder verschwindet, nennt man **Pull-down-Menus** – in etwa als Ausklappfenster zu verstehen, in denen Programmleistungen zur Auswahl angeboten werden.

Das linke Fenster in **Bild 4** gilt, solange noch kein **File** eröffnet wurde: man kann entweder das Programm **beenden**, neu **anfangen** oder **ein vorhandenes File eröffnen**. Interessant ist, daß im selben Fenster das, was eben noch möglich war, gesperrt wird und das vorher Gesperrte zur Auswahl zugelassen wird, sobald aktiv an einem "Dokument" gearbeitet wird. Als **Dokument** bezeichnet Apple generell die mit dem Computer erstellten und in einem File abgelegten **Daten**.

Ein **File** ist wiederum eine in sich geschlossene **Datenansammlung**. Diese kann sich im elektronischen Speicher des Computers bei der Bearbeitung oder ruhend auf irgendwelchen Datenträgern befinden. Arbeitet man mit MacWrite an irgendeinem File, kann man alles außer **Neu** oder **Öffnen...** (logischerweise!), aber man kann nicht **Schließen** oder **Beenden**, ohne das der Computer vorher ausdrücklich fragt, ob auch gesichert werden, also das File abgespeichert werden soll.

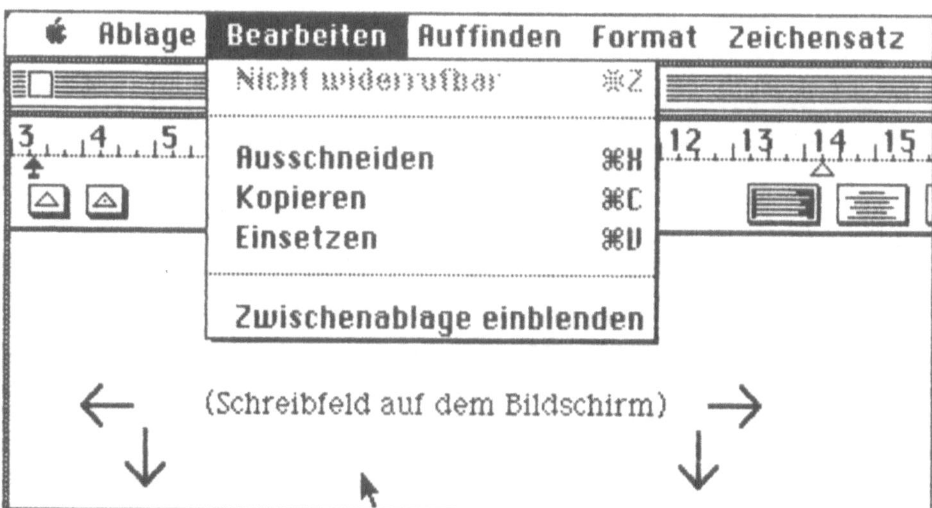

Bild 5: Das "Pull down"-Fenster mit den Möglichkeiten der Weiterbearbeitung von Textteilen.

Während der Arbeit an einem Dokument gibt es die Möglichkeit, alles oder Teile davon auszuschneiden (zu entfernen), zu kopieren (zu doppeln) oder in den Text etwas einzusetzen, was sich in der Zwischenablage befindet.

So wurde beispielsweise der vorhergehende Satz aus Seite 33 ausgeschnitten und von der Zwischenablage, wo er noch erhalten bleibt, an den Anfang der Seite 34 übernommen. Das läßt sich mit den typischen Leistungen des Mac ziemlich leicht durch **Bild 6** belegen:

| ge | Bearbeiten | Auffinden | Format | Zeichensatz | Stil |

Macbuch 33-34

alles oder Teile davon auszuschneiden (zu entfernen), zu kopiere (zu doppeln) oder in den Text etwas einzusetzen, was sich in de Zwischenablage befindet. So wurde beispielsweise de vorhergehende Satz aus Seite 33 ausgeschnitten und von de Zwischenablage, wo er noch erhalten bleibt, an den Anfang de Seite 34 übernommen.

Zwischenablage

Während der Arbeit an einem Dokument gibt es die Möglichkeit, alle oder Teile davon auszuschneiden (zu entfernen), zu kopieren (zu doppeln) oder in den Text etwas einzusetzen, was sich in der Zwischenablage befindet.

Bild 6: Illustration zum Text am Anfang dieser Seite

Zur Verdeutlichung: Um bequem arbeiten zu können, wurden die Programme MacWrite und MacPaint auf einer Diskette untergebracht. Bei Bedarf wurde durch gleichzeitiges Drücken der Tasten **Caps Lock, Shift, "Butterfly"** (⌘/Kommando) und **3** der gesamte **Bildschirminhalt** auf der Diskette abgelegt. (Die Tasten werden später noch erläutert.)

Diese Art von Files erhält vom Macintosh automatisch fortlaufend numerierte Namen. Nach Verlassen von MacWrite wurde die Darstellung mit MacPaint aufgegriffen, bearbeitet und direkt in den **Zwischenspeicher** kopiert, von wo sie dann mit MacWrite direkt in den Text übernommen wurde.

Alle Fenster werden "heruntergezogen" (**pulled down**), indem man mit dem Zeiger (Pfeil) der Maus auf das darüberstehende Wort zeigt und dann auf der Maus die Taste drückt. Mit festgehaltener Taste läßt man dann den Pfeil über die sichtbar gewordene Liste gleiten, wobei die mögliche Wahl an der sogenannten "**Maus-position**" von Schwarz auf Weiß in Weiß auf Schwarz umschlägt (**inverse** Darstellung) wie zuvor schon das jeweils angesprochene Wort in der Kopfzeile (siehe **Bearbeiten** in **Bild 5**).

Das sehen wir uns an dem Beispiel Auffinden einmal an:

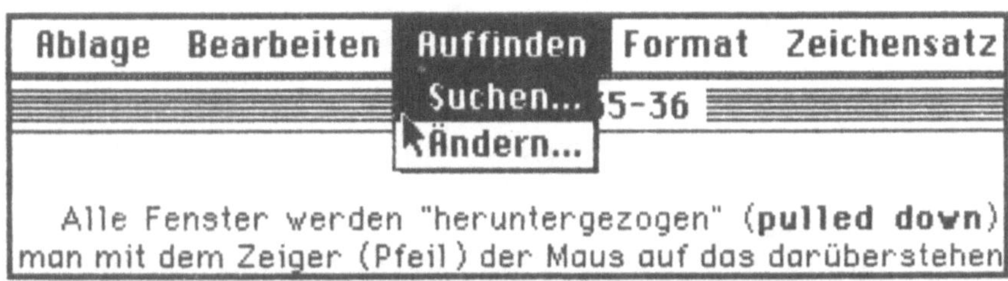

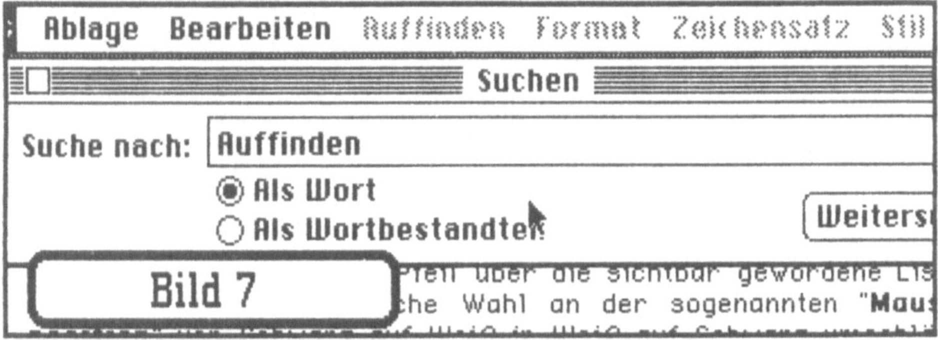

Nach dem Anklicken von **Auffinden** wurde der Zeiger über das Wort **Suchen...** gezogen. Als die Drucktaste auf der Maus losgelassen wurde, erschien ein neues Fenster. In das Kästchen hinter **Suche nach:** wurde das Wort "Auffinden" eingegeben. Als Resultat kam, was **Bild 8** auf der folgenden Seite zeigt.

Wesentlich ist, daß sämtliche Arbeiten zum Aussteigen aus dem einen Programm und Einsteigen in das nächste, alle Auswahlen und Bearbeitungen der Bildausschnitte, Änderungen, Löschungen, Festlegungen und Übertragungen in die Zwischenablage und von ihr in die jeweiligen Programme mit Mausbewegungen und Klicks erledigt werden.

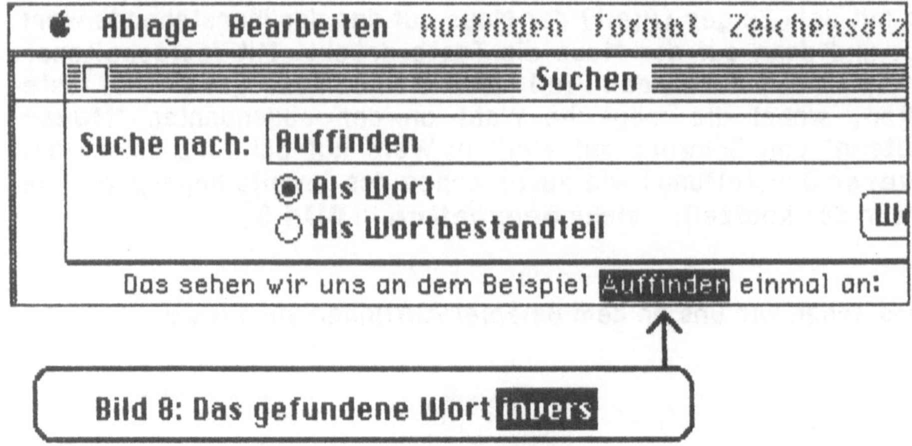

Die Tastatur wird nur benutzt, wenn man dem Computer etwas mitteilen will, das er nicht wissen kann — etwa Namen für Files oder individuelle Text, also Informationen, die von uns selbst kommen und mit dem Computer be- und verarbeitet werden sollen. Was man mit dem Computer selbst alles machen kann und soll, haben die Konstrukteure des Macintosh vorausbedacht und in einfaches Hantieren umgesetzt.

Hantieren sind wir gewohnt. Stellen wir uns vor, zum Aufkleben einer Briefmarke auf ein Kuvert müßten wir lernen:

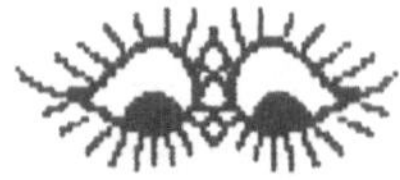

WEIGH LETTER
LOOK POSTAGE
OPEN STAMPBOX
GET CORRECT STAMP
PUT STAMP ON LETTER

Wir würden uns herzlichst bedanken. Aber genau das ist es, was viele andere Computer von uns verlangen. Um ganz einfache Dinge zu tun, müssen wir ganz schwierige Formeln lernen. Beim Macintosh fällt das wieder weg. Vergleichsweise nehmen wir wieder den Brief, wiegen ihn, sehen im Tarif nach, öffnen die Briefmarkenschachtel, nehmen die richtige Marke heraus und kleben sie auf den Brief.

Weil sich die Benutzung der **Tastatur** nun einmal nicht restlos vermeiden läßt, sehen wir sie uns jetzt einmal an. Dabei soll erwähnt werden, daß dieses Buch mit der amerikanischen oder besser der "internationalen" Tastatur geschrieben wurde. Es gibt auch eine **deutsche** Tastatur. Inwieweit es notwendig oder angebracht erscheint, für jedes Land eine angepaßte Tastatur herauszubringen, muß Apple selbst wissen.

Der Hauptunterschied liegt darin, was jeweils ohne Benutzung der **Option**-Taste über die Tastatur direkt und bei bloßer Umschaltung mit **Shift** erreichbar ist. Die Tastaturbelegung kann man sich jederzeit vom Macintosh anzeigen lassen, weil durch Anklicken des Apfels oben links in der Kopfzeile einige Hilfen in Anspruch genommen werden können, mit denen wir uns noch auseinandersetzen werden.

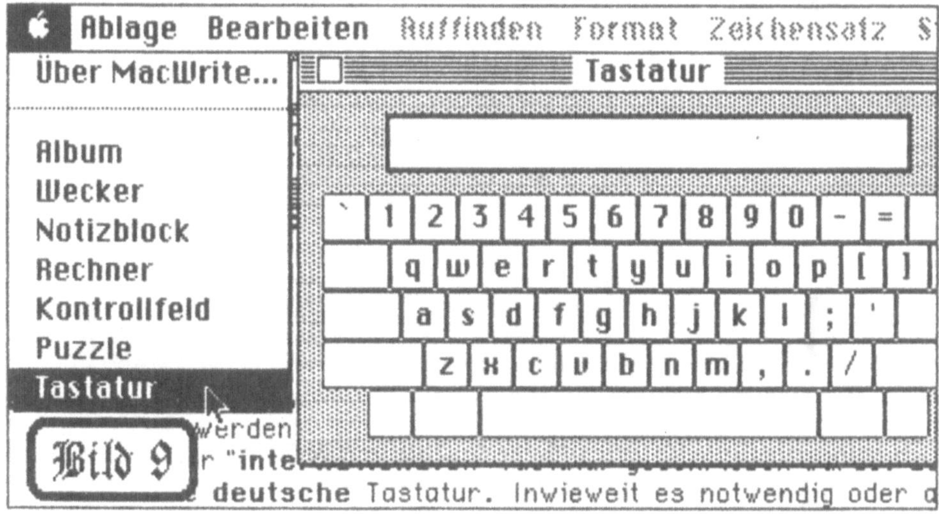

So wie in **Bild 9** ist die Tastatur bei den anglo-amerikanischen Versionen des Macintosh belegt, wenn keine zusätzliche Taste gedrückt wird. Beim Tippen der einzelnen Tasten werden also **Kleinbuchstaben**, Zahlen und diverse Zeichen übernommen. Nichts Aufregendes. Durch Drücken der **Shift-** (**Umschalt-**) Taste kommen dann entsprechende Großbuchstaben zum Vorschein. Auf dem Bild rechts abgeschnitten sind übrigens die Zeichen \ und |.

Delikat wird es aber, wenn die **Option**-Taste in Aktion tritt. Diese Taste zusammen mit irgendeiner anderen Taste macht die Tastatur international, "mehrsprachig" und dadurch die gesamte Eingabe von Text auch außerhalb der Textverarbeitung ungeheuer flexibel. Denn im Betriebssystem des Macintosh befindet sich bereits eine Mini-Textverarbeitung, der **Imagewriter**. Dieser ist sozusagen als Vorprozessor auch bei der Textverarbeitung wirksam und verwaltet die Tastaturbelegung. Auch beim Korrigieren von Text mischt er sich ein. Davon später. Erst einmal soll gezeigt werden, welche Sonderzeichen über die Option-Taste erreichbar sind, wobei die Zeichen über **Shift/Option** einmal außerachtbleiben mögen. Es sind sowieso nur wenige.

Es sind offensichtlich allerhand Zeichen, die ein Mac-Besitzer zur Verfügung hat. Die **"Butterfly"**-Taste (hierzulande bürgert sich schon die Bezeichnung **"Blumenkohl"**-Taste ein!) ist nichts weiter als die **Command**-Taste (Kommando).

Das Zeichen für diese Taste ist im Zeichensatz des Macintosh seltsamerweise **nicht** vorhanden. Mit einem serienmäßigen Mac kann man sich über dieses Zeichen mit jemand anderem also nicht direkt durch Benutzung dieses Zeichens verständlich machen. Ein Nachlässigkeitsfehler? Über Nachlässigkeiten beim Mac werden wir noch einiges erfahren. Jedenfalls ist es leicht, sich dieses Zeichen selbst zu "basteln": ⌘ ⌘ ⌘ ⌘ ⌘ ... – man kann es dann benutzen, wo man will, etwa hier → ⌘⌘⌘⌘⌘.

Zur Information sei an dieser Stelle auch die **deutsche Tastatur** gezeigt, die bei Abfassung dieses Buches noch nicht zur Verfügung stand. Doch rutschte durch eine von Apples Rätselhaftigkeiten das taufrische deutsche Betriebssystem für die deutsche Tastatur in den kbh-Mac, so daß mehr gezeigt werden kann, als nach Apples Ratschluß vorzeigbar gewesen wäre.

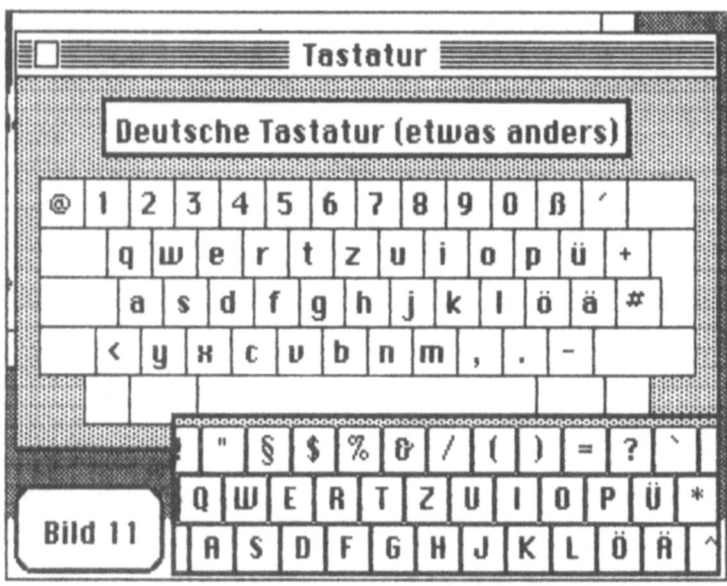

Welche Tastatur auch immer – beim Macintosh wird sie eigentlich nur benutzt, wenn eine Information **festgehalten**, nicht aber, wenn sie **ausgeführt** werden soll.

Die eigentlichen Kommandos, irgend etwas in einer bestimmten Weise zu tun, sind weitestgehend vorausbedacht und per Fenstertechnik der Auslösung durch die Maus vorbehalten. Da aber, wie an anderer Stelle bereits angedeutet, die Maus eine Art Mensch-Maschine-Verbindung ist, gehen sie bei genügender Eingewöhnung sozusagen direkt vom Kopf des Benutzers in die Programmausführung durch den Computer über. Das mag etwas abenteuerlich klingen, kommt selbst dem Benutzer im Anfang irgendwie phänomenal vor, erscheint jedoch zunehmend als völlige Selbstverständlichkeit, sodaß man sich anderes überhaupt nicht mehr als vernünftig vorstellen kann.

Wo irgend möglich und auch zweckmäßig, greift der Macintosh
auf Gewohntes aus dem täglichen Leben zurück. Wenn schon Tastatur im Zusammenhang etwa mit der Textverarbeitung, dann aber
auch möglichst viel von dem, was von einer Schreibmaschine her
bekannt sein sollte. So etwa auch das **Zeilenlineal** mit den **Rand-
stellern** und, was man in der Regel bei der Schreibmaschine nutzen, aber nicht sehen kann, den **Tabulator**-Sets.

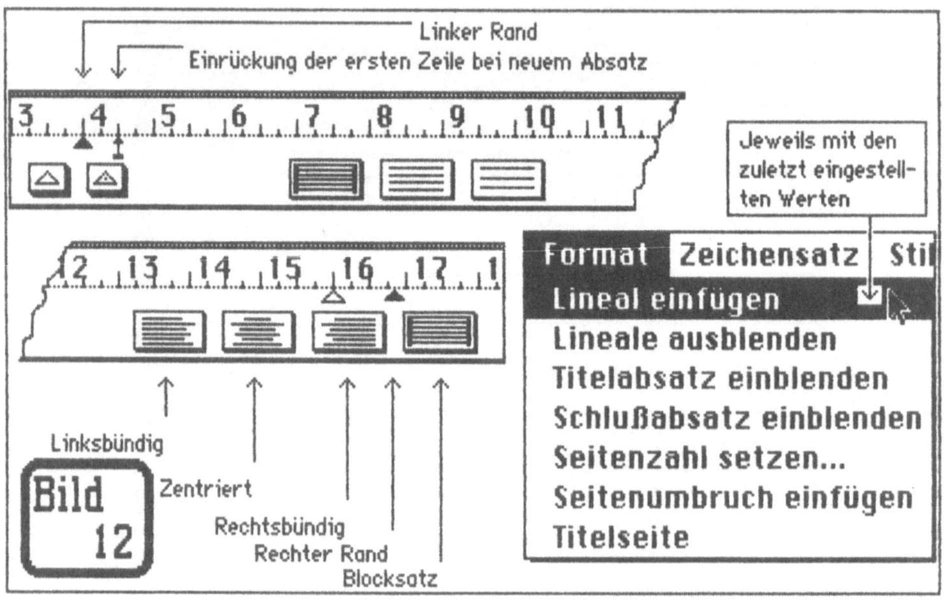

Bild 12 spricht für sich. Vergessen wurde, auf die beiden linken
kleinen Kästchen und die drei folgenden größeren einzugehen.
Wichtig sind vor allem die größeren: je nach dem, welches man anklickt, erhält man 1-zeiligen, 1 1/2-zeiligen oder 2-zeiligen ver-
tikalen **Abstand zwischen den Zeilen**. Der Rest ist erklärt. In
einem Artikel von **Andrew Fluegelman** steht die Feststellung:
**"Die Macht über Kontrolle von Typografie und Format wur-
de direkt in die Hand eines jeden Schreibers gelegt. Seit
Gutenberg ist die Kunst des Schreibens niemals so dramatisch gesteigert worden."** - Wie durch den Mac. Oder nicht? -
Wir werden sehen. Als die **IG Druck und Papier** 1984 ihre große
Streikoper aufführte, erlebte sie zum Anfassen handgreiflich, wie
Journalisten mit Computern, die nur "zufällig" noch nicht dazu benutzt worden waren, Zeitungen produzierten, die eigentlich gar
nicht möglich waren, weil das Personal doch streikte. Und der Mac
läßt zu, daß Bücher in Wohnzimmern produziert werden. Na ja...

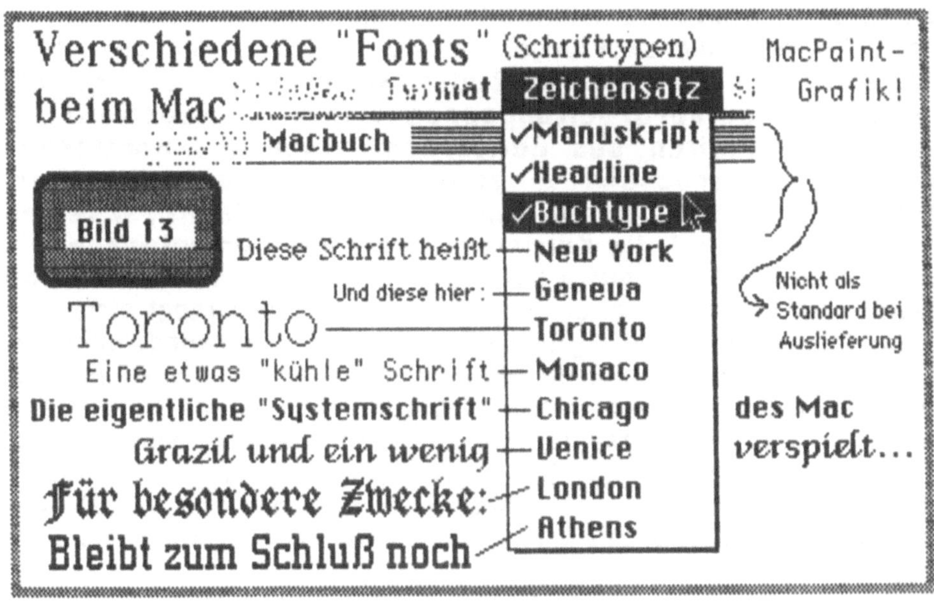

Und gleich dazu noch:

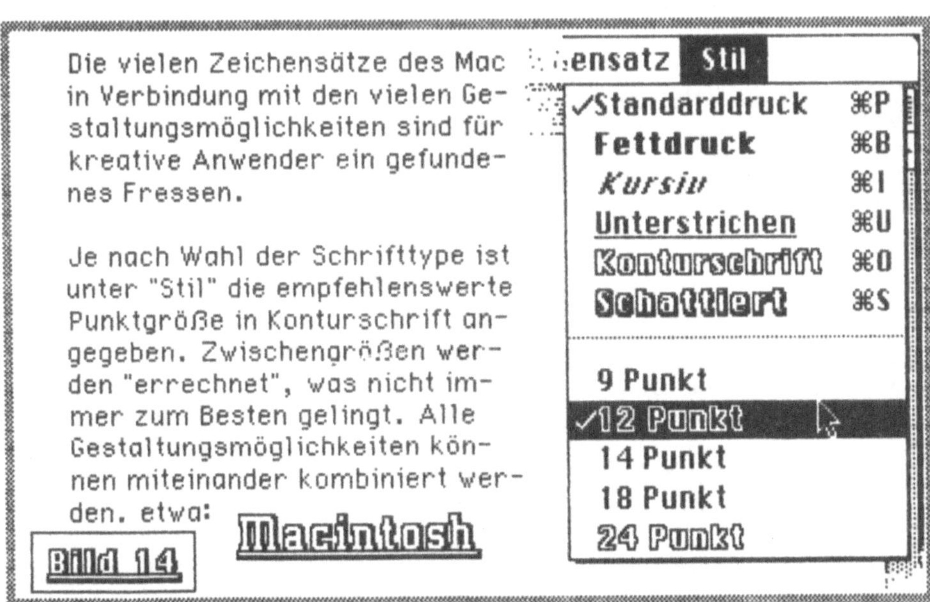

Es gibt Leute, die zu solcher Leistungsfähigkeit nur sagen: "Ja, alles gut und schön, aber..." — und nach dem **Aber** bleiben ihnen die Ideen weg, was sie noch weiter sagen könnten. Der bereits zitierte Kollege Andrew Fluegelman stellt sich in der Zeitschrift **MACWORLD** zu dieser Textverarbeitung weiter, indem er sagt: **"Bis jetzt sind Textverarbeitungsprogramme — wegen all ihrer Möglichkeiten des Editierens, Suchens, Sortierens und Seitenumbrechens — großartig gerühmte elektronische Schreibmaschinen geblieben. Doch mit dem Erscheinen des Macintosh ist die Kunstfertigkeit des Computerschreibens nicht länger auf das Aneinanderreihen von Zeichen beschränkt."** Damit hat er zweifellos recht. Doch fragt sich, wer außer ihm so schnell die gleiche Erfahrung machen wird. Denn der Mac ist nicht gerade so billig, daß man ihn mal eben kauft und dann in aller Ruhe ausprobiert. Doch erst wer ihn besitzen und für seine Zwecke grenzenlos einsetzen kann, wird entdecken, was wirklich in dieser Maschine steckt. Und er wird, wenn er andere Computer kennt (je gründlicher, desto besser!!!), ein ganz neues Bild von dem bekommen, was ein Computer überhaupt sein kann und auch ist.

Wir haben uns nun überhaupt noch nicht mit all dem beschäftigt, was unter **Format** zu finden und zu nutzen ist. Nur fragt sich, ob es was nützt, wenn man sich jetzt damit auseinandersetzt.

Was passiert, wenn man unter **Ablage** das Wort **Papierformat** anklickt? Klicken in den Kreisen führt zu kleinen Punkten als Bestätigung der Einstellung.

Ablage   Bearbeiten   Auffinden   Format   Zeichensatz

Macbuch 41-42

Papier: ○ US Brief   ○ A4 Brief
         ○ US Lang   ● Endlospapier

Format: ● Hochformat ○ Hoch / Justiert ○ Querformat

Bild 15   Abbrechen   OK

Nicht vergessen: Das Buch ist insgesamt mit dem Macintosh erstellt worden.

Mußte man früher die Worte mühsam Buchstabe für Buchstabe durch das Nadelöhr der Formulierungskunst fädeln und sich ganz darauf verlassen, daß andere Menschen, die man vielleicht nicht einmal kannte, den letzten Schliff durch entsprechende Gestaltung hinzufügten, geriet man dabei immer wieder auch einmal in Teufels Küche. Aber dann war es meistens auch schon zu spät. Dann war alles gedruckt und, wenn's schlimm kam, den Bach runter.

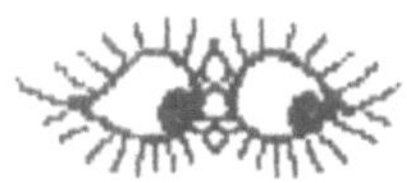

Das ist nun anders. Der <u>Macintosh</u> bringt quasi eine eigene Drukkerei ins Wohnzimmer. Die funktioniert zwar nur, wenn man auch den **Imagewriter™**, einen Nadeldrucker von Apple, dabei hat. Aber ein Personal Computer ohne Drucker ist sowieso in der Regel so etwas wie die berühmte Frau ohne Unterleib, und ein Mac ohne den passenden Imagewriter ist wie ein Flugzeug ohne Flügel: er hebt gar nicht erst ab. Und man erlebt so nicht, welche Erlebniswelt er erschließen kann. Diese Welt ist wichtig, denn es ist unsere Arbeitswelt. In die gehört ein Computer wie der Mac hinein, damit sie erträglicher wird. Wir können besser das **Gewohnte** machen und das Gewohnte **besser**.

Und dazu gehört das Verbessern schlechthin. Auch bei der Textverarbeitung mit dem Macintosh unterlaufen immer mal wieder Fehler. Oder an der Gestaltung soll etwas geändert werden. Dazu stehen dann die sogenannten Editiermöglichkeiten zur Verfügung, von denen einige schon der Imagewriter mitbringt, der grundsätzlich vom Betriebssystem her fast immer zur Verfügung steht.

Einige Beispiele. *Ein Satz soll kursiv gesetzt werden* . Dazu soll auch noch ein Wort in Fettdruck erscheinen. Das ist mit dem Mac kein Problem. Im Gegenteil: es ist so bequem, wie es bequemer gar nicht gehen kann. Hinzu kommt, daß eigentlich nichts falsch gemacht werden kann, denn nichts ist endgültig – man kann es jederzeit widerrufen und anders probieren, bis es so ist, wie man es sich vorgestellt hat.

Die Vorgehensweise ist dabei nicht genau vorgeschrieben. Man kann in diesem Fall zwischen dem Herumklicken mit der Maus oder der Eingabe von Kürzeln über die Tastatur wählen.

Hierzu wieder eine Abbildung (**Bild 16**), die durch Abspeichern des Bildschirminhaltes mit nachgehender Bearbeitung durch MacPaint und späterer Einbindung in den Text gewonnen wurde. (Es kann garnicht oft genug und deutlich genug gesagt werden, wie kinderleicht das mit dem Macintosh zu machen ist!)

BILD 16

Um bestimmte Textstellen zur Bearbeitung zu markieren, kann man auch den Zeiger vor oder hinter ein Zeichen setzen, die Drucktaste der Maus drücken und gedrückt halten und den Zeiger mit der Maus bis hinter oder vor die Stelle führen, die noch einbegriffen sein soll. Alles Dazwischenliegende an Text wird nach dem Loslassen der Maus dann invertiert und entsprechend der Auswahl unter **Bearbeiten** oder **Stil** verändert. Für Leute, die sich nicht recht trauen, gibt es die tröstlichste Einrichtung gleich mit – das **Widerrufen**. Auch den Widerruf kann man widerrufen, nämlich durch **Wiederherstellen**. Das ist übrigens eine typische Eigenheit von Macintosh-Programmen, etwas nicht nur **tun**, sondern auch **un**tun zu können. Ganz einfach **UNDO**. Wenn so etwas immer im echten Leben ginge...

Mit **Bild 17**, das aus verschiedenen **Screendumps** (das sind abgespeicherte Bildschirminhalte) mit MacPaint zusammengepuzzelt wurde, soll das Gesagte untermauert werden.

Nun noch ein Wort zum **Imagewriter™**. Es gibt nämlich zwei Imagewriter. Das eine ist der in das Arbeitssystem des Macintosh eingebaute Imagewriter, der die Tastatureingaben verwaltet, und das andere ist der Imagewriter™ als außen angeschlossener Drukker mit **Bit Image**-Fähigkeiten. Unter **Bit Image** versteht man die Auflösung eines Druckfeldes in eine Matrix von einzelnen Nadelanschlägen, die jeweils einem Bit im Speicher des Computers bzw. des Druckers entspricht.

Das läßt sich anhand einer Illustration vielleicht besser verstehen. So ist die Schrift **London** beim Macintosh als 18-Punkt-Zeichensatz vorhanden, und trotzdem kann man sie bis zur Größe von 72 Punkt einsetzen, weil sie einfach "hochgerechnet" wird.

Um Mißverständnissen vorzubeugen: Natürlich werden die Nadeln des Druckers nicht immer größer und größer, vielmehr werden einzelne Anschläge der Nadeln bei zunehmender Schriftgröße zu mehreren Anschlägen. Diese liegen dann aber so dicht beieinander, daß der Eindruck von größeren Blöcken entsteht. Dazu **Bild 18:**

London London London London

Wenn wir uns die Schrift "London" in zunehmender Vergrößerung ansehen, können wir leicht ihre Zusammensetzung aus einzelnen Elementen feststellen, die beim Druck dem Anschlag einer Nadel entsprechen. Dazu bereitet der Computer die Schrift in seinem Speicher auf. Er macht sich quasi eine Vorstellung vom Aussehen der Schrift (ein "Image"). Nur denkt er nicht in schönen Rundungen, sondern in Bits. "Bits" sind die Bestandteile von "Bytes" (Werte zu je 8 Bits). Und das wiederum sind binäre Zahlen.

Bild 18

Der Imagewriter im Macintosh selbst ist Software, also Programmbestandteil des Betriebssystems. In den meisten Fällen kann man bei Texteingabe durch Umsetzen des Cursors etwas einfügen oder durch Überstreichen mit dem Cursor etwas invertieren. Das Invertierte wird beim Druck auf die **Backspace**-Taste (Schritt zurück) automatisch gelöscht. Sicherlich kommen wir zu diesem Thema noch an anderer Stelle, wenn es um das Betriebssystem selbst geht. "Am Anfang war das Wort", heißt es schon in der Bibel. Deshalb ist zu Beginn des Sachteiles in diesem Buch auch mit Macs Fähigkeiten im Umgang mit Worten berichtet worden.

Ein "verunglücktes" Titelbild...
... oder: <u>BILD 19 a</u>

Zum Betriebssystem des Macintosh

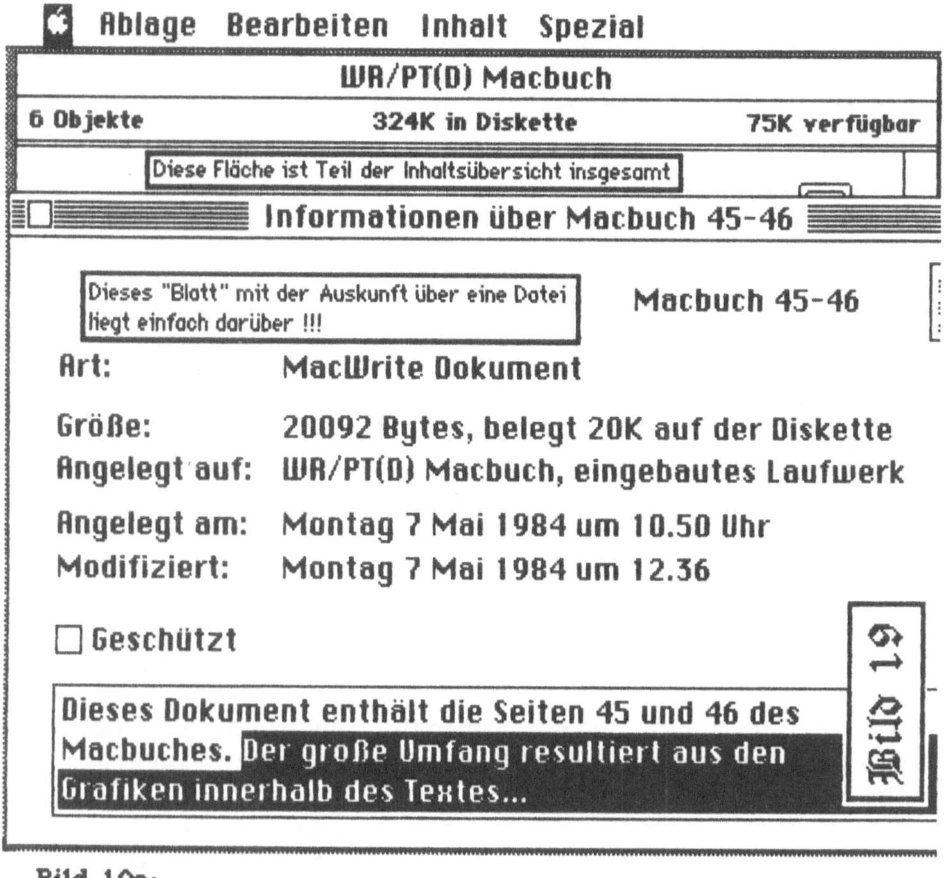

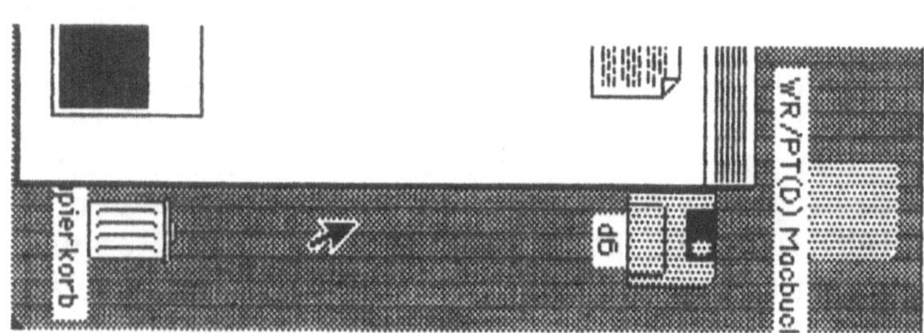

Bild 19a:

Bild 19a:

Absoluter Schwachsinn, ein Bild als Überschrift für einen neuen Abschnitt in einem Buch zu wählen? Aber besser kann man einen Schwachpunkt des <u>Mac</u>intosh nicht bloßlegen. Alternativ nennen wir dieses Kapitel deshalb auch **Bild 19 a.** – Eigentlicher Haupttitel: **Zum Betriebssystem des Macintosh.**

Was wir da sehen, bietet alles andere als einen methodischen Einstieg in Theorie und Praxis dieser Maschine. Methodisch und praktisch Korrektes hat sich jedoch zu oft als probates Schlafmittel erwiesen, als daß wir es hier auch noch ausprobieren. Packen wir's also an – **reiten wir auf dem Tiger!** (vielleicht hat er keine Zähne und Krallen).

Dazu brauchen wir jetzt einen Fotokopierer, ein leeres Blatt, eine Schere und etwas Bürokleber. Haben wir alles, kopieren wir die Seite 47. Mit der Schere schneiden wir dann das Bild 19 aus, wobei wir am rechten Rand etwas aufpassen müssen. Wir kleben den Ausschnitt auf das leere Blatt und schneiden nunmehr das Bild 19 a ebenfalls aus. Hier müssen wir am oberen Rand achtgeben. Dann drehen wir es 90° nach links (man beachte: der Mac hat das **Grad**-Zeichen ° verfügbar!) und kleben es an den anderen Ausschnitt. Einfach so daneben, passen wird es sowieso nicht...

Was wir nun sehen, ist der Bildschirm des Macintosh, nachdem die **Systemdiskette** mit den Programmen MacWrite und MacPaint ge**boot**et war. Der Inhalt dieser Diskette wurde als **Icon** (Abbild) in einem Fenster dargestellt. Aufmerksam wie wir sind haben wir festgestellt, daß auf der Diskette auch noch das **Dokument**, das **File** oder die **Datei** mit dem Namen **Macbuch 45-46** enthalten war. Das Abbild dieser Datei haben wir mit dem Pfeil der Maus berührt und einmal (!!!) angeklickt. Da wurde es ganz schwarz. Hätten wir es zweimal schnell hintereinander angeklickt, wäre es zwar auch schwarz geworden. Sofort anschließend hätte der Mac jedoch losgelegt und das Programm MacWrite gestartet, um in einem Atemzuge das Dokument Macbuch 45-46 einzulesen und zur Weiterbearbeitung auf dem Bildschirm zu zeigen. Der Mac ist nämlich schlau: Man braucht ihm keine ganzen Operetten auswendig vorsingen, damit er begreift, um was es geht, sondern nur Andeutungen zu machen – **KLICK!**

Da wir es bei einem Klick belassen haben, konnten wir nunmehr
das Wort **Ablage** anklicken, die Taste festhalten und den Pfeil bis
zu dem Wort **Informationen** hinabführen. Nach dem Loslassen der
Taste öffnete sich spontan ein weiteres Fenster, das sich wie ein
Blatt über das andere Fenster legte und uns die Informationen über
das **Dokument Macbuch 45-46** gab.

Alles sehr nett. Wer aber den Mac bis zum letzten auskitzeln
möchte, wird schnell merken, daß er eigentlich eine Lisa braucht.
Denn allzu oft kann es geschehen, daß er vom Mac mit der Botschaft konfrontiert wird, der Speicherplatz reiche für die vorgesehene Operation nicht aus. Immerhin ist der Mac so ehrlich, das
freimütig einzuräumen. Und man kann nur hoffen, daß Apple mit
der 512 Kbyte-Version nicht zu lange zögert.

Bei der Grafik bestand das Problem nämlich darin, sie in voller
Breite für das Buch zu reproduzieren. Leider war das kopierbare
Arbeitsfeld des Programmes MacPaint nicht groß genug, die Bildschirmkopie voll anzuzeigen. Warum auch! Man kann ja über ein
verschiebbares Fenster das ganze Grafikdokument nach und nach
bearbeiten und dann in einem Rutsch komplett ausdrucken. Dann hat
man es ja! - Sicherlich. Aber man kann es nicht komplett in die
Textverarbeitung übernehmen (wo die zur Verfügung stehende
Arbeitsfläche wahrscheinlich auch zu klein wäre, das ganze Dokument zu übernehmen).

Was soll's. Irgendwo muß alles eine Grenze haben. Denn hätte
das nicht Funktionierende funktioniert, wäre bestimmt irgendwann
etwas anderes aufgetaucht, das **nicht** funktioniert. Und dann? Ein
Auto ist ja auch nicht schlecht oder unbrauchbar, wenn es keine
300 Sachen schnell ist. Die Titelgrafik für dieses Kapitel ist daher
eher als lakonischer Hinweis zu verstehen, daß man den Bogen
nicht überspannen sollte - allerdings auch nicht in der Werbung...

Der Mac mit **128 Kbyte RAM** (Random Access Memory = beliebig
belegbarer Speicher) ist keineswegs schmalschultrig. Aber auch
alles andere als breitschultrig. Wenn der Speicher bereits ziemlich strapaziert ist, sind bestimmte Operationen nicht mehr möglich. Oder man muß mit der Maschine schon sehr gut vertraut sein
und sich Tricks einfallen lassen können, sein Ziel trotzdem durch-
zusetzen.

So kann es beispielsweise geschehen, daß ein Abspeichern auf
eine externe Datendiskette mehr als ein halbes Dutzend Wechsel
zwischen Systemdiskette und Datendiskette erforderlich macht,
weil unter Umständen ein zu knapper Pufferspeicher zur Verfügung
steht. Auch beim Kopieren von Dokumenten zwischen verschiedenen
Disketten kommt es oft zu haarigen Situationen, wenn man kein
zweites Laufwerk besitzt. Dann wird **Diskswapping** zum Sport.

Sicherlich werden nun einige Anbieter von Konkurrenzfabrikaten
grinsen. Doch warten wir ab. Die eigentliche Konkurrenz für den
Mac ist sowieso die Lisa. Nur geht es hier erst einmal um das
Arbeiten mit einer **1-Drive-Maschine**. Da ist die Lisa fast unbrauchbar, und der Mac hat da eine Menge zu bieten.

Jetzt sehen wir uns erst einmal **Bild 20** an. Hier ist eine etwas
zivilere Bildschirmkopie als Vorlage genommen worden. Und wir
lernen etwas mehr Grundsätzliches aus ihr. Stellen wir uns doch
einmal vor, wir hätten gerade einen Mac gekauft und wollten nun
mit ihm klarkommen, ohne das Manual zu studieren. – Was tun?

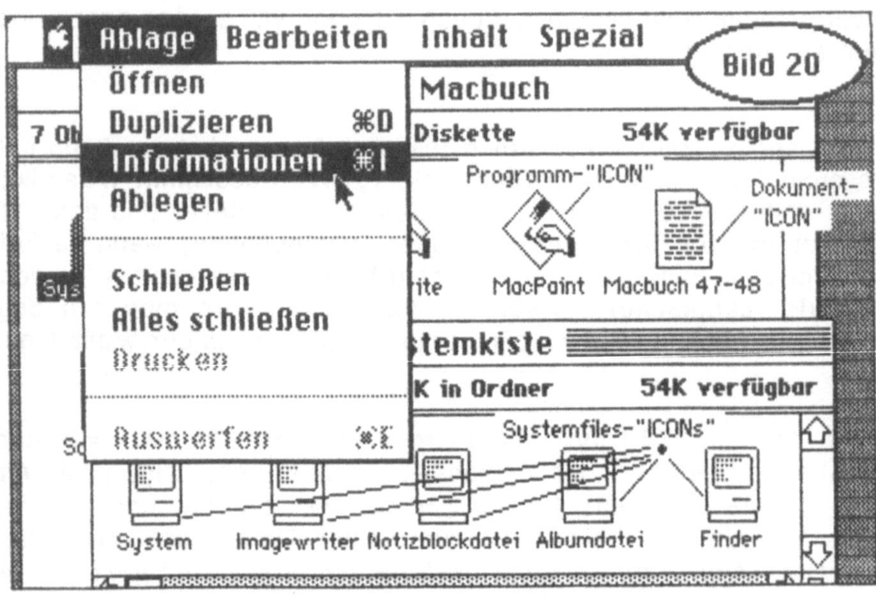

Nachdem wir den Computer vorschriftsmäßig angeschlossen haben, was wirklich kein Problem ist, entnehmen wir der Zubehörpackung die beigelegte Systemdiskette. Diese stecken wir in den Schlitz des Mikrolaufwerkes. Dabei ist einzig auf richtige Seite und richtige Kante der Diskette zu achten.

Das System begrüßt den Benutzer mit **Willkommen bei Macintosh,** lädt das System von der Diskette und geht in Wartestellung. Durch einen fatalen Irrtum (Hm!...) war im Karton jedoch die Arbeitsdiskette von Key B. Hacker, und mit der nehmen wir nun vorlieb. der Bildschirm sieht dann so aus:

Bild 21:

Nach dem Booten des Systems werden sichtbar:
Die Kopfzeile, das Abbild der Diskette (a) und der Papierkorb (b). Unter der Diskette steht ihr Name.

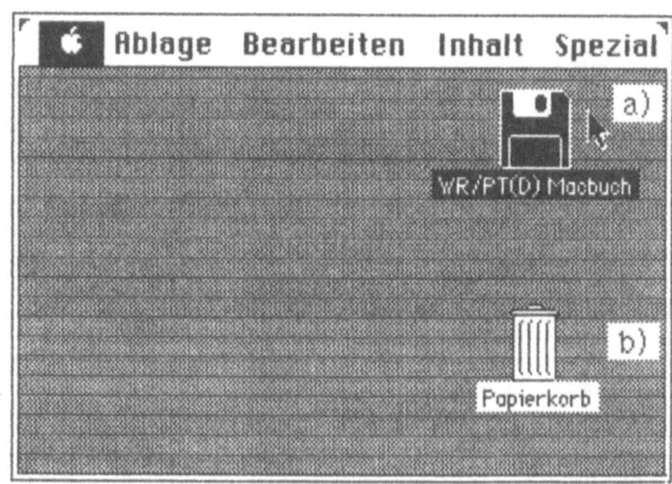

Außer in der Kopfzeile (Apple nennt sie **Menu Bar**) haben wir es schon von Anfang an mit Bildern zu tun. Da steht einmal die Diskette als Symbol für den externen **Datenspeicher.**

Zum anderen ist ein Papierkorb zu sehen für **Datenabfall.** Den gibt es nämlich auch. Wenn man eine Datei nicht mehr braucht (der Mac spricht im Betriebssystem immer von **Dokument**en), wäre es dumm, sie unnötig aufzubewahren. Denn da, beim Aufbewahren, ist auch noch so eine kleine Engstelle beim Mac ohne Zusatzlaufwerk.

Auf eine Diskette passen rund 400.000 byte (400 kbyte), und das ist nicht sehr üppig. Ein bißchen Mogelei ist auch noch im Spiel, wie wir noch sehen werden.

Um zu sehen, was auf der Diskette enthalten ist, kann man zweierlei Wege gehen, wozu man aber in jedem Falle zur Maus greifen muß: entweder man klickt zweimal schnell hintereinander das Diskettenabbild an oder man führt den Pfeil auf **Ablage,** drückt die Taste auf der Maus, hält sie fest und läßt nun den Pfeil auf **Öffnen** gleiten (**siehe Bild 20**), wonach man die Taste losläßt. In beiden Fällen tritt die gleiche Folge ein. Aus der Diskette zoomt sich ein Rahmen hervor, in dem der Inhalt der Diskette aufgelistet wird.

Nun hätten wir beinahe das Wichtigste übersehen, wenn wir es nicht schon wüßten. Nämlich der Pfeil auf dem Bildschirm -- das sind wir selbst. Die Position der Maus wirkt sich direkt auf die Position des Pfeiles aus. Und die Position der Maus richtet sich nach der Position unserer Hand. Die Position unserer Hand aber wird von unseren Gedanken bestimmt. Man sollte wirklich glauben, daß es nicht einfacher geht. Jedenfalls unter Beachtung der notwendigen Betriebssicherheit.

Nun wollen wir uns nicht verzetteln. Vergessen wir vorläufig den Spaß mit dem Bild 20. Sehen wir, was der Mac zu bieten hat.

Bild 22:

Die Verwaltung der Diskette besorgt der "Finder" (c)

Darüber hinaus hält der Mac noch etliche "Bonbons" bereit, die immer zur Verfügung stehen (d)

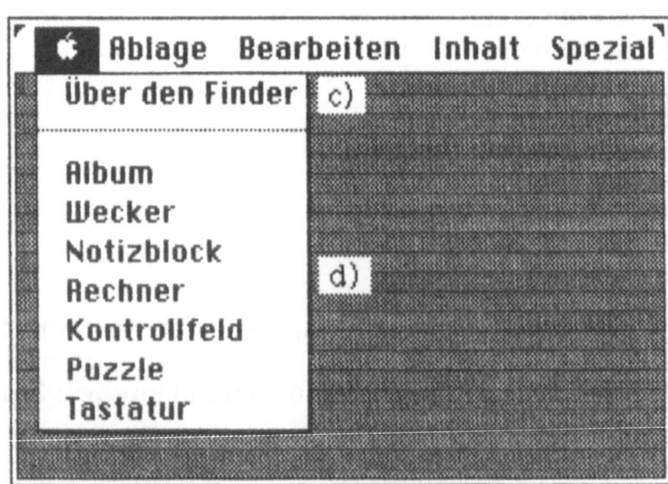

Der **Finder** hat die Aufgabe, uns bei unserer Arbeit mit verschiedenen Programmen und Dokumenten zu helfen und darüber zu wachen, daß die Organisation auf der Diskette nicht in die Brüche geht. Denn durcheinandergeratene Daten wären eine Katastrophe.

Die Art, wie der Macintosh Disketteninhalte verwaltet, ist einfach grandios, aber bewußt werden kann diese Tatsache nur jenen Computeristen, die Erfahrungen mit möglichst vielen Maschinen haben und deshalb erst richtig ermessen können, wie vorbildlich alles beim Mac funktioniert. Ohne daß der Benutzer es merkt, wird peinlich Buch geführt, unter anderem darüber, wann ein Dokument erstmalig erstellt und wann es zuletzt geändert wurde. Auf diese Weise ist zunächst einmal sichergestellt, daß man selbst den Überblick behält. Bei mehreren Dokumenten gleicher Art, von denen etwa einige nur die Sicherheitskopie darstellen, findet man immer heraus, welches zuletzt bearbeitet wurde und somit die aktuellste Fassung sein kann.

Die Arbeit des **Finder**s ist vergleichsweise immens, weshalb er als Grundprogramm, das dem Betriebssystem zugerechnet werden muß, einen gehörigen Umfang besitzt.

Größe	Name	Art	Letzte Änderung
109K	**System**	System Dokument	Son 6 Mai 1984
47K	**Finder**	System Dokument	Fre 24 Feb 1984
18K	**Imagewriter**	System Dokument	Die 8 Mai 1984
4K	**Albumdatei**	System Dokument	Son 6 Mai 1984
2K	**Notizblockdatei**	System Dokument	Fre 24 Feb 1984
OK	**Clipboard File**	Dokument	Die 8 Mai 1984

Bild 23

Die Programme Macwrite oder MacPaint etwa, deren Leistungen immer wieder erstaunen, sind nur wenige byte größer.

Würde man nun das, was in **Bild 23** als **System** deklariert ist, und den Finder zusammen in den Speicher laden, wäre der Mac mit seinen **128 kbyte** RAM bereits am Ende. Denn System und Finder ergeben zusammen schon 28 kbyte mehr. Dabei ist das System auf der Hacker-Disk, die wir ja betrachten, rund 35 kbyte kürzer als bei üblichem Lieferumfang, um die Diskettenkapazität zu schonen.

Der Macintosh hilft sich mit **Nachlademodulen**. Weder vom System noch vom Finder hat er das komplette Programm im Speicher, sondern immer nur jene Teile, die entsprechend dem Arbeitsverhalten des Benutzers gerade benötigt werden.

Merken kann man das bequem daran, wie immer und immer wieder das Laufwerk angesprochen wird, damit Programmteile getauscht werden können. Diese Technik ist nicht neu, aber als einer der genialen Tricks erfunden und benutzt, um relativ kleine Speichergrenzen optimal zu nutzen und dabei die Leistungsfähigkeit von Mikrocomputern immer wieder zu vergrößern.

Der Finder wertet die Wünsche des Benutzers aus und veranlaßt das Notwendige.

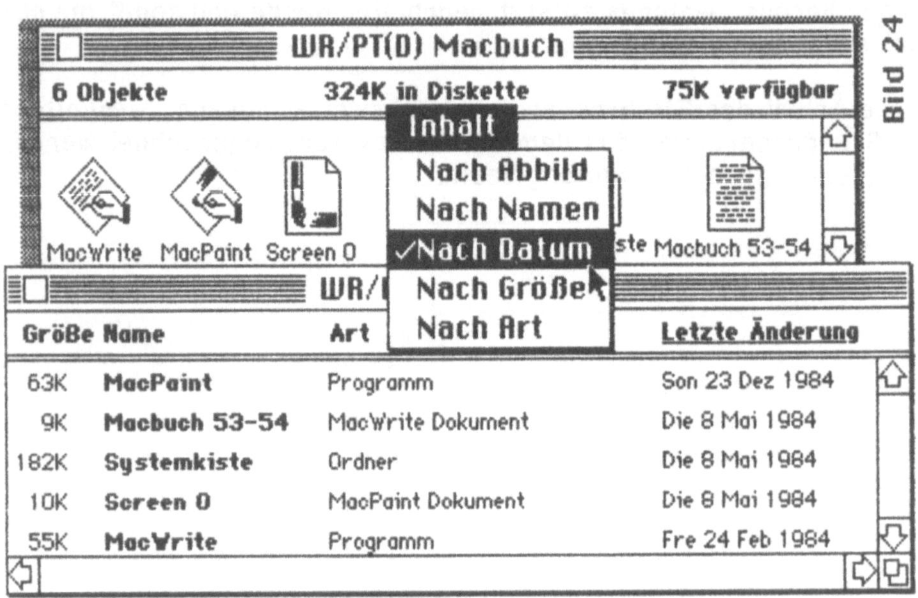

So können wir uns die Files nach Abbild oder nach Namen, nach diesen jedoch wiederum sortiert unter wählbaren Gesichtspunkten, auf dem Bildschirm vorzeigen lassen. Um das Dokument **Macbuch 53-54** weiterzubearbeiten, müssen wir jedoch nicht unbedingt das Programm MacWrite starten, sondern wir können wahlweise entweder das Abbild anklicken und dann das File unter Ablage öffnen oder das Abbild doppelt anklicken, wonach der Start erfolgt, oder wir können gleichermaßen mit der Zeile verfahren, in der das File Macbuch 53-54 aufgelistet ist. In beiden Fällen landen wir in MacWrite mit dem bereits fertig eingelesenen Dokument. Interessant ist, wie der Finder die Dokumente identifiziert und in der Liste entsprechend ausweist. Bei der bildlichen Darstellung verwendet er verschiedene Abbildungen.

Im wesentlichen werden die Abbildungen bestimmt durch die Programme, denen die Dokumente entstammen, oder durch die Programme selbst. Aber da gibt es auch einen dicken Haken: ASCII-Files aus BASIC-Programmen oder BASIC-Programme als ASCII-Files werden von MacWrite nicht erkannt, was ein riesiger Nachteil ist, denn dadurch wird ein guter **Editor** vorenthalten. – Absicht?

Wie eng es im Speicher des Macintosh zugeht, mag die Abbildung 25 veranschaulichen. Die Seiten 53-54 des Files Macbuch beanspruchen auf der Diskette zwar nur 9 kbyte Platz, aber der Speicher von MacWrite war mit ihnen zu 93% ausgelastet. Das liegt an den Grafiken 23 und 24, denn üblicherweise verpackt das Textverarbeitungsprogramm nahe 25 kbyte, was etwa den Seiten 5 bis 12 der Einführung entspricht. Da muß die Speicherverwaltung schon höllisch raffiniert ausgeklügelt sein, damit überhaupt etwas stattfinden kann. Und der Finder ist eines von den klugen Programmen.

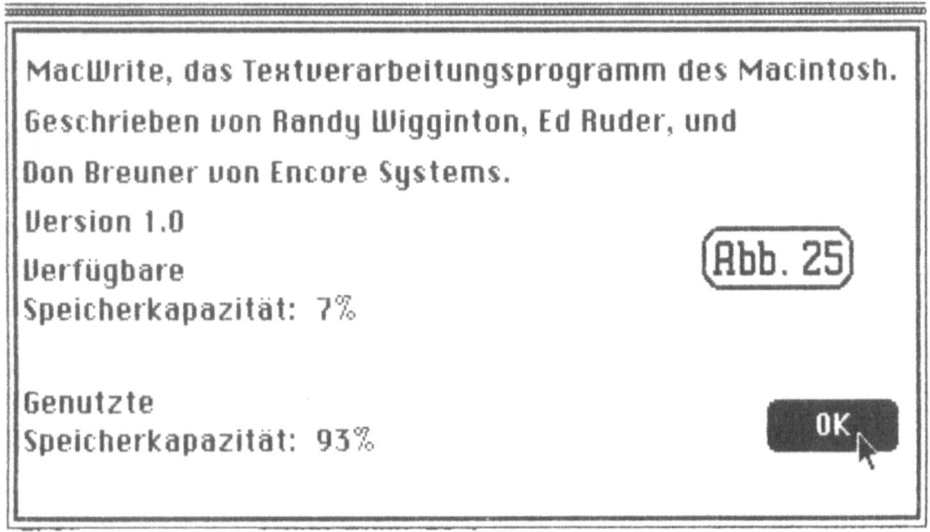

Grundsätzlich ist zu beachten, daß eine Diskette, ein Programm oder ein Dokument **aktiviert** sein muß. Ob das der Fall ist, sieht man an der Invertierung, das heißt die Farbe springt um. Auch hier, und das muß man sich einprägen, wird nicht mit einer lesbaren Nachricht gearbeitet, die ja auch richtig verstanden werden muß, sondern mit optischen Signalen, die bei entsprechender Übung direkt in das Bewußtsein übergehen und das weitere Verhalten bestimmen.

Das ist aus Bild 26 gut zu entnehmen:

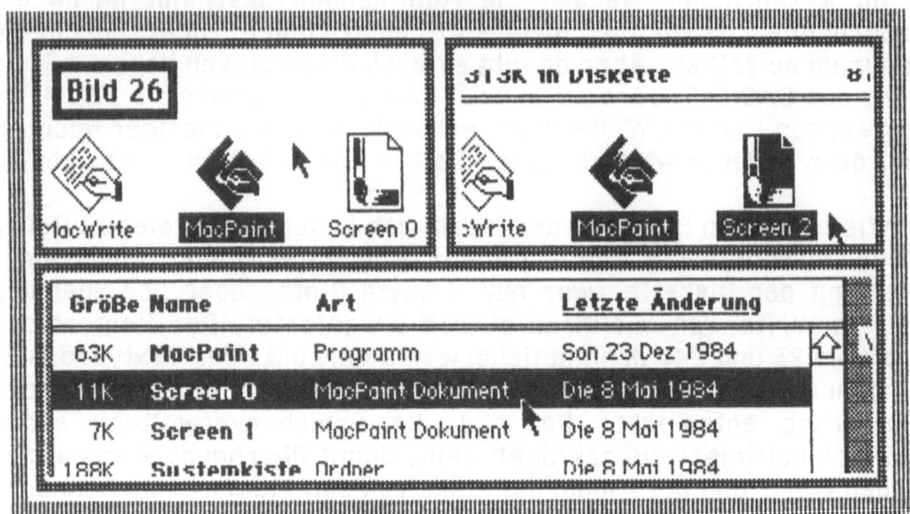

Das Programm **MacWrite** in Bild 26 **links** ist **nicht** aktiviert, das Programm MacPaint **ist** es. Rechts oben sind **MacPaint und Screen 2** aktiviert. Das geht, indem man den Pfeil etwa links oben **außerhalb** des Abbildes von MacPaint ansetzt, die Taste drückt und mit festgehaltener Taste den Pfeil bis rechts unten außerhalb des Abbildes von Screen 2 gleiten läßt. Dabei werden Hilfslinien sichtbar, die sofort verschwinden, wenn man die Taste losläßt. Dabei wechseln die Abbilder die Farbe. Jetzt könnte man unter **Ablage** mit **Öffnen** das Programm starten und Screen 2 bearbeiten.

Der Finder hat aber noch mehr Aufgaben. So managt er auch das Kopieren von einzelnen Dokumenten oder ganzen **Gruppen**. Diese Gruppen kann man zusammenfassen, indem man sie in der beschriebenen Weise aktiviert, aber man kann sie auch in **Koffer** packen. Man klickt sie an, hält sie fest und packt sie hinein. Der offizielle Name im englischen Betriebssystem ist **Folder**, im deutschen **Ordner**. Man kann sie auch Kiste oder sonstwie nennen. Diese Henkelmänner sehen dann so aus

und ihr Inhalt kann in **separaten** Fenstern aufgelistet werden (siehe Bild 23).

Allerdings kann der Finder noch viel mehr. Zum Beispiel beim **Kopieren,** sei es innerhalb einer Diskette als **Duplizieren** oder von Diskette zu Diskette. Dazu ist nichts anderes notwendig als die Maus. Nun würde, wenn man das **FILE A** dupliziert, Verwirrung dadurch entstehen, daß rein namentlich plötzlich zwei Files mit dem gleichen Namen vorhanden sind. Da wüßte selbst der Finder nicht, welches File gemeint ist. Zwar vermerkt er zu der File-Bezeichnung noch Datum und Uhrzeit, so daß eine Identifizierung denkbar wäre, aber er mag keine Dubletten und meckert, wenn man etwa bei einer Umbenennung einen Namen doppelt vergeben möchte. Deshalb setzt der Finder beim Duplizieren von sich aus vor den Namen des Duplikates die Worte **"Kopie von ".** Der Vorgang selbst ist unkompliziert und grafisch in BILD 28 herausgefiltert:

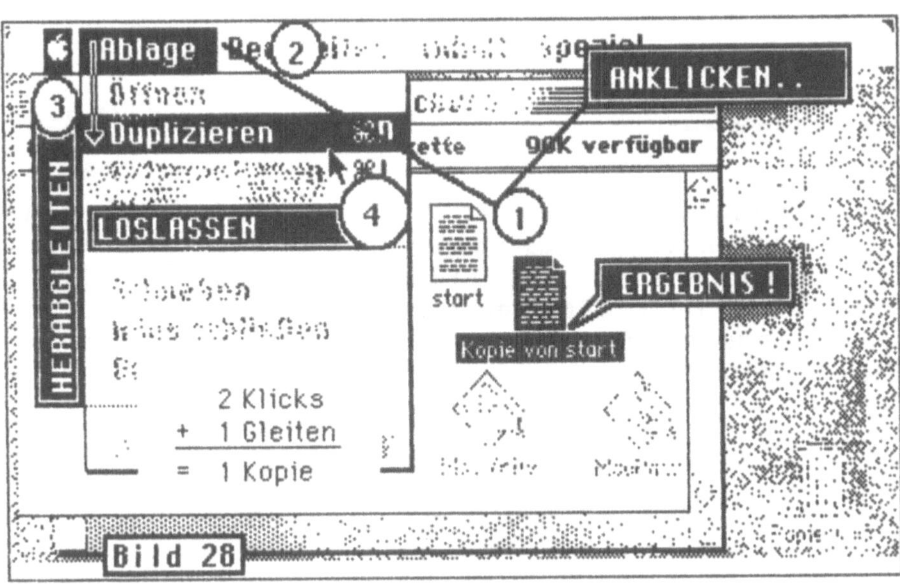

So einfach und ohne Eingabe von komplizierten Befehlen kann man ein Duplikat erzeugen lassen. Natürlich kann es sein, daß man die Kopie umbenennen möchte. Dazu führt man den Pfeil an den hinteren Rand des Schriftfeldes am aktivierten Abbild, wobei er sich automatisch in einen Cursor des Imagewriter verwandelt (**a**) auf der folgenden Seite). Drückt man die **Backspace**-(Rückschritt-)Taste, verschwindet der Filename völlig, und man kann einen neuen Namen eingeben (**b**). Stattdessen kann man auch die Taste auf der Maus an irgendeiner Stelle des Namens drücken und Zeichen löschen oder einfügen (**b, c**).

Hier die dazu passende bildliche Erläuterung, die – wie könnte es anders sein – mit MacPaint aufbereitet wurde.

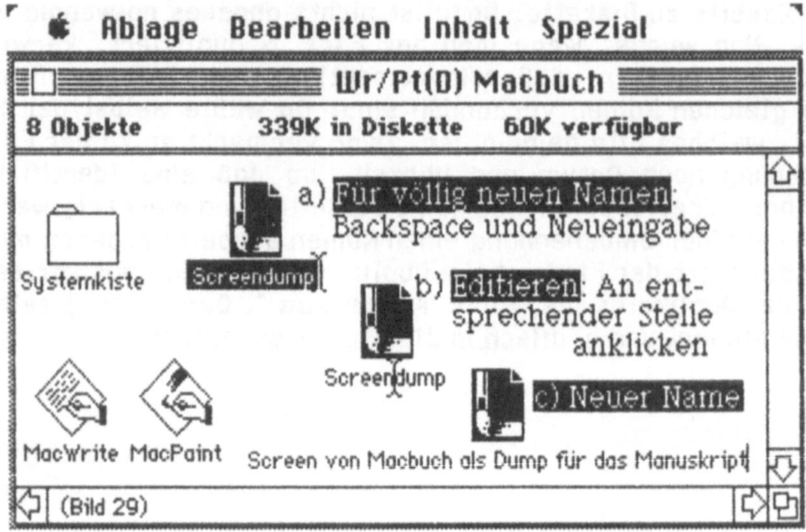

Screen von Macbuch als Dump für das Manuskript ist nicht etwa eine Anmerkung, sondern **ein Filename**! Der Finder verkraftet als Bezeichnung für eine **Applikation** (so nennt Apple die Programme) oder für ein **Dokument** bis zu **63 Zeichen,** von denen nur der **Doppelpunkt ausgenommen** ist. Das dürfte in den Augen vieler Spezialisten eine absolute Sensation sein.

Nun sind wir doch noch ziemlich methodisch vorgegangen, wobei der Plauderton vielleicht etwas auf der Strecke geblieben ist. Dieses Buch soll jedoch weder das Manual zum Macintosh ersetzen, noch soll es so etwas ähnliches wie eine Bedienungsanleitung werden. Wir werden uns daher erst einmal einigen Leckerbissen zuwenden, die Apple in das Betriebssystem mit eingebaut hat. Nur soviel an dieser Stelle noch: Wenn man **Informationen** zu einem aktivierten Abbild verlangt (siehe **Bild 20**), erscheint ein "Blatt" auf dem Bildschirm wie in **Bild 19** und **19 a**.

Womit wir wieder bei Thema sind.

Wegen eines aktuellen Zwischenfalles beim Schreiben dieses Buches muß jedoch eine kleine Einlage zwischengeschoben werden.

Es ging darum, von der Diskette **d4** alle Dateien (oder auch Dokumente oder auch Files, wie wir wissen) nach Diskette **d5** zu kopieren. Platz genug wäre gewesen. Auf der Diskette **d4** waren ein paar Köfferchen mit **BASIC**-Programmen und **MacChart**-Files. Normalerweise ist es kein Problem, von einer Diskette zur anderen zu kopieren. Man öffnet das Fenster der Quelldiskette, legt sich alle Files darin schön zurecht, aktiviert erst die Ablage-Diskette und dann die zu kopierenden Files, um sie mit dem Zeiger der Maus auf die Ablage-Diskette zu führen.

Der Mac reagierte anfangs auch ganz brav und tat kund, daß 26 Files zur Kopie anstünden. Das war überraschend; mit so viel Krimskrams in den Koffern war gar nicht gerechnet worden. Aber dann passierte es!!! -- Mitten im Kopiervorgang nach bereits fünf oder sechs Diskettenwechseln gab es ein Getöse, daß die holde bessere Hälfte ihre Aufmerksamkeit vom Dallas-Bildschirm sogar dem Mac-Bildschirm zuwandte, auf dem so etwas wie Wolkenbruch und Schneegestöber veranstaltet wurde, während aus dem Lautsprecher ein akustisches Inferno die Ohren malträtierte. Nach einem RESET kam die System-Diskette einwandfrei wieder hoch, doch dieser erste totale Systemabsturz so absoluter Reinheit möge der letzte bleiben. Bild 30 ist übrigens eher als Karikatur zu verstehen.

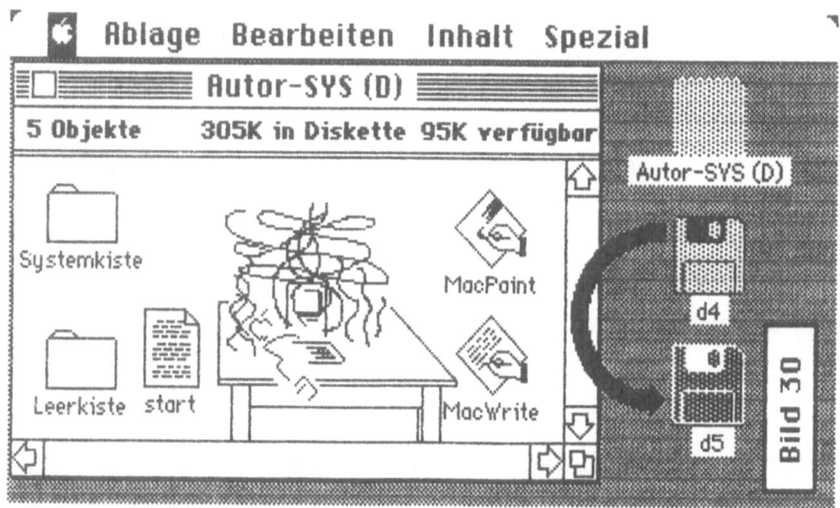

Bleibt, ehe zu den "Spielsachen" übergegangen wird, nichts anderes übrig, als etwas zu Mac's Ehrenrettung vorzutragen. Und das ist sein kolossales Gedächtnis.

Der Macintosh ist nämlich betont als **1-Drive-Maschine** konzipiert. Fest steht zwar, daß ein zweites Laufwerk ebenso nützlich ist wie ein Drucker und den Mac erst zu dem macht, was er von sich verspricht, aber nicht jeder hat das dazu nötige Kleingeld einfach so am Hut stecken. Deshalb wurde der Mac befähigt, von verschiedenen Disketten die **Inhaltsverzeichnisse** "im Kopf" zu behalten. Falls nämlich zwischen zwei Disketten beim Abspeichern oder Kopieren Diskettenwechsel (**Diskswapping**) notwendig wird, fordert der Mac die jeweilige Diskette **mit Namen** an. Dadurch werden Fehler vermieden.

Und noch etwas tut der Mac: Er wirft Disketten nur dann aus, wenn fehlerfrei alle Dateien geschlossen sind. Man kann nicht etwa, wie bei den **Sony**-Laufwerken sonst üblich, einen Knopf drücken und die Diskette herausnehmen. Was der Mac zu sich genommen hat, gibt er **programmgesteuert** nur dann wieder her, wenn es der **Logik** des Programmlaufes entspricht und sich mit der **Betriebssicherheit** vereinbaren läßt.

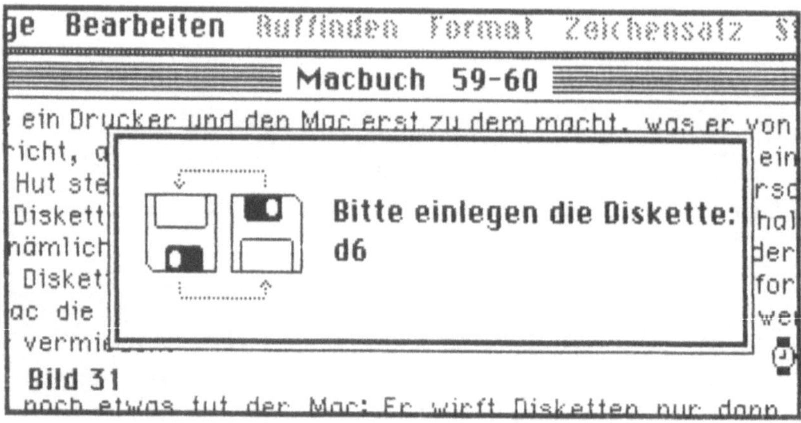

Mac denkt an alles. Aber offensichtlich ist sein Gehirn nicht unendlich groß, sonst wäre ihm der Erfolg, sogar von Dallas abzulenken, nicht vergönnt gewesen...

Endlich ist es soweit, daß wir zu den "Bonbons" kommen, die der Macintosh jederzeit zum Lutschen bereit hält, um uns das Leben bei der Arbeit mit dem Computer zu versüßen. Sehen wir sie uns an:

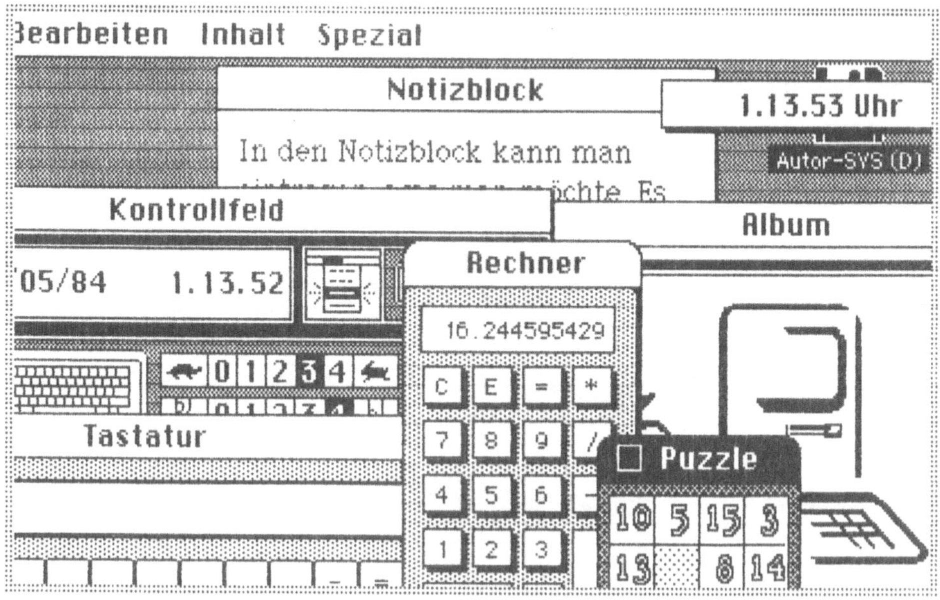

Bild 32

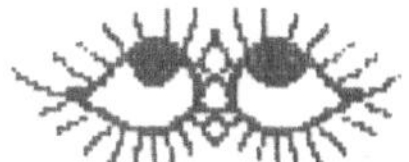

Es sind nicht wenige.

Da ist einmal die **Uhr**, damit man immer weiß, was die Stunde geschlagen hat. Man kann sie auch als Wecker benutzen. Doch davon später. Dann der **Notizblock**. Er hat acht Seiten, die man vor- und rückwärtsblättern kann. Was man darin einträgt, bewahrt Mac tief in seinem Herzen, um es bei jedem Diskettenstart abrufbar zu halten. Ein **Album** ist vorhanden, in das man nahezu unbeschränkt (jedenfalls in Unmengen) Texte und Grafiken zum ständigen Abruf unterbringen kann. Wie man die **Tastatur** abfragen kann, haben wir an anderer Stelle schon genossen (Bilder **9**, **10** und **11**). Ein **Puzzle** ist auch da, bei dem man sich allerdings nicht vom Chef erwischen lassen sollte. Dann noch ein normaler **Rechner**. Bleibt das **Kontrollfeld**, mit dem wir uns gleich näher befassen wollen.

Viele Computer lassen sogenannte **Grundeinstellungen** für das System zu. Viele aber auch nicht. Ob ein Zeichen, wenn die Taste gedrückt gehalten wird, sich wiederholt, und wenn ja, mit welcher Geschwindigkeit, das kann zum Beispiel zu einer Grundeinstellung gehören. Einstellungen werden aber häufig auch innerhalb von Programmen vorgenommen, was unnötig Speicherplatz kostet, der vielleicht bitter nötig für anderes gebraucht werden könnte.

Der Macintosh geht da und in noch einem anderen sehr wichtigen Punkt andere Wege.

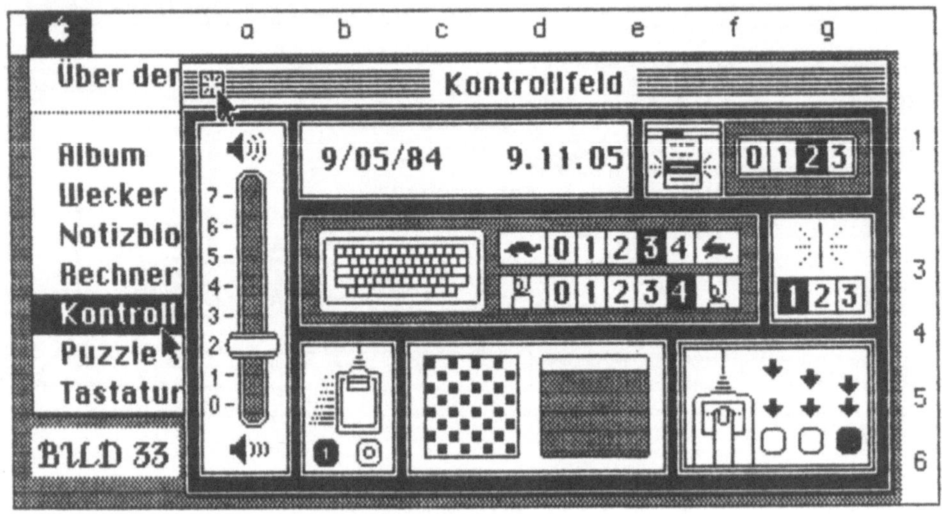

Dieses Kontrollfeld kann man jederzeit aufrufen, um Systemeinstellungen vorzunehmen. Sie werden abgespeichert und sind

a) **immer** gültig, wenn das System gebootet ist,
b) **gültig** für alle **Programme**, die unter der jeweiligen Systemdiskette laufen.

Für einen besseren Überblick haben wir zu **Bild 33** ein Koordinatennetz angelegt. Damit dürfte es wohl gelingen, unmißverständlich auf den Punkt zu kommen. Denn deutlicher kann man den Vorteil der Bildersprache kaum beweisen: wieviel Worte sind nötig, um zu beschreiben, was man sieht...

Was so aussieht wie ein **Lautstärkeregler**, ist auch einer.
Denn in bestimmten Situationen **warnt** der Macintosh, und da ist ein
akustisches Zeichen allemal am besten geeignet. Sensible Naturen werden mit Lautstärke **1** auskommen, aber bei einem entsprechend hohen Umfeldgeräuschpegel (früher nannte man so etwas
auch Lärmbelästigung) wird die Warnung mit Lautstärke **7** vielleicht gerade noch gehört.

Von **b1** bis knapp **e1** reicht das Feld für **Datums**- und **Zeit**einstellung. Man klickt an, was man einstellen möchte und bekommt
dann die Gelegenheit dazu über Pfeile, die man wiederum im gewünschten Sinne anklicken kann,

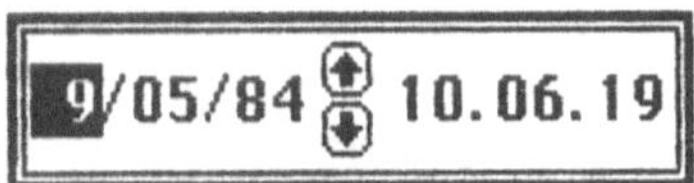 

damit beim Macintosh die Buchführung klappt. Läßt man, wie in
Bild 28 bei Duplizieren erläutert, die Maustaste los, blinkt das
Kommandofeld je nach Einstellung bei **f/g 1** ein- bis dreimal. Auch
das kann man einstellen wie gewünscht.

Die Tastatur ist wichtig bei der Textverarbeitung. Und da soll sie
so komfortabel wie nur irgend denkbar sein. Jeder hackt auf seine
Weise – der eine möchte eine sensible Tastatur, der andere meint,
er hätte die Tastatur nocht nicht einmal angesehen, da wären schon
ein paar Zeichen auf dem Schirm. Deshalb ist bei **d/f 2/3** von der
trägen Schildkröte

bis zum flinken Hasen jede Anpassung für die **Wiederholungs-
rate** möglich. Auch kann man bestimmen (**d/f 3**), nach welchem
Zeitraum die automatische Wiederholung einsetzt (**auto repeat**).

Gleich daneben bei **g3** ist durch Anklicken des entsprechenden
Wertes einstellbar, wie schnell der **Kursor** am sogenannten Ein-
setzpunkt (**insertion point**) **blinken** soll. Die mittlere Einstellung erregt noch genügend Aufmerksamkeit, wogegen die rechte
etwas hektisch wirkt.

Nun noch die Einstellungen, die sich auf die **Maus** beziehen und auf den Bildschirmhintergrund.

Bei **b 5/6** entscheidet sich, wie flink der Pfeil auf die Bewegungen der Maus reagiert. Die Einstellung auf **null** führt zu einer etwas **trägen** Reaktion, die bei der Arbeit mit MacPaint (**Dot** für **Dot**) von Vorteil ist. Die andere Einstellung wirkt sich bei schnelleren Bewegungen dadurch aus, daß die Pfeilposition sich abrupter ändert: man ist auf dem Bildschirm schneller von Süd nach Nord oder von Ost nach West (ein kompletter Macintosh von West nach Ost dürfte Völkerscharen zusammentrommeln...). Springen wir gleich nach **f/g 5/6,** wo es sich auch um die Maus dreht.

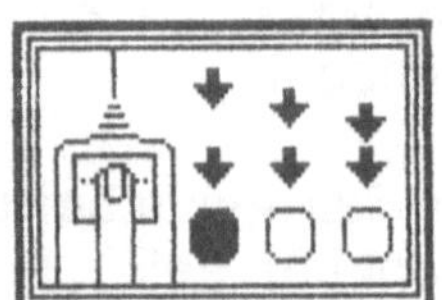 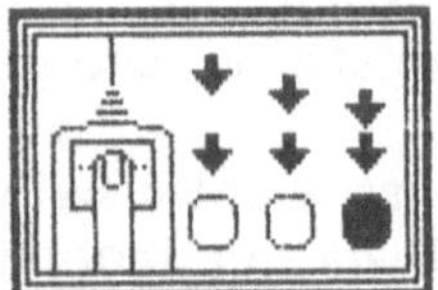

Der Macintosh kennt nämlich nicht nur den **Klick**, sondern auch den **Doppelklick**. Ein Programm kann man beispielsweise starten, indem man sein Abbild oder die Zeile, in dem es gelistet ist, schnell hintereinander zweimal anklickt. Will man sich dabei nicht überschlagen, wählt man (links) die träge Reaktion. Für Hektiker ist das rechte Beispiel wohl eher angebracht. Daß auch ein **triple click** möglich ist, kann man unter Basic herausbekommen. Da muß man sich aber ziemlich beeilen. Verlangt wird der **Dreifachklick** nirgends. Gleich noch schnell eine Erläuterung zu den **Fenstern:**

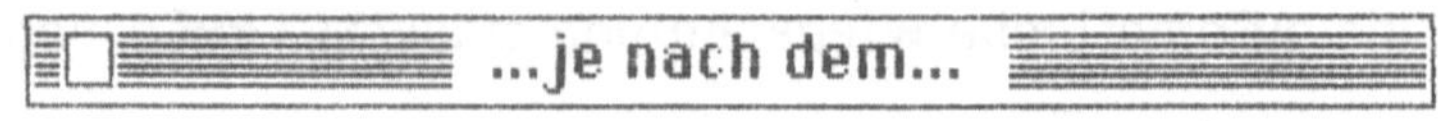

Will man sie verschwinden lassen, klickt man einfach das kleine **Kästchen** an...

Bei Darstellungen wie etwa in **Bild 21** oder **Bild 22** stammen die grauen Flächen vom **Bildschirmhintergrund.** Gewöhnlich haben Computer so etwas wie einen Hintergrund für den Normalfall überhaupt nicht. Bei den meisten Maschinen bleibt der Bildschirm **dunkel**, und nur die Zeichen erscheinen hell. Was wir hier also untersuchen, ist ein **gestalteter Hintergrund**, ein gewollter. Und den muß der Macintosh logischerweise haben, sonst wär's kein Mac.

Denn der Hintergrund ist beim Macintosh in Wahrheit eine gedachte **Schreibtischoberfläche**, auf der Dokumente abgelegt, gestapelt sowie hin- und herbewegt werden. Einen Eindruck davon, wie voll man den Tisch packen kann, vermittelt sicherlich **Bild 32**. Nun ist es nicht jedermanns Sache, an einer geblümten Schreibtischunterlage zu arbeiten. Vielleicht würde es einem anderen schmecken, eine zebragestreifte Unterlage vor sich zu haben. Ein Techniker könnte Gefallen daran finden, eine Schreibtischunterlage mit lauter kleinen Kästchen drauf zu haben, um seine Dokumente akkurat auf ihr zu ordnen (ein Beamter vielleicht auch...).

Nun, dem steht nichts entgegen. Den grauen Hintergrund kennen wir ja schon. Aber wie wär's etwa mit

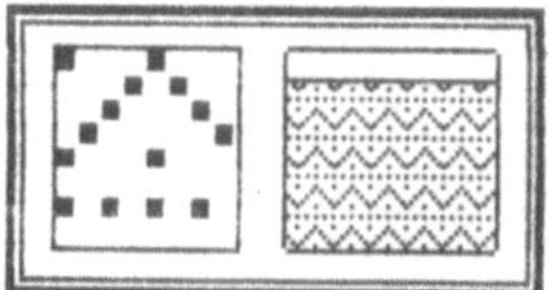 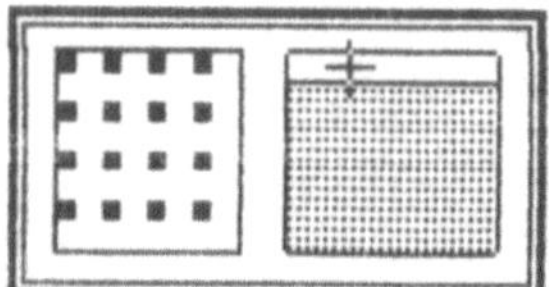

diesen beiden hier? – Im linken Feld des entsprechenden Kastens (bei **c/e 5**) ist ein **Dotmuster** zu erkennen, das man beliebig verändern kann. Zwar legt der Macintosh eine ganze Menge von Mustern zur Auswahl vor, doch braucht man sich damit nicht zufrieden geben. Kommt man mit dem Pfeil in den Bereich des Kastens, erscheint ein Fadenkreuz, mit dem man **auf** einem Dot diesen verschwinden und an einer **leeren** Stelle einen erscheinen lassen kann. Einfach Klick! Durch Reihung wird dieses Muster zur Füllung des ganzen Hintergrundes. Klickt man da, wo hier das **Fadenkreuz** zu sehen ist (rechts), legt der Mac seine Musterkollektion vor. Klickt man im Feld darunter, wird es fest in das System übernommen, bis man es sich mal anders überlegt.

An dieser Gestaltungsmöglichkeit zeigt sich, daß mit dem Mac für breitere Schichten **der wirkliche Personal Computer** eigentlich erst beginnt. Hier kann man mit dem Computer nicht nur etwas **tun**, sondern ihn nach seinem **persönlich**en Geschmack **gestalten.** Man muß sich nicht abfinden mit etwas, das von irgendwelchen Leuten für gut befunden wurde, sondern kann das Erscheinungsbild von Technik seinem eigenen **Geschmack** anpassen. Das mag banal klingen, doch sollte man erst einmal ein wenig in sich gehen, ehe man über die Feststellungen dieses Absatzes etwa die Nase rümpft. Wir werden sehen, was der Mitbewerb sich beim Mac alles abguckt, um es den Leuten als letzten Schrei anzupreisen. Dann werden wir auch wissen, ob da nicht irgendwelchen Füchsen die Trauben nur zu hoch gehangen haben.

Angenommen, es gäbe irgendeinen wahnsinnig tollen Computer, bei dem der Bildschirmhintergrund ständig so

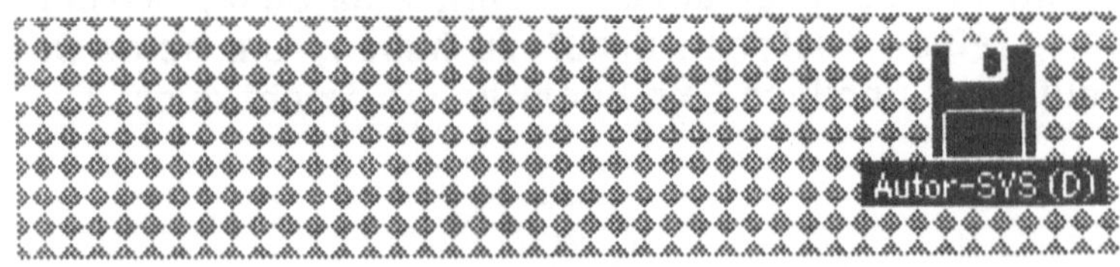

aussähe, ohne daß man daran etwas ändern könnte. Wahrscheinlich würden einige Naturen auf die Dauer durch den Anblick etwas hirnrissig. Bei einem anderen Muster, etwa diesem

Muster hier, könnte auch diesem oder jenem allmählich die Galle überlaufen. Da der Mac aber eine Schreibtischoberfläche braucht und alle Menschen (noch…) verschieden sind, sollen sie doch in Gottes Namen ihrem Geschmack freien Lauf lassen. Das kann sich auf das Wohlbefinden an der Maschine nur günstig auswirken und kostet nichts extra wie etwa eine Sonderpolsterung fürs Auto. Mac's "eingebaute" Muster sind:

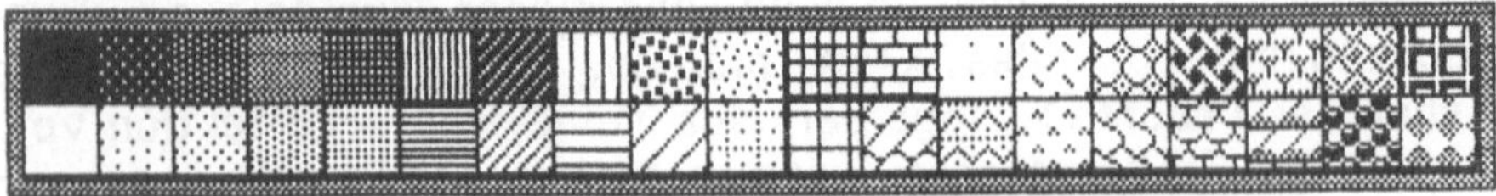

Weil die Tastatur schon ausreichend abgehandelt wurde, bleiben noch **Notizblock, Puzzle** und **Rechner**. Die sehen wir uns einfach mal in Bild 34 an:

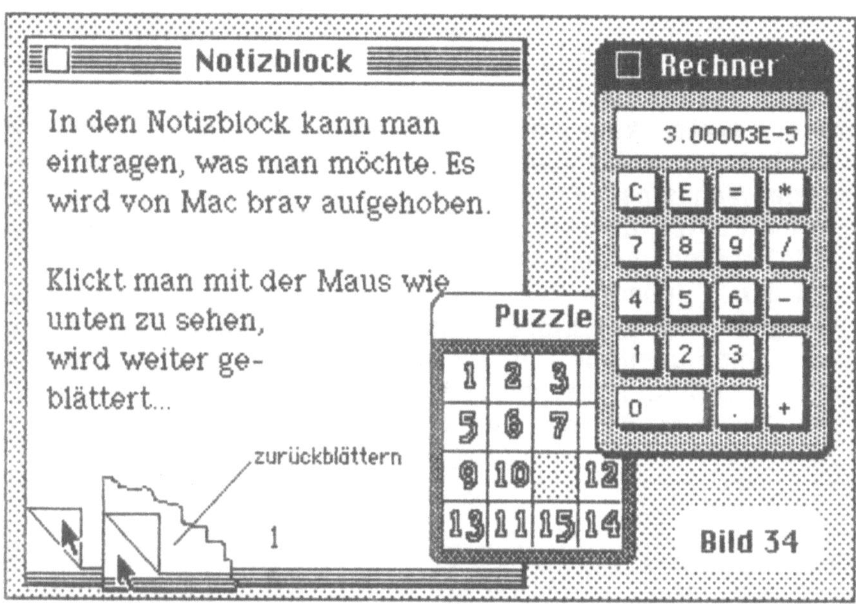

Im Notizblock steht **über** den Block alles drin. Beim Puzzle flitzt der angeklickte Stein zur freien Stelle. Und beim Rechner, der nicht nur wie ein normaler Taschenrechner aussieht, sondern auch so funktioniert, kann man die Zahlen und Operationstasten mit der Maus anklicken. Die entsprechenden Tasten auf der Tastatur sind jedoch ebenfalls aktiv. Das interessiert vielleicht besonders, wenn man zum Mac als **Zubehör** die numerische **Blocktastatur** gekauft hat.

Alles schön und gut. Der Gag liegt aber darin, daß all dieses eingebaute Zubehör beim Lauf irgendwelcher Programme stets zur Verfügung steht. Programmiert man in Basic, kann man ohne weiteres eben seine Notizen ergänzen. Man muß sich nur daran gewöhnen, auch mal ins Notizbuch zu **sehen**. Man kann beim Lauf etwa des Programmes MacPaint zwischendurch den Rechner benutzen. Er behält sogar seine Werte, wenn man ihn zwischendurch wegklickt und später wieder hervorholt. Die Uhr kann man als Wecker definieren und irgendwo auf dem Bildschirm herumliegen lassen.

Das **Album** ist eines der nützlichsten Dinge, die man sich überhaupt vorstellen kann. Es dient zum Konservieren von Darstellungen aller Art, auf die man öfter zurückgreifen möchte, und zu ihrem Transport von einem Programm zum anderen (eigentlich heißt es ja Transfer – wozu gibt es eine Fachsprache…).

Der Mac besitzt zwar ein **Clipboard**, so eine Art Pinwand, an die man Dinge heften kann, die man wieder aufgreifen möchte. Aber dieses Clipboard setzt voraus, daß man kontinuierlich arbeitet und sozusagen von einem Programm auf das andere direkt umsteigt. Auch sind Fehler denkbar, daß man irgendwo etwas **ausschneidet**, bloß um es verschwinden zu lassen, und dabei nicht bedenkt, daß auf dem Clipboard ja etwas verwahrt wurde, daß man **einzusetzen** gedachte. Und plötzlich ist es futsch. Die Albumdatei dagegen ist immer greifbar. Mit ihr wurden für dieses Buch verschiedene Dinge aufgegriffen, die später zu einem Bild zusammengefügt wurden. Davon ein Beispiel (verkleinert):

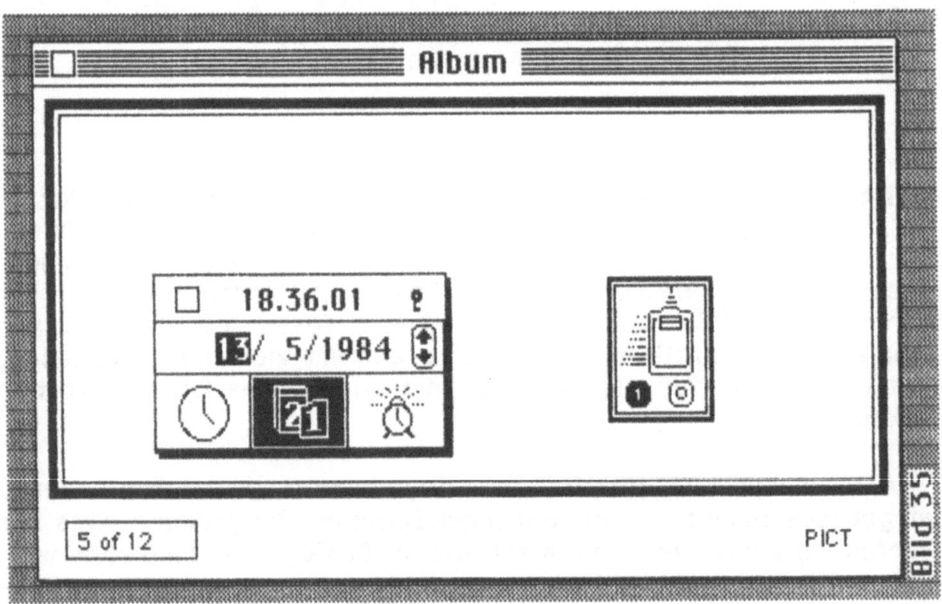

So bietet sich das Album mit dem jeweiligen Inhalt dar, wenn man es hervorlockt. Hier Bild 5 von 12 Bildern.

Bringen wir noch kurz die Uhr hinter uns. Man kann sie als kleinen Mahner irgendwo hinlegen oder aber auch als Wecker benutzen. Nur sollte man sich vom Wecker nicht allzu viel versprechen. Er ist zwar pünktlich, doch macht er nur ein kurzes **Biep.** Und weil der Mac ab und zu sowieso mal biept, wenn er auf irgendwelche Nachrichten auf dem Bildschirm aufmerksam machen will, überhört man leicht den entscheidenden Biep für die Fahrt ins Theater.

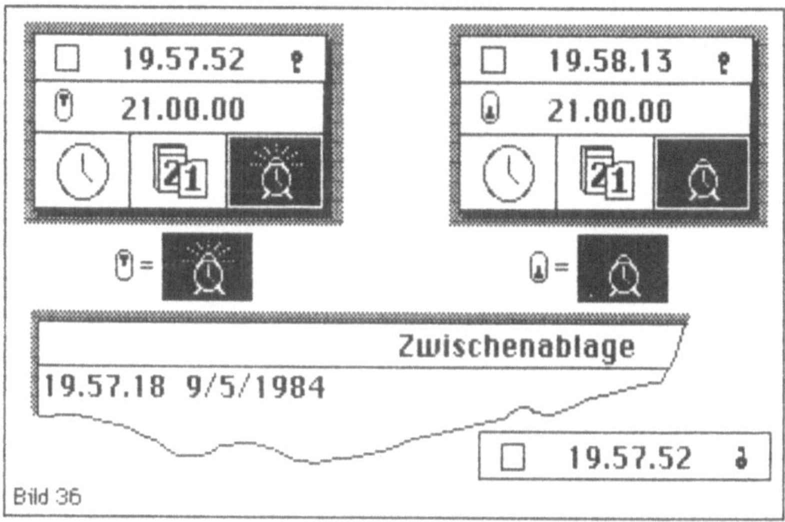

Bild 36

Interessant ist, daß man von der Uhr auf dem Bildschirm in die **Zwischenablage** (Clipboard) kopieren kann. Wozu das nützlich ist, steht sicherlich auch bei Apple dahin. Der Wecker stellt unter Beweis, wie penibel die Softwaremenschen bei Apple in Cupertino versucht haben, einfach an alles zu denken und die gewohnte Umwelt durch den Rechner möglichst adäquat nachzubilden.

Wer hat schon einen Computer erdacht, bei dem es nicht nur einen Wecker gibt, sondern sogar das Knöpfchen, durch dessen Stellung man den Alarm an- oder abstellen kann! Apple – wie dem auch sei… Klickt man die Kalenderblätter an, steht im Weckzeitfeld das Datum. Bei Anklicken der linken Uhr die Zeit – dann eben doppelt.

Wer nun bis hierher durchgehalten hat, wird den Rest des Buches auch noch überleben. Ob er das wirklich tut, dürfte sich allerdings schon beim Schreiben entscheiden. Und da ist ein Problem aufgetaucht. Apple hatte sich zunächst fürchterlich gekrümmt, irgendwelche Informationen herauszurücken. Den Leuten sitzt immer mehr der Kopierschreck im Nacken. Nach vielem Hin und Her endlich ließ Apple sich weichklopfen und überließ bergeweise Unterlagen, so daß die Lufthansa beim Wiegen des Aktenkoffers die Brauen liftete.

Nur – die vielen Papiere nützten nichts. Wertvoll sind sie in höchstem Maße. Sehen wir uns einmal eine kleine Übersicht an, die das Gerüst der Macintosh-Funktion andeutet.

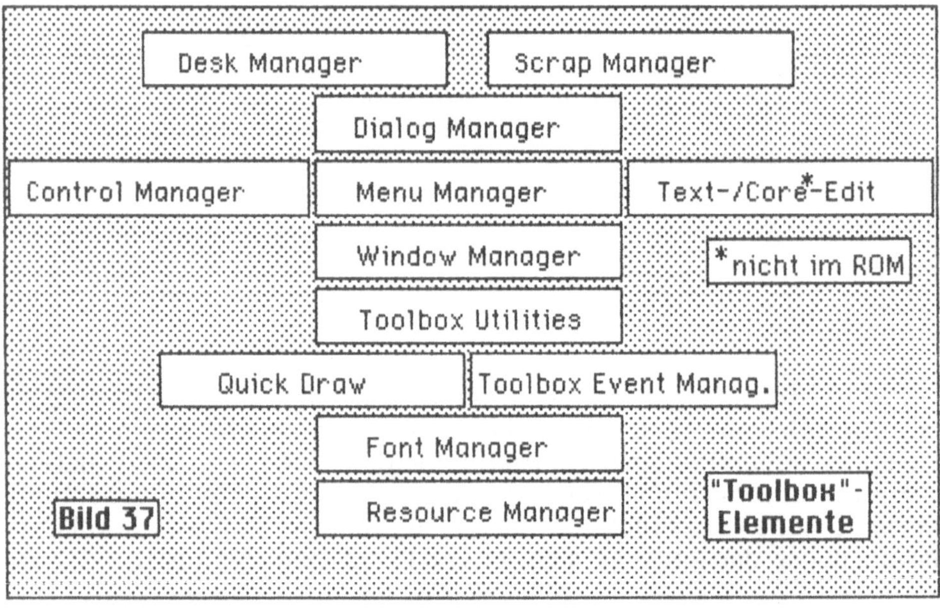

Wer alles haargenau erfahren möchte, muß sich durch rund **anderthalbtausend Seiten Dokumentation** wühlen! Und es ist nicht Sinn dieses Buches, die erste vollständige Dokumentation in Deutsch zu werden, die von Rechts wegen sowieso nur den lizensierten Softwarehäusern zusteht.

Als großes Wunder mag anmuten, daß der Macintosh überhaupt funktioniert. Als ein noch größeres, wie glänzend ("?" – da kommen wir noch drauf...) er es tut. Denn bei all dem, was diese Maschine leistet, sind **128 Kbyte RAM** ein unmögliches Quantum. Für eine solche Leistung müßten eigentlich schon lockere **512 Kbyte** her. Sicherlich ist das der Grund dafür, daß Apple diese Größenordnung beim Mac angeblich auch für Ende 1984 anpeilt.

Es ist nicht selten, daß der Mac bedauernd kundtut, er habe nicht genügend Speicherplatz für irgendeine Operation. Manchmal kann man sich helfen, aber dazu gehört dann schon, daß man kein absoluter Laie mehr ist. Beispielsweise kann man den Inhalt der Zwischenablage, die sich sowohl auf der Diskette wie je nach Stand der Dinge auch noch im Speicher befindet, löschen, indem man irgendein läppisches Wörtchen im Tausch hineinkopiert und somit das Volumen drastisch mindert. Mac atmet dann auf. Ein Laie fühlt sich bei Auftauchen so plötzlicher Warnungen gleich im Schleudersitz...

Dabei kann eigentlich gar nichts passieren. Die ganze Organisation im Mac ist wie eine Verwaltung mit einer Handvoll Abteilungsleitern, die für ein Spezialgebiet ausgebildet und obendrein noch darauf gedrillt sind, untereinander diszipliniert engen Kontakt zu halten. Diese pfiffigen Burschen achten darauf, daß der Mac vom gesamten Betriebssystem nur die jeweils wirklich notwendigen Teile im Speicher verfügbar hat und für weitere Operationen die entsprechenden Module austauscht. So etwas absolut funktionssicher zu programmieren, ist schon eine Leistung. So gelingt es dem Mac immer wieder, überhaupt noch freien Speicher für die Benutzerdaten zur Verfügung zu stellen.

An anderer Stelle haben wir uns schon einmal vergegenwärtigt, daß bei bloßer Addition verschiedener Programme, auf die der Mac im Normalbetrieb ständig zurückgreift, ein großer Teil bereits in der Luft hängen müßte. Wie listig die Erfinder des Macs das Speicherplatzproblem angegangen sind, wollen wir versuchsweise angehen.

Offenkundig ist, daß der Macintosh viel leistet. Für jeden, der auch nur ein wenig Ahnung hat von dem, was in einem Computer vorgeht, ist ebenso offenkundig, daß der eingebaute Mikroprozessor immer nur allerwinzigste Schritte macht. Wenn eine Maschine also viel leistet, dazu so elegant und ausgefeilt, braucht sie dazu eine Unmenge Instruktionen.

64 Kbyte hat der Macintosh im ROM, sozusagen unauslöschlich festgebrannt in seinem Hirn. In diesem ROM befinden sich vorwiegend jene Routinen, die immer und immer wieder benötigt werden, gleichgültig, welche Art von Programmen man auf dem Mac laufen läßt. Dieses Quantum kann man als Basement bezeichnen, auf dem alles andere aufgestockt werden kann. An freiem Speicher besitzt der Mac 128 Kbyte RAM.

MacWrite DS

4 Objekte   283K in Diskette   116K verfügbar

Systemordner

Größe	Name	Art	Letzte Änderung
142K	**System**	System Dokument	Mit 9 Mai 1984
47K	**Finder**	System Dokument	Fre 24 Feb 1984
18K	**Imagewriter**	System Dokument	Son 6 Mai 1984
4K	**Albumdatei**	System Dokument	Son 6 Mai 1984
3K	**Clipboard File**	Dokument	Son 6 Mai 1984
2K	**Notizblockdatei**	System Dokument	Fre 24 Feb 1984

Bild 38

Nehmen wir als Beispiel das volle System von der Diskette MacWrite DS, so kann es als Ganzes überhaupt nicht geladen werden. Der Finder wird benötigt. Wohin mit dem? Der Imagewriter steht mit 18 Kbyte auf der Matte. Wie soll das gutgehen?

Summa summarum einschließlich ROM macht es bei diesem Beispiel **271 Kbyte** Betriebssystem-Module! – Da helfen nur noch Tricks.

Der Haupttrick liegt darin, daß sich erstmals jemand wirklich Gedanken darüber gemacht hat, was von all den Arbeiten, die ein Computer wo und wie und wann auch immer leistet, auf einen Nenner zu bringen ist. Im Prinzip ist es nichts Neues, die im Betriebssystem liegenden Routinen bei Anwenderprogrammen mitzubenutzen. Solche Routinen sind bei Commodore-, Tandy- oder Apple-Computern in **ROM**s (**R**ead **O**nly **M**emory) festgebrannt, und man mußte sie nur wissen, um sie mitbenutzen zu können. Der Nachteil derart gestalteter Programme war, daß sie nicht mehr nur prozessorbezogen waren, sondern das ROM und dieses in einer bestimmten Version als vorhanden voraussetzten.

Gehen wir zu diesem Punkt noch ein wenig weiter. Es gibt auch "leere" Maschinen, die nur aus **RAM** (**R**andom **A**ccess **M**emory) bestehen. Sie sind theoretisch flexibler. Doch um funktionieren zu können, müssen sie mit einem Betriebssysten geladen werden. Und ist dieses erst mal drin, ist es ziemlich egal, ob man es "unten" (kann auch "oben" sein) mit ROM oder RAM zu tun hat. RAM hat den Vorteil, daß man die Werte der jeweiligen Speicherstelle beliebig verändern kann (etwa durch POKE oder LD), ROM nicht.

"Leere" Maschinen bieten aber einen weiteren Vorteil: Beim Einschalten meldet sich ein **Monitor**, der in einer Nebenbank hockt und es ermöglicht, daß man überhaupt mit dem Computer etwas beginnen kann. Mit ihm kann man ein prozessorbezogenes Programm laden und starten, das völlig autonom funktioniert und sich lediglich noch an der Bauart orientieren muß. Dieses Programm kann dann den gesamten Speicherbereich nutzen, also nicht nur den Speicher minus Betriebssystem.

Freilich, das ist eine Milchmädchenrechnung, und dieses Programm ist viel schwerer zu schreiben. Denn alles, was vom Betriebssystem mitbenutzt werden konnte, muß nun handgestrickt im Programm selbst vorhanden sein.

Also lohnt sich ein solches Programm nur, wenn man ganz wenige Routinen vom Betriebssystem benötigt und großen Wert auf viel freien Speicher für Daten legt. Und all jene Routinen, die sich auf die Bauart der Maschine beziehen, etwa das **BIOS** bei CP/M™, sind sowieso irgendwie und irgendwann nötig. Die meisten Wortgefechte zu diesem Thema sind also ein Streit um des Kaisers Bart. Wir wollen die Sache hier auch nicht vertiefen, sondern (wie auch das Nachfolgende) nur als einen kleinen Schlenker betrachten. Wir müssen es ebensowenig wissen wie den Trick zur Einstellung des Wärmewertes bei einer Zündkerze.

Nun funktionieren die meisten Computer nach einem ziemlich öden Prinzip: Da ist ein trister Monitor mit einer Bildröhre, die in der Regel dunkel ist gegenüber den hellen Zeichen, die auf ihr dargestellt werden können. Warum das in der Regel als "normal" hingenommen wird, ist unerfindlich. Wäre es wahrhaftig normal, müßten auch Zeitungen mit hellen Buchstaben auf dunklem Grund hergestellt werden.

Die Zeichen selbst werden entweder aus einem **Charaktergenerator** bezogen, der eine unabänderliche Auffassung davon hat, wie ein Buchstabe oder eine Zahl auszusehen hat. Oder der Zeichensatz wird geladen; dann hat die Maschine bereits hochauflösende Grafik, die als nachträgliche Ausrüstung für viele Maschinen einen Haufen Geld kostet oder gar nicht nachgerüstet werden kann. Bei hochauflösender Grafik können auch grafische Darstellungen besser realisiert werden... - bloß mit welchem Aufwand! Und jeder Programmierer geht da eigene Wege und hält sich vielleicht auch noch für den Größten aller Zeiten.

Mit all dem Gestrüpp hat Apple aufgeräumt. Daß hochauflösende Grafik besser ist als ein Fixzeichengenerator, bedarf keiner Diskussion. Daß eine für jeden Programmierer einheitliche Basis besser ist als die Verführung zu Extravaganzen, leuchtet ebenfalls ein. Die Zweifel nagten immer an dem Problem, was als das Gelbe vom Ei anzuerkennen sei.

Mit dem Favorisieren von irgend etwas Bekanntem hätte dieses Problem nicht gelöst werden können. Das wäre am Ende so ausgegangen, als hätte man in den zwanziger Jahren irgendein Auto zum Auto für alle Zeiten favorisiert. Das Hauptproblem war ja, daß Computerbenutzer sich erst einmal in einer anderen Welt zurechtfinden mußten. Eigentlich eine Zumutung. Mithin setzte Apple an, mehrere Fliegen mit einer Klappe zu schlagen. Das Ergebnis sollte die Lisa sein, war es aber nicht.

So hatte die Lisa für die Bildschirmausgaben das Modul **QuickDraw.** Es besaß rund **160** Kbyte Programm als compilierten Pascal-Source. Um den Mac machen zu können, mußte man sich etwas einfallen lassen. Also wurde QuickDraw exzessiv in Assembler programmiert und hat bei sogar enormer Leistungssteigerung nur noch **24** Kbyte, die mit ins **ROM** des Mac gepackt wurden. Doch nicht nur das - auch die Lisa konnte von dieser Verbesserung profitieren und wurde schneller. Übrigens ein Paradebeispiel, wie heißgestrickt manche gefeierten Innovationen sind, denen erst später bei ruhigerem Blut der wahre Profit abgewonnen wird.

Apple entschloß sich, nunmehr einen Computer herauszubringen, der

a) weitgehend den Verhaltensgewohnheiten des Menschen angepaßt ist und mit bekannten Symbolen arbeitet sowie

b) alle Grundvoraussetzungen für den Betrieb der Maschine so zusammengefaßt und festeingebaut mitbringt, daß sämtliche Programme sie als Fundament benutzen können, ohne daß für lange Zeit jemand mit seinen Ideen Apples Ideen übertreffen könnte.

Will jemand ein Programm für den Macintosh schreiben, ist der größte Teil seiner Arbeit bereits getan, sobald er den Entschluß nur gefaßt hat. Denn in der **Toolbox** (Werkzeugkiste) steckt alles drin, was der Programmierer braucht, um sein Programm dem **Apple-Computer-Standard im Umgang mit dem Menschen** anzugleichen. Die Notwendigkeit dazu ergibt sich aus der Überlegung, daß der Benutzer eines Macintosh bei jedem Programm nach der gleichen Maxime vorgehen können soll. Da sind die Pull-down-windows in der Kopfzeile anzuklicken, wonach je nach Rubrik verschiedene Möglichkeiten des weiteren Verfahrens angeboten oder aber angezeigt und verwehrt werden, weil sie dem Stand des Programmlaufes logisch zur Zeit nicht entsprechen. Da ist die Art des Kommandierens, indem bei einem herabgezogenen Menu der Zeiger auf die Zeile gleiten muß, die das entsprechende Kommando enthält. Da ist die Möglichkeit der Korrektur, indem man den Zeiger wieder weggleiten läßt und das Kommando erst ausgeführt wird, wenn man auf der Kommandozeile die Maustaste **losläßt**. Da ist in vielen Fällen die Chance, ein ausgeführtes Kommando widerrrufen zu können ("**UNDO**").

Das alles stellt einen Standard in der Kommunikation mit dem Computer oder dem Umgang mit einer Arbeitshilfe dar, der in bisher ungekannter Weise auf den Menschen Rücksicht nimmt. Vergleichsweise ist es so, als hätten bis heute alle Autos in Wahrheit aus Postkutschen mit Pferdeantrieb bestanden und Apple mit dem Macintosh den ersten VW-Käfer hingeklotzt. Man kann sich vorstellen, was in so einem Käfer alles drinstecken muß.

Obwohl Apple bei der Entwicklung dse Macintosh auf die Lisa zurückgreifen konnte, handelt es um eine völlige Neukonstruktion. Schon der Einsatz der **PAL**-Technik (Programmable Array Logik) in Verbindung mit anderen Bauelementen, die noch nicht den Massenserien-Preisverfall hinter sich haben und teilweise 5 bis 8 US-$ kosten, zeigt, daß Apple auf lange Sicht voraus erfinden wollte.

Fast logisch scheint da der Entschluß, zur Produktion dieser neuen Maschine auch eine weitestgehend **automatisierte Fabrik** aus dem Boden zu stampfen. Sie steht in **Fremont** östlich der **San Francisco** Bay. In ihr werken rund **150 Menschen**. Bei Vollgas kann diese Fabrik jede Viertelminute einen Mac entlassen. Bislang war immer die Rede von **27 bis 15 Sekunden je Mac**. Läßt man es bei dieser Zahl, kommen **je Achtstundenschicht 1.066 Macs** zum Vorschein. Rechnet man weiter, sind es **7,106 Macs pro Mann** und Schicht. Hört man nicht auf mit Rechnen, kommt man bei 50 Dollar je Mann und Schicht auf Lohnkosten von **7 $ 04 ¢ pro Mac**. Doch 50 Dollar verdienen die Leute im Schnitt wohl kaum. Die **Roboter** kosten anteilig auf jeden Fall mehr.

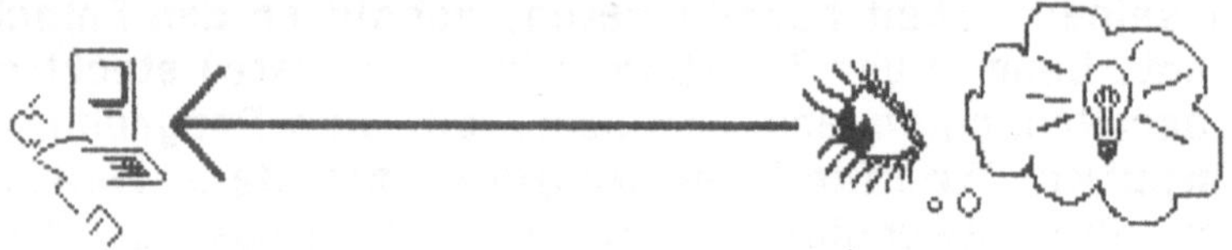

All das auf die Beine zu stellen, ohne auch das richtige Produkt zu haben, wäre mehr als waghalsig. Und so geht es tatsächlich bei Apple jetzt um Hamlets Frage. Mit dem neuen Apple**//c** in der roten Hängetasche wird Apple mit dem Ruf des **//e** im Rücken wohl die Zeit der mobilen Computer erst richtig einläuten wollen. Die Vision von Schüler- und Studentenscharen, die mit ihrem **//c** pendeln, und von einer Gruppe anderer Menschen, die mit Software der **//er**-Tradition glücklich werden wollen, dürfte Apple nicht fremd sein. Um den Business-Bereich anzugehen, bedurfte es einer Maschine wie des Macs.

Der Erfolg einer Maschine hängt aber wesentlich von der Unterstützung mit Software ab. Um in dieser Hinsicht nicht ins Schleudern zu geraten, hat Apple sich gleich mit vielen Softwarehäusern von Rang und Namen verbündet, die dem Mac alle bewährten Software-Pakete auf den Leib schneidern sollen und neue dazu. Mit vielen gemeinsamen Merkmalen, versteht sich. Wer das Prinzip des Macs einmal geschluckt hat, muß sich möglichst auch ohne Manual in sämtlichen Programmen grundsätzlich zurechtfinden können.

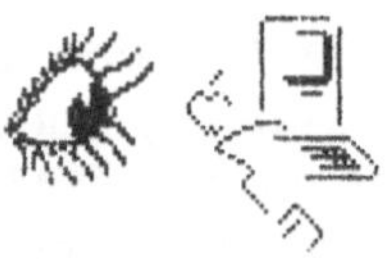

Dafür hat Apple dem Anschein nach viel getan.

Allerdings mehr mit vollmundigem Selbstlob als durch Beweise.
Dazu gibt es eine lustige Geschichte, über die wir noch lachen werden. Man kann eine Wahrheit nämlich auch herbeimogeln. Immerhin: der Mac selbst ist ja schon mal da. In ihm wurden erst einmal
zum großen Teil die Träume etlicher Konstrukteure verwirklicht.

Wie packt man all seine Träume in eine Maschine, die man auch
noch bezahlen kann? — Diese Frage mußten sich die Konstrukteure bei Apple stellen. Schließlich stellten sie fest, daß schon
niemand mehr genug Geld gehabt hätte, das zu bezahlen, was schon
der Gedanke an all die Träume hätte kosten müssen. Aber sie
ließen nicht locker. Dabei kamen sie auf den Trichter, daß vieles,
was die einzelnen Träume aus und teuer machte, auf einen gemeinsamen Nenner zu bringen war. Und der war zunächst einmal eine
Bit-Image-Maschine. Alles, was dem Benutzer als Dialog oder
Resultat vor die Augen kommen sollte, würde eine Komposition aus
Punkten sein. Die waren nicht definiert, aber definierbar, wonach
lediglich die infinit vielfache Definition übrigblieb. Die dazu notwendigen Grundlagen sollte der Macintosh mitbekommen, die Schlüsse
daraus sollten die Programmierer ziehen.

Also brauchte man erst einmal ein Arbeitssystem (**Operating
System**). Hier ist es in groben Zügen (❀ **kbh**):

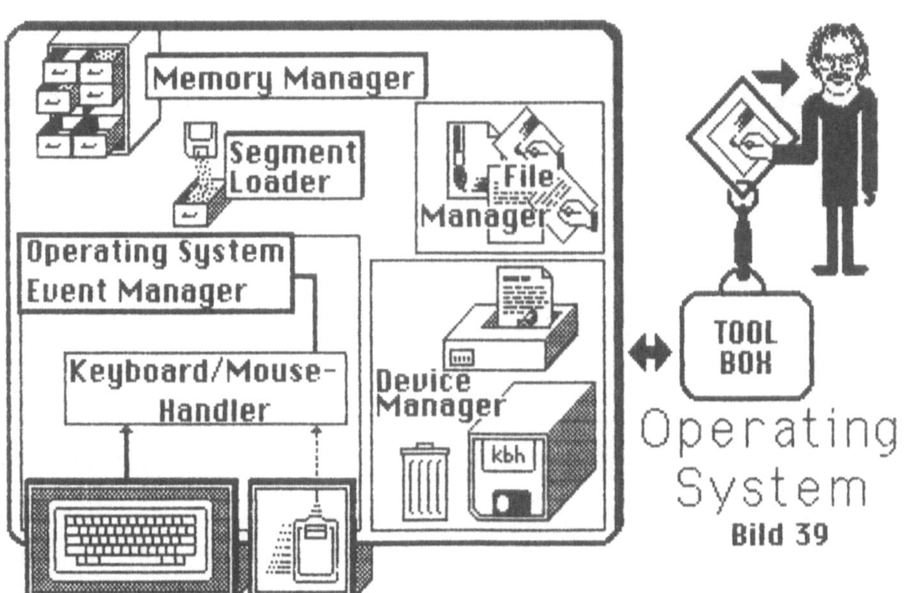

Bild 39

Das Operating System steht hierarchisch ganz unten. Es hat sozusagen die Dreckarbeit zu machen. Es ist mit den Heizern im Bauch eines Ozeanriesen zu vergleichen, an die keiner denkt, wenn er mit dem Captain tafelt.

Der **Memory Manager** überwacht die Auf- und Verteilung des verfügbaren Speicherplatzes. Der wird nicht nur für Programme und Daten benötigt, sondern auch für interne Notizen, welche von den einzelnen Managern angelegt werden, damit sie jederzeit wissen, was im Macintosh los ist. Und diese Notizen dürfen niemals durcheinandergeraten.

Wir haben uns schon einmal gewundert darüber, daß der Mac mit 128 Kbyte Speicher funktioniert, und festgestellt, daß er von den Systemprogrammen immer nur einzelne Teile, **Module** oder **Segmente** lädt. Dasselbe kann für Anwenderprogramme gelten. Zuständig für die korrekte Anlieferung der jeweils benötigten Segmente ist der **Segment Loader**.

Der **Operating System Event Manager** achtet darauf, was vom Anwender mit der Tastatur oder der Maus getrieben wird. Er hat den **Keyboard/Mouse-Handler** (Tastatur/Maus) unter sich und gibt seine Beobachtungen an das laufende Programm weiter.

Die File-Ein- und Ausgaben werden vom **File Manager** und die Zusatzgeräte-Ein- und Ausgaben vom **Device Manager** erledigt. Ihnen stehen die sogenannten **Treiber** zur Verfügung, als da sind...

... der **Disk-Treiber** zur **Bewegung der Daten von und zu** der 3 1/2 Zoll-**Diskette**

... der **Sound-Treiber** für den vierkanaligen Soundgenerator und

... der **serielle Treiber** zum Schreiben und Lesen von asynchronen Daten über die seriellen **Ports** und zur Kommunikation zwischen Programm **seriell** arbeitenden Anschlußgeräten wie **Drucker** oder **Modem**.

Es gibt dann noch ein paar Manager im unteren Bereich der unerkennbar arbeitenden Systemsoftware, die im Regelfalle nie direkt angesprochen werden müssen, weil sie sozusagen als automatische Zulieferbetriebe für die Toolbox arbeiten. Dazu gehören auch ein paar Einrichtungen zum Formatieren von Disketten, zum Betrieb der Uhr oder zur Kontrolle der vom Benutzer gewünschten Lautstärkeregelung.

Bis jetzt steht fest: Der Benutzer bestimmt das **Programm**, mit dem er arbeiten will. Das Programm benutzt für die Gestaltung des Ein- und Ausgabedialogs die **Toolbox**, die sich wiederum des **Operationssystem**s bedient, wenn es um die **Kontrolle** des Systems und um den **Datentransport** zum oder aus dem Computer geht.

Die Toolbox stellt also einen gewisen **Kern** dar. Wer den Macintosh kauft, bekommt die Toolbox eingebaut gleich mit. Für die Benutzung zum Ausführen von Programmen braucht er nichts zu bezahlen. Und trotzdem zahlt er dafür. Denn die Softwarehäuser, denen die Toolbox ja eine Unmenge Programmierarbeit abnimmt, müssen die Arbeitsunterlagen von Apple beziehen und Lizenzgebühren bezahlen. Diese wiederum stecken anteilig im Programmpreis.

Auf den ersten Blick mag das reichlich nach Profitgier riechen. Auf den zweiten Blick jedoch handelt es sich um eine faire Angelegenheit. Die Entwicklungskosten für die Betriebssystem-Software gehen in die Millionen von Dollars, ehe auch nur die erste Maschine an den Käufer ausgeliefert werden kann. Das ist der eine Punkt. Der nächste ist, daß die professionellen Softwaremacher eine kolossale Arbeitserleichterung erhalten, um ihre Programme zu optimieren und auf den **Apple-Standard für den Mac** anzuheben. Drittens kommt hinzu, daß der Benutzer davon insoweit profitiert, wie er es bei den meisten Programmen mit einem identischen Grundprinzip in der Programmnutzung zu tun bekommt, was den Umgang mit dem Mac und somit den Umgang mit Computertechnik schlechthin wesentlich vereinfacht. Alles in allem eine runde Sache, wenn man es sich vernünftig überlegt.

Ist die **Toolbox** nun das ganze Zeremoniell wert?

Sehen wir sie uns näher an, auch wenn auf jeder Seite der **Apple Road Map** das Wort GEHEIM ("confidential") steht. Denn sammelt man alle Aussagen über Wesen und Arbeitsweise der Toolbox, soweit sie in veröffentlichten amerikanischen, englischen und deutschen Beiträgen zum Mac nachzulesen sind, bleibt von den angeblichen Apple-Geheimnissen nichts mehr übrig.

Vom Operating System aufschauend stößt man zunächst auf den **Resource Manager**, also wieder einen von diesen Abteilungsleitern. Dieser hier verdankt sein Leben einer ganz phantastischen Idee, nämlich der, Bildschirmgrafiken und Texte strikt vom Programmcode **getrennt** zu halten. Obwohl der Resource Manager in der Toolbox-Hierarchie unten steht, ist er ein strammer Kerl.

Zum Beispiel ist bei vielen Programmen klassischer Art die sogenannte **Lokalisierung**, also die Anpassung an die jeweilige Landessprache, recht problematisch. Beim Mac hält man Programm- und "**Resource**"-Files getrennt. Ganze Menus oder einzelne Anzeigen von Text oder Grafik können getrennt vom Programmcode abgespeichert und editiert, also auch übersetzt werden, ohne daß das Programm selbst neu überarbeitet werden muß. Alle Toolbox-Einheiten, die irgendwie auch eine Ausgabe von Vorformulierungen vornehmen, greifen auf den Resource Manager zurück. Wenn man beim Lauf eines Programmes auf dem Mac mit verschiedenen Nachrichten auf dem Bildschirm konfrontiert wird, hat dieser Abteilungsleiter für den Nachrichtendienst seine Arbeit verrichtet.

Bei jeder Art von Programm, das die Möglichkeiten des Mac auch nur annähernd nutzt, spielt Grafik eine herausragende Rolle. Die dazu notwendigen Programmschritte fallen in die Zuständigkeit von **QuickDraw**. Egal welche Toolbox-Einheit man aufruft, um bestimmte Ziele zu erreichen – sobald Grafik dabei im Spiel ist, ruft diese Einheit ihrerseits Quickdraw auf. Und, wie sollte es anders sein, Quickdraw wiederum kann auf den Resource Manager zurückgreifen, wo nötig.

Für den Mac gibt es prinzipiell keinen Unterschied zwischen Grafik und Text, denn Text ist für ihn nichts anderes als Grafik zur Darstellung von lesbaren Zeichen. Um jedoch Text darzustellen, greift Quickdraw auf den **Font Manager** zurück (**font**, eigentlich **fount**, *amerikanisch* = [Setzkasten mit] **Schriftsatz**).

Der Font Manager ist darauf gedrillt, von der Systemdiskette jeweils die Schrifttype zu laden und für Textdarstellung bereitzuhalten. Von Basic aus erreicht man die verschiedenen Fonts durch **CALL TEXTFONT(X)**, wobei **X** den Wert **0** bis **9** haben kann. Die Größe kann man bestimmen mit **CALL TEXTSIZE(**Y**)**. Bei der Textverarbeitung MacWrite und bei dem Grafikprogramm MacPaint etwa können eigene Menus für die Textwahl benutzt werden (siehe **Bild 13** und **Bild 14**). Wie gerade angesprochen, befinden sich die Schriftsätze auf der Systemdiskette, wo sie gehörig Platz wegnehmen. Weil der Mac von vielen Anwendern vermutlich bequem als **1-Laufwerk-Computer** genutzt werden kann und diese Anwender voraussichtlich nicht alle Schrifttypen ständig benötigen, wurde ein Programm namens **Font Mover** bereitgestellt, mit dem man beliebige Schriftsätze dem System entnehmen und einer Datei zuführen kann, aus der sie jederzeit wieder in das System zurückgeladen werden können. So kann ein System erheblich verkürzt werden.

Ein System mit einer noch völlig ausreichenden Schriftauswahl
hat etwa 110 Kbyte Umfang. Wer es bei den mit einem * gekenn-
zeichneten Schriftarten und einigen Fonts beläßt, die er vielleicht
für bestimmte Zwecke einsetzen möchte, kann das **System** bis auf
rund **75 Kbyte** Gesamtgröße abmagern. Die gewonnenen fast 70
KByte auf der Systemdiskette sind ein angenehmer zusätzlicher
Speicherplatz, der es vor allem gestattet, auf einer einzigen
Systemdiskette etwa zwei stattliche Hauptprogramme zu nutzen,
die wechselweise aufgerufen werden und eventuell **interaktiv** über
das Clipboard Daten austauschen.

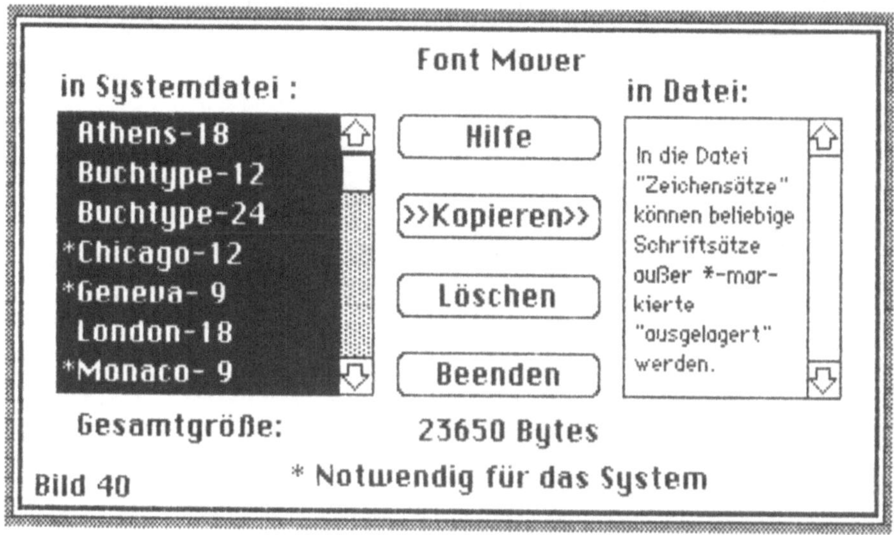

Aus **Bild 40** geht hervor, daß allein die invers ausgewiesenen
Fonts in summa 23650 bytes auf der Systemdiskette beanspruchen.
Und sie sind nur ein Teil dessen, was der Mac mit auf den Weg
bekommt.

Im Anhang ist eine Übersicht aller beim Macintosh verfügbaren
Fonts enthalten. Der Font Manager hat also unter Umständen aller-
hand zu tun. Aber weitere Hände wachsen ihm durch den Resource
Manager zu, denn auch die Fonts zählen ja organisatorisch zu den
Resources. In ihnen können bestimmte Schriftgrößen enthalten
sein. (Vielleicht erinnern wir uns beiläufig auch daran, daß der
Resource Manager sich mit einigen Kollegen vom Operating System
verständigen wird, nämlich mit dem File Manager, dem Segment
Loader, dem Device Manager und dem Memory Manager. Sie alle
bekommen nebenbei auch noch kräftig zu tun, und es ist schon eine
ganze Menge Aufruhr, die wir in einem Computer verursachen,
wenn wir "bloß" mal eben "klicken".)

QuickDraw ruft also den Font Manager auf. Der guckt erst nach, ob die gewünschte Schriftgröße "am Lager" ist. Wenn nicht, sieht er nach, ob die Schrifttype in doppelter Punktgröße verfügbar ist, um sie herunterzurechnen. Hat er damit Pech, sieht er nach, ob die Schrift auf der Diskette in halber Größe ist, aus der er hochrechnen kann. Trifft auch das nicht zu, sucht er nach der nächstgrößeren Type. Sonst nach der nächstkleineren. Geht das alles schief, sieht er nach, welche Schrift vom Programm benutzt wird, um sie auf die gewünschte Größe zu bringen. Sind endlich alle Stricke gerissen, zieht er die Notbremse und nimmt kurzerhand die Systemtype und stellt die in der angeforderten Größe dar.

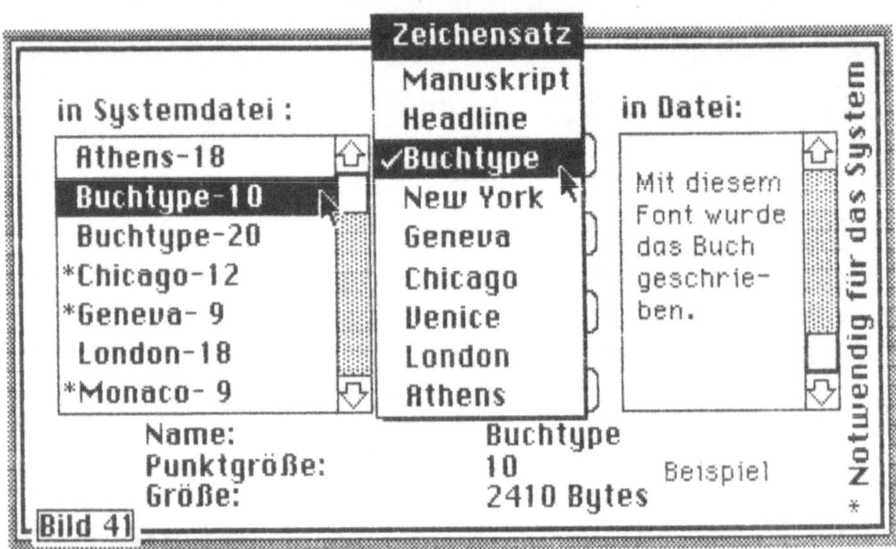

Bei der Montage in **Bild 41** wurde die Buchtype angeklickt. Der Font Mover gab danach Auskunft über Namen, Punktgröße und (was uns hier besonders interessiert) beanspruchten Speicherplatz auf der Diskette. Theorie ist grau. Wer den Mac besitzt und sich mit den Programmen vetraut gemacht hat, sollte schon irgendwann einmal hingehen und genau durchkalkulieren, was ihm der Rausschmiß einiger Schriften an zusätzlichem Speicherplatz bringt. Als Kriterium mag die Beantwortung der Frage dienen, welche Schrift niemals benutzt wurde.

Die vielfältigen Schrifttypen, ihre bequeme Verfügbarkeit, ihr sauberer Ausdruck über den **Imagewriter™**-Printer sollten für viele Benutzer und auch schon Interessenten Anlaß zu eingehender Prüfung sein, was künftig unter Textverarbeitung selbst in privaten Stuben verstanden werden darf. Dieses Buch selbst ist ein Zeichen.

Der Font Mover ist also ein Programm, mit dem der Benutzer des Macintosh selbst in den Resource-Bestand eingreifen kann. **Bild 42** gibt eine gewisse Ahnung davon, wie Resource-Files intern gegliedert sind und kontrolliert werden:

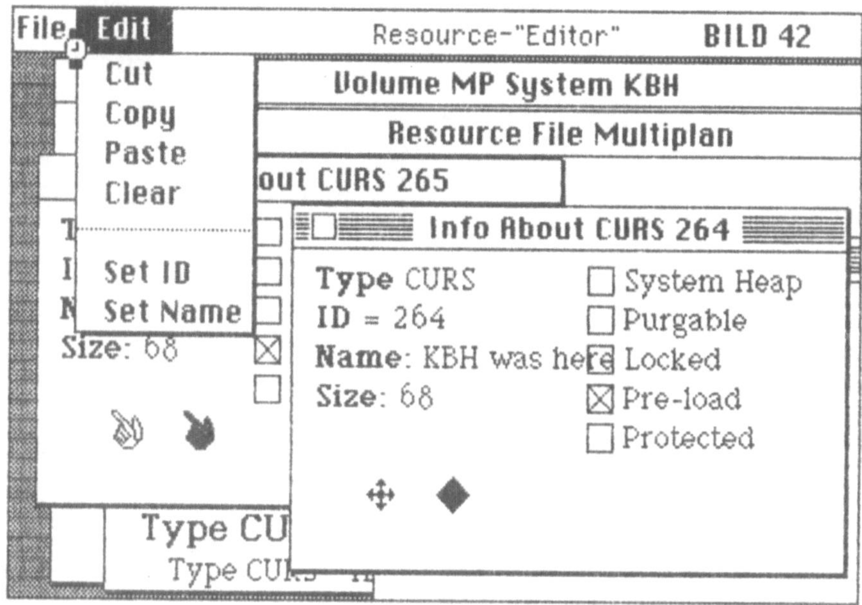

Die Zeichen hier sind grafische Symbole, die von Fall zu Fall im Programm **Multiplan** von Microsoft auftauchen. Will man etwa die Hand durch ein anderes Symbol ersetzen, braucht man nur das "Karte" CURS 265 im Resource-File auszuwechseln, ohne den eigentlichen Programm-Code anzutasten. Diese im Grunde simple Methode ist mit verantwortlich dafür, daß Programme für den Mac in einer Weise hergestellt und gepflegt werden können, daß die Anwender davon profitieren mögen, ohne finanziell in die Knie gezwungen zu werden. Apple und Microsoft gehen von diesem System jedoch schon teilweise wieder ab.

Dem Event Manager im Operating System entspricht der **Toolbox Event Manager (event,** *engl.* = Vorgang, Ereignis). Dieser setzt sich, wenn das Programm es notwendig macht, mit dem Operating System in Verbindung, wo der dortige Event Manager den Keyboard/Mouse-Handler abfragt. Der Toolbox Event Manager steht hierarchisch höher, hat aber allerhand Kollegen über sich, die dem Benutzer selbst näher stehen, der es ja nur noch mit drei Vertretern der Maschine zu tun haben soll: Bildschirm, Tastatur und Maus. Bis dahin ist noch ein weiter Weg.

Steigen wir zunächst über die Toolbox Utilities hinweg, um uns mit dem **Window Manager** zu beschäftigen (**window** = Fenster). Zwei schöne Fenster sind in Bild 29 und Bild 30 zu sehen. Doch wollen wir uns ein spezielles Fenster "machen" und näher ansehen:

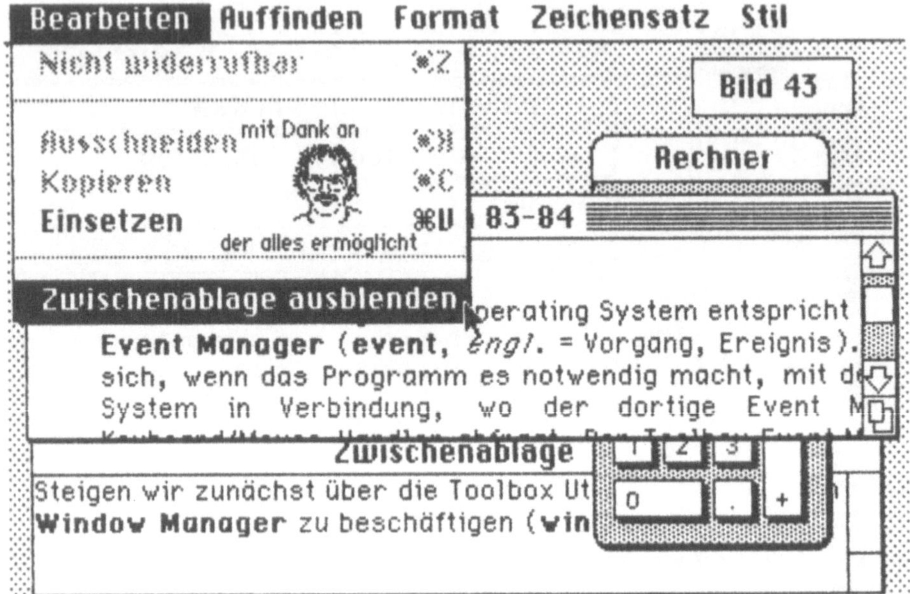

Was hier veranstaltet wurde, ist abenteuerlich. Das Textfenster wurde mit der Maus "angefaßt" und bis zum Extrem verkleinert. Was in Seite 83 nicht mehr hineingepaßt hatte und nach Seite 84 übernommen wurde, war noch in der Zwischenablage. Diese wurde auch angezeigt. Dazu kam dann der Taschenrechner, der über **beide** Fenster gelegt wurde. Das Anklicken des Textfensters an irgendeiner Stelle verstand der Window Manager sofort als Befehl, es "obenauf" zu legen. Nun mußte nur noch die Kopfleiste (Fachjargon: **Menu Bar**) bei **Bearbeiten** angeklickt werden, um das entsprechende Fenster herunterzuklappen (pull down). Weil der Pfeil bei **Zwischenablage ausblenden** aufliegt, wird dieses Kommando invers als exekutionsfähig angezeigt. – Eine beachtliche Leistung des Window Managers. Er achtet bei Programmabläufen auch darauf, welches Fenster überlappt werden kann und welches Fenster eventuell schnell neu gezeichnet werden muß, auch wenn es nicht aktiv ist, sondern nur ganz oder teilweise überzeichnet worden war. Der kleine Dank an **Bill Atkinson** von Apple Computers für sein hervorragendes Programm **MacPaint** war übrigens längst fällig. Denn vielleicht ist all dieses nur ein Vorgeschmack von Computerleistungen, die wir nicht einmal erträumen können. Wer hätte zum Beispiel vor einem halben Jahrzehnt von einem Computer wie dem Macintosh träumen können? Und: Die Zeit der Buchproduktion im Wohnzimmer ist angebrochen.

In den Fenstern begegnet man immer wieder kleinen Kästchen, in denen **Nein, Ja, Fortfahren, Abbrechen** oder Ähnliches an Vorschlägen steht, die einer bestimmten Entscheidung im Programmlauf dienen.

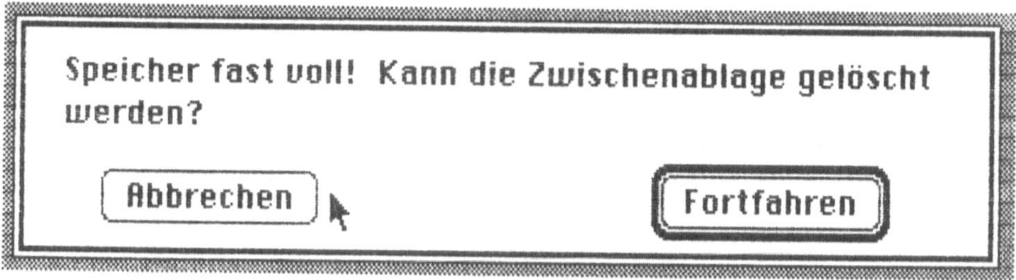

Hier haben wir es mit einem solchen Fall zu tun, der dann eintritt, wenn der Inhalt des Clipboards neben dem eigentlichen Dokument den Speicher unnötig belastet. Bei **Abbrechen** wird die eingeleitete Operation unterlassen (man kann dann den Inhalt der Zwischenablage eventuell ins Album retten und löschen), bei einem Klick in **Fortfahren** wird die Operation ausgeführt, dafür aber die Zwischenablage geopfert.

Hier sind eingebaute Kontrollen wirksam. Eine Kontrolle im Sinne des Computers üben wir auch aus, wenn wir an einem Fenster die **Scroll Bars** benutzen.

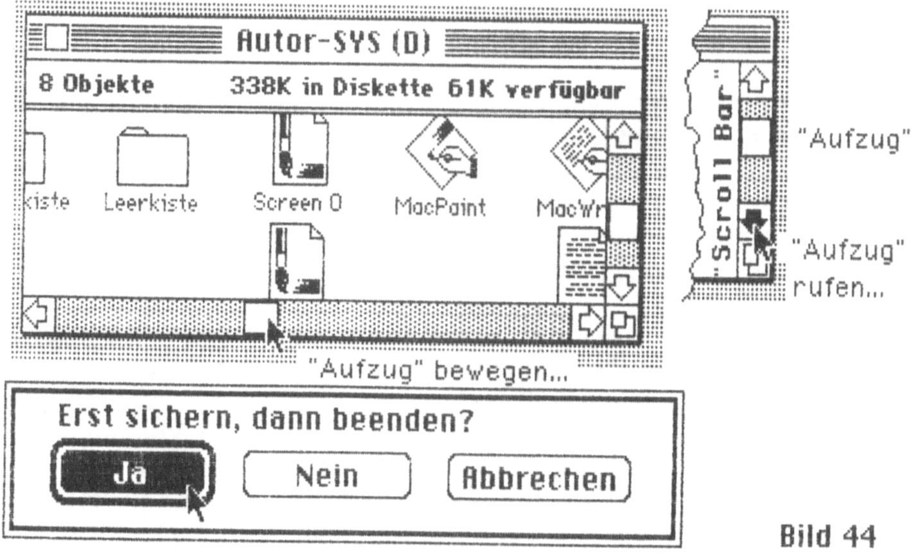

Bild 44

Bild 44 gibt einige Beispiele für die Handhabung von Fenstern.
Ist der Inhalt eines Dokumentes nicht voll im Fenster enthalten
oder wegen seiner Größe auch nicht voll darstellbar, erscheinen
in der Scroll-Leiste Schattierungen und kleine **"Aufzüge"**. Diese
kann man mit dem Zeiger direkt bewegen, wonach das Dokument
analog zur Stellung des Aufzuges im Fenster dargestellt wird. Die
Aufzugstrecke entspricht also der Länge oder Breite des Dokumentes. Der Aufzug kann jedoch auch gerufen werden durch Anklicken des entsprechenden Auf-, Ab-, Rechts- oder Linkspfeiles.
Dazu sehen wir noch ein weiteres Beispiel für **Check Box**es.

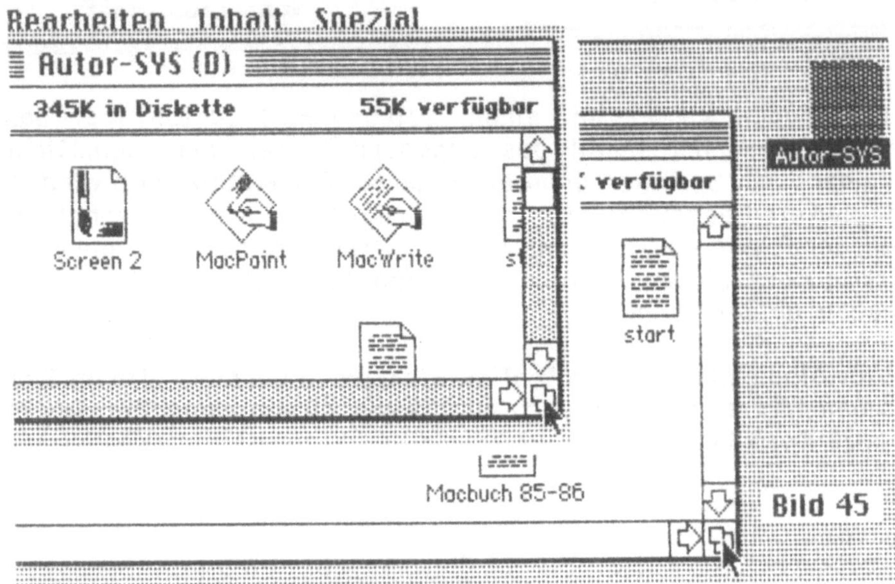

In **Bild 45** dagegen sehen wir noch eine weitere Möglichkeit: die
Box an der rechten unteren Ecke kann angeklickt und in alle Rich-
tungen bewegt werden (Pfeilposition), wodurch das Fenster sich
entsprechend in seiner Fläche verändert. Solange der Fenster-
inhalt nicht voll dargestellt ist (links oben), sind die Aufzüge aktiv, andernfalls (rechts) verschwinden sie.

Nur: Dieses ist schon nicht mehr Sache des Window Managers,
sondern sein Kollege, der **Control Manager**, ist hier bei der Arbeit. Er wertet die Mausposition und die Klicks aus und entscheidet dann je nach Programmvorgabe oder nach den Vorgaben des
Betriebssystems. Window und Control Manager arbeiten hier Hand
in Hand. Wenn man dazu noch bedenkt, welche Manager jeweils von
der Arbeit der übrigen berührt werden, hat man eine ungefähre
Ahnung davon, welch ungeheuren Datenfluß allein das bedeutet.

Weiter Hand in Hand mit dem Control Manager arbeitet der **Menu Manager**. Zu einer besonderen Spezies der Fenster gehören nämlich die Menüs (**menu**, *am.* = Auswahl). Sie werden als **pull down menus** von der **menu bar** in der Kopfzeile, beginnend mit dem Apfel, angeboten. Als Beispiel wählen wir einen Teil der Menu Bar beim Programm **MacPaint (Bild 46)**. Klickt man bei **Bearbeiten**, erhält man eine stattliche Auswahl, was man mit dem gewählten Bildausschnitt alles anfangen kann.

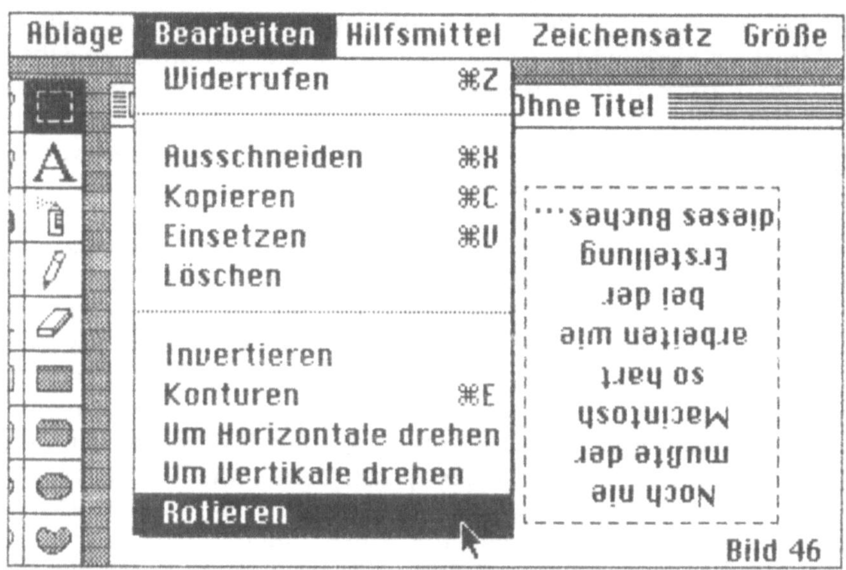

Bild 46

Dabei stoßen wir wieder auf unseren Schmetterling (**butterfly**) oder auch "Blumenkohl", jenes Symbol auf der **Kommando-Taste**. Die Kommando-Taste (⌘) allein bewirkt überhaupt nichts. Erst zusammen mit einer anderen Taste löst sie beim Computer eine Aktivität aus. In etwa entspricht sie der **CTRL-** oder **CONTROL-**Taste bei anderen Maschinen. Der Menu Manager interpretiert das gegebene Kommando und veranlaßt alles weitere.

Dabei eröffnet er bei Programmen nach dem Macintosh-Standard häufig zwei Wege für den geübten Benutzer: entweder wird das entsprechende Kommando über die Benutzung der Maus gegeben, oder aber der Benutzer entschließt sich, Kürzel über die Tastatur zu benutzen. Während ein **Rotieren** nur über die Maus befohlen werden kann, ist **Kopieren** über ⌘C ebenfalls zu bewerkstelligen. Bei der Textverarbeitung, wo die Hände sowieso an der Tastatur sind, kann man den **Fettdruck** einzelner Worte veranlassen, indem man das Wort selbst durch einen **Doppelklick** aktiviert, den Fettdruck aber mit ⌘B ordert.

Es gilt also die Regel:
⌘ mit Buchstabe = direkter Befehl
Hier können sich Lernprozesse auswirken und auszahlen.

Der **Menu Manager** ist die **eigentliche Stärke der Maschine**, wobei man freilich niemals vergessen sollte, daß er ohne die anderen Manager nichts kann. Mit etwas Geduld und genug Neugier kann man fast alle Programme für den Macintosh ohne einen Blick in die Manuale beherrschen lernen. Gäbe es die Menu-Leiste nicht und würden sich die Pull down windows (jene herunterklappenden Fenster) nicht öffnen, müßte man also wie bei anderen Maschinen auch bestimmte Worte als Kommandos über die Tastatur eingeben, wäre kaum eine Chance vorhanden, in das System oder in die Programme einzudringen. Beim Macintosh sieht das, wie wir an vielerlei Beispielen erlebt haben, völlig anders aus.

In den Menus herumzuklicken und auszuprobieren, was sich tut, ist schon mehr als der halbe Weg zum Verständnis der Programmmöglichkeiten. Und das, um es zu wiederholen, ohne in die Manuale zu schauen. Das kann man immer noch tun, wenn man partout nicht auf den Trichter kommt, was eine bestimmte Menuzeile letztendlich bedeutet. Restlos alles kann man ja schließlich auch nicht erraten, falls man noch nie an einem Computer gearbeitet hat und überdies mit Leistungen konfrontiert wird, von denen man bislang nicht einmal wußte, daß es sie überhaupt nicht gibt. ⌘ mit Buchstabe = direkter Befehl ist also schon eine Angelegenheit für Routiniers, die es noch schneller, noch bequemer und noch einfacher haben wollen als es die Maus ohnehin schon ermöglicht. Nur fällt der Meister beim Mac schneller von Himmel, als es wegen der Gesamtkonzeption bei anderen Maschinen je der Fall gewesen wäre – die Lisa vielleicht ausgenommen. Aber von der wollen wir hier mal absehen. Als Macs Mami sollte sie sowieso über den Dingen stehen...

Halten wir also fest, daß der **Menu Manager** insbesondere zusammen mit dem **Window-** und dem **Control Manager** in der Hauptsache die sogenannte **Benutzeroberfläche** des Macintosh prägt und deshalb von ganz besonderer Bedeutung ist. Hardwaremäßig stützen sie sich auf die **Maus**, was andersherum bedeutet, daß die Maus softwaremäßig mit diesen drei Managern leben muß, denen wiederum der **Toolbox Event Manager**, der **Operating System Event Manger** und der **Keyboard/Mouse-Handler** zur Hand gehen. So kommt schlicht und einfach eins zum anderen, und alles zusammen wird mit dem, was noch beschrieben wird, zum **System**, dessen Aufbau an die **200 Mannjahre** verschlungen haben soll.

Es sieht so aus, als würde die Behandlung der Manager kaum enden, obgleich – wie Bild 37 auf Seite 70 zeigt – ihre Anzahl begrenzt ist. Deshalb gegen Ende dieses Abschnittes der Schnellgang und vorab zur Abwechslung eine Systemleistung, die dem Namen nach nichts mit Managern zu tun hat: der **Text-Editor.**

Bei den meisten Computern ist die Eingabe von Text, dessen Gestalt vom System oder Programm abgefragt wird, die einzige Möglichkeit, mit der Maschine in Verbindung zu treten. Das ändert sich zwar zunehmend, wie etwa der **Berührungsbildschirm** des **HP 150** von **Hewlett Packard** zeigt, aber bis zu einer völlig anderen Alternative dürfte es für die meisten Systeme noch eine Weile dauern. Also ist Text vordergründig wichtig.

Der Computer kennt aber gar keinen "Text". Für ihn ist ein A kein A, sondern nur ein Zeichen, das er auf dem Bildschirm uns zu Gefallen darstellt und das in seinem Inneren lediglich an irgendeiner Speicherstelle den Wert **65** hat, den er ebenfalls gar nicht kennt. Denn die Speicherstelle enthält nur den Wert **HLLLLLHL** oder **10000010.** Und sie bedeutet auch nur dann ein A (ein großes A), wenn das Programm zu dieser Speicherstelle die Anweisung gibt, sie für den Benutzer der Maschine als ein A auf dem Bildschirm darzustellen. So einfach ist das.

Die Speicherstelle selbst erlaubt, wenn das **"Wort"**, das Zeichen, acht **Bit** "breit" ist, acht Schaltzustände, die jeder entweder **H** (high) oder **L** (low) sein können oder im Sinne von Binärzahlen eine **1** oder eine **0.** Der ganze Computer besteht schlicht nur aus elektronischen Bauteilen, die auf ganz raffinierte Weise blitzschnell mit solchen Schaltzuständen etwas anfangen und sie bei Bedarf entsprechend verändern können.

Ein bestimmtes Bauteil ist der Bildschirm-Controller. Er steht in Verbindung mit Programmteilen, die sich auf die Bildschirmverwaltung beziehen – denn auf dem Bildschirm muß was drauf sein, wenn der Benutzer über den Stand der Dinge informiert sein soll.

Die meisten Computer haben deshalb noch einen Übersetzer für
Zahlenwerte in Zeichen, den **Zeichengenerator**. In diesem ist
festgelegt, für welchen Wert jeweils welches Zeichen auf dem
Bildschirm dargestellt werden soll. Ergibt sich aus dem
Programm, daß der Wert 10000010 einer Speicherstelle auf dem
Bildschirm als Zeichen dargestellt werden soll, macht das System
daraus für den Betrachter ein **A**. Erfreulicherweise tut es das in
Amerika genauso wie in Europa, aber bei anderen Zeichen wie etwa
[, \, } oder | ist es je nach Fabrikat und dessen Anpassung anderer
Auffassung.

Ehe nun der Versuchung nachgegeben wird, über notwendige und
unnötige Extravaganzen im Mikrocomputerbereich in Wehklagen
auszubrechen, lieber zu Apple.

Apple hat nämlich dem Macintosh keinen festen Zeichensatz ver-
paßt, sondern die Möglichkeit mitgegeben, sich je nach Lage der
Dinge mit einem beliebigen Zeichensatz zu versorgen. Alle Zeichensätze stecken jeweils in dem **Systemfile**, das die Systemdiskette enthält (also die, welche man nach dem Einschalten in das
Laufwerk stecken muß, damit der Mac überhaupt erst richtig zu
Verstand kommt). Jede Schrift im Systemfile hat einen Code und ist
eine Art Album, in dem der Computer nachsehen kann, was er in
welcher Art auf den Bildschirm bringen soll. Dabei kann es sich um
Schriften mit konstanter Breite für jeden Buchstaben handeln wie
bei alten Typenhebelschreibmaschinen oder um **Proportional-
schriften**, bei denen jeder Buchstabe nur den für ihn angemessenen Raum einnimmt. Dieser Absatz hier ist vom Mac in Proportio-
nalschrift auf den Bildschirm gebracht und dann auch (einschließlich Grafik) genau so ausgedruckt worden (mit dem Imagewriter).
Im Normalfall benutzt der Mac die Systemschrift:

**Diese Schrift heißt CHICAGO und wird vom System in der
Regel benutzt. Wie man deutlich sieht, ist es eine Proportio-
nalschrift, bei der iii (dreimal i) so breit erscheint wie ein m.**

Um die Eleganz des Umganges mit dem Mac zu steigern, besitzt
die Maschine einen Texteditor **TextEdit**, der zusammen mit dem
Imagewriter (nicht zu verwechseln ist mit dem gleichnamigen Nadeldrucker) schon eine kleine Textverarbeitung ergibt, die überall
wirksam ist, wo vom Benutzer Text eingegeben werden kann.
TextEdit beachtet schon die Proportionalität der Zeichen.

Auch kennt der Mac einige angenehme Umgangsformen mit Text-
eingaben, und zwar auch solchen, die vielleicht schon länger zu-
rückliegen und erst wieder hervorgeholt werden müssen. Eine davon ist das Ändern. Dazu ein Beispiel:

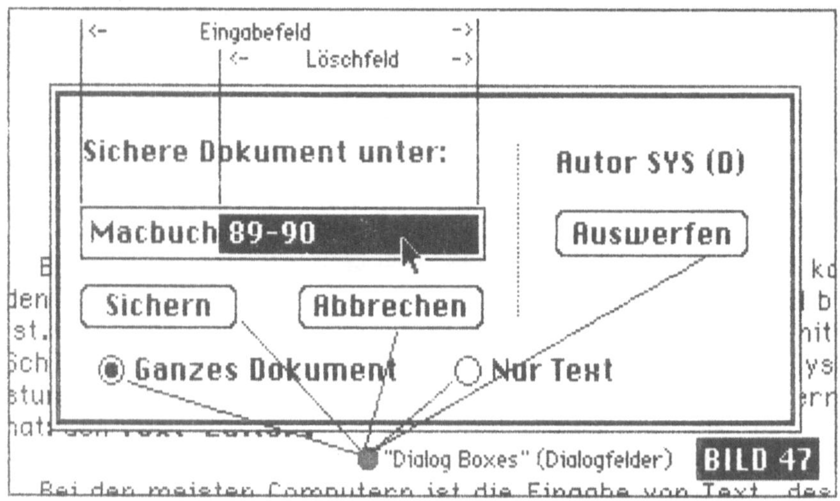

Beim Sichern eines Dokumentes sollte man sich an die Konven-
tion halten, einen Namen einzugeben. In **Bild 47** war der Name
"Macbuch 89-90" schon benutzt und vom Macintosh automatisch in
Erinnerung gebracht worden. Ihn zu ändern, war leicht: Der Pfeil
wurde hinter das **h** von **Macbuch** gestellt. Dann wurde geklickt,
wodurch der Cursor hinter dem **h** fixiert blieb. Mit Halten der Shift-
taste wurde der Pfeil **hinter** das letzte Zeichen gebracht – und
nochmals Klick; jetzt erschien alles hinter der Cursorposition **invers**. In solchen Fällen verschwindet das gesamte schwarze Feld
beim Drücken irgendeiner Taste, und der Wert der Taste (etwa ein
Buchstabe) wird übernommen.

Nur beiläufig soll erwähnt werden, daß die meisten Operationen
auch über sinnvoll angelegte Dialog Boxes (Dialogfelder) gesteuert
werden können, wie sie in Bild 47 markiert sind. Ein anderes Beispiel, wie der Macintosh mit Text verfährt, kann der Notizblock
bieten. In diesen elektronischen Block kann man auf acht elektronischen Blättern Eintragungen vornehmen, die elektronisch gespeichert und elektronisch wieder sichtbar gemacht werden können.
Sie können freilich auch elektronisch gelöscht, verändert, ergänzt
und wieder elektronisch gespeichert werden. So ist das nun mal –
alles elektronisch. Und das muß zwischendurch, ohne besonderen
Zusammenhang, einfach mal in Erinnerung gerufen werden, damit
wir nicht vergessen, wie weit die Technik fortgeschritten ist und
auf was wir uns mit ihrem Gebrauch ständig einlassen.

Was man auf dem Bildschirm sieht, ist ja nicht materiell auf Papier, sondern nur ein Vorgang, der vor allem auf das Funktionieren des Elektrizitätswerkes angewiesen ist. Vorausgesetzt das funktioniert, dann ist Computer noch lange nicht gleich Computer, weshalb wir uns den Notizblock einmal kurz ansehen:

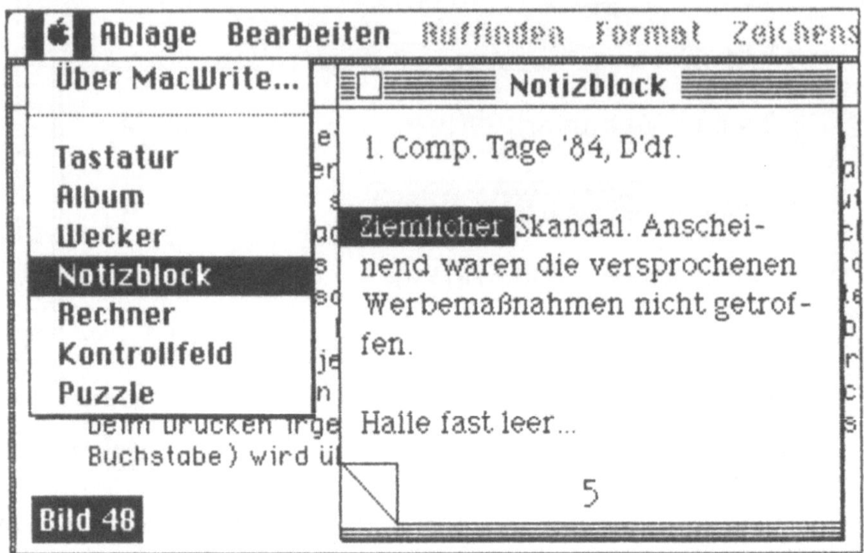

Er ist aus technischen Gründen etwas verkürzt. Das invers dargestellte Wort **Ziemlicher** stammt aus dem Speicher auf der Diskette. Es wurde mit dem Pfeil angeklickt, und zwar ebenso wie bei der Textverarbeitung: mit einem Doppelklick. Da es sich hier aber schon um mehr als die übliche Texteditierung handelt, führt die Spur zum sogenannten **CoreEdit**, der nicht im ROM enthalten ist und jeweils mit dem System von der Diskette geladen wird. Damit jedoch hat der Macintosh selbst dann, wenn überhaupt nicht mit Textverarbeitung als Programm gearbeitet wird, zum Umgang mit Text schon eine gewaltige Menge von dem bereitgestellt, was üblicherweise erst Bestandteil einer Textverarbeitung ist.

Wir wollen uns damit nicht weiter aufhalten. Wir haben es nur deshalb mehr als nur flüchtig gestreift, weil es im eigentlichen Sinne sensationell ist, wie der Mac mit Text umgeht. Als eine Maschine, die nicht nur einfach vordefinierte Zeichen aus einem festumrissenen Zeichenvorrat verwendet und diese Zeichen auch nicht an festumrissene Plätze auf dem Bildschirm lanciert, **muß** er einfach mit mehr Aufwand arbeiten (wobei **Quickraw** die entsprechenden Aufgaben übernimmt). Wird aber dieser Aufwand grundsätzlich getrieben, so ist es nur noch eine Frage der i-Tüpfelchen hier und dort, die Sache zu perfektionieren. Der Mac ist also kein Luxuscomputer, sondern nur im Ansatz blendend durchdacht.

Würden wir (was wir **nicht** tun werden) uns das Bild 37 noch einmal ansehen, um uns zu vergewissern, daß wir mit den Managern nunmehr durch sind, würden wir schnell eines anderen belehrt. Statt zurückzublättern, holen wir uns das Bild einfach mit MacPaint von der Diskette, um Bilanz zu ziehen:

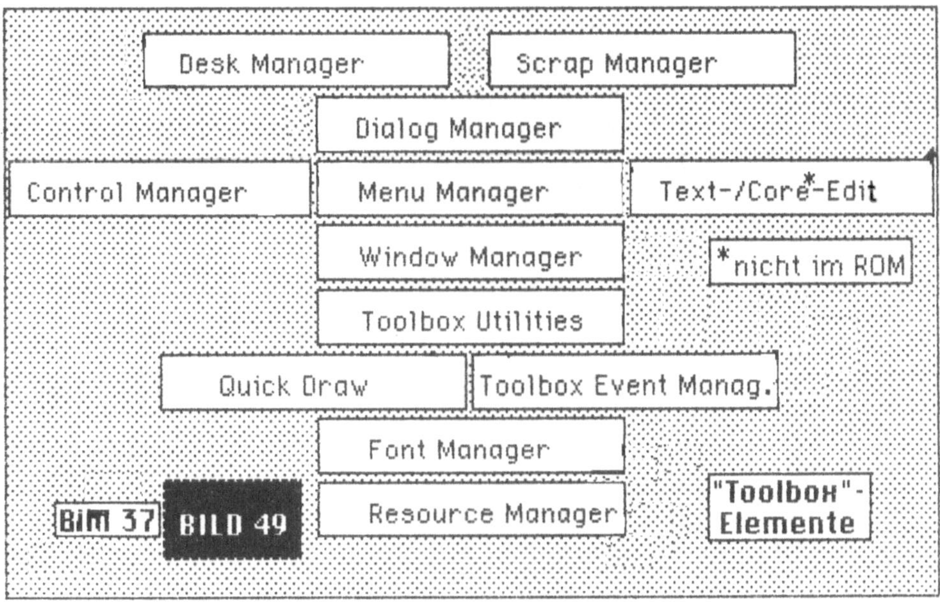

So sieht es also aus: Wir haben uns noch mit drei Abteilungen des Systems zu beschäftigen, mit dem Dialog Manager, dem Desk Manager und dem Scrap Manager. Wer jedoch die Nase voll hat von den cleveren Typen, die das Mac-Betriebssystem so trickreich auf Trab halten, kann getrost zum nächsten Kapitel übergehen und später mal zurückkehren, wenn er nichts Besseres vorhat.

Denn eines wollen wir an dieser Stelle einschieben und festhalten: Dieses Buch soll zwar Informationen geben, aber nichts in ihm ist so (Mikrocomputer-)weltbewegend wie der Macintosh selber. Dabei noch eine kleine Anmerkung aus dem Nähkästchen: Einer von den leibhaftig herumlaufenden Apple-Managern in München wäre fast vom Stuhl gefallen, als er beim Studium einer Leseprobe aus diesem Buch das Wort **Mac** las. "Das heißt **Macintosh!**", belehrte er aufgebracht. "Wir wissen zwar, daß in der Presse oft vom Mac gesprochen wird, aber dieser Computer heißt Macintosh. Und ich möchte doch dringend darum bitten, daß er in dem Buch auch so genannt wird..."

Sicher, bitten kann er. Offenbar aber kam ihm nicht der Gedanke, daß ein Benutzer zu einer Maschine, mit der er täglich alles Mögliche bis zum Extrem anstellt, so sein eigenes Verhältnis entwickelt und in seiner Vorstellung einfach nur vom **Mac** denkt. Macintosh ist da viel zu umständlich und zu kühl. Das führt dazu, daß auch beim Abfassen des Manuskriptes "je nach Ernst der Lage" mal das Wort Mac und mal der Ausdruck Macintosh gewählt wird.

Gehen wir jetzt nochmals zurück, diesmal aber zu Bild 39, das mit einer leichten Änderung zu **Bild 50** wurde. Bevor wir uns als Unentwegte mit dem **Dialog Manager** beschäftigen, nehmen wir die kleine Korrektur zur Kenntnis, die sich auf das Verhältnis von Tastatur und Maus zum Arbeitssystem bezieht. Jetzt nämlich sind diese beiden Hardwarekomponenten "herausgezogen" und als externe Geräte dem **Keyboard/Mouse**-Handler gegenübergestellt.

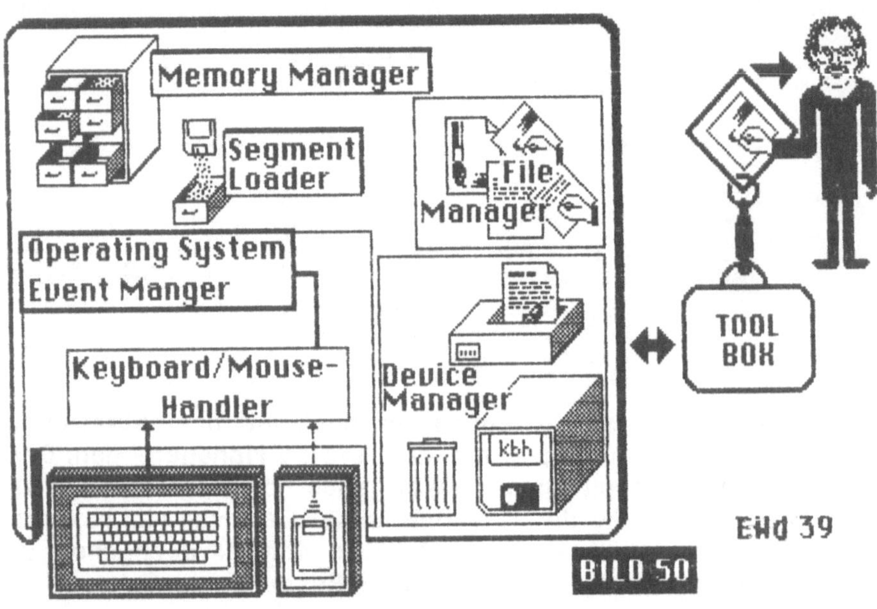

Zur "Verdrahtung" des Benutzers mit der Maschine gehört der Dialog. Dieser soll sicherstellen, daß der Benutzer von der Maschine die notwendigen Nachrichten bekommt und seinerseits der Maschine seine weiteren Absichten mitteilen kann. Das kann einerseits durch die Eingabe von Text geschehen, der dann entsprechend ausgewertet wird (etwa bei der Suche nach einem Wort, einer Eintragung), oder durch Anklicken einer **Dialog Box**, von der in Bild 47 einige zu sehen sind. Der Dialog Manager hat nötigenfalls optische Hinweise auf dem Bildschirm oder auch zusätzlich akustische Warnungen auszugeben.

Eine typische Warnung wird immer wieder gegeben, wenn man
ein bereits existierendes Dokument von der Diskette einliest, es
weiterbearbeitet und dann wieder unter dem schon bekannten
Namen auf der Diskette sichern will. Der Mac knallt dann nicht einfach die neuen Daten über die anderen hinweg (die ja als Ur-
sprungsdokument, als Sicherung oder als Ausgangsbasis für weitere Bearbeitungen oder Variationen noch separat gebraucht werden
könnten), als schlaue Maschine, die dem Benutzer möglichst viel
Denken abnehmen soll, denkt er auch hier mit. Als Folge davon
warnt und fragt er:

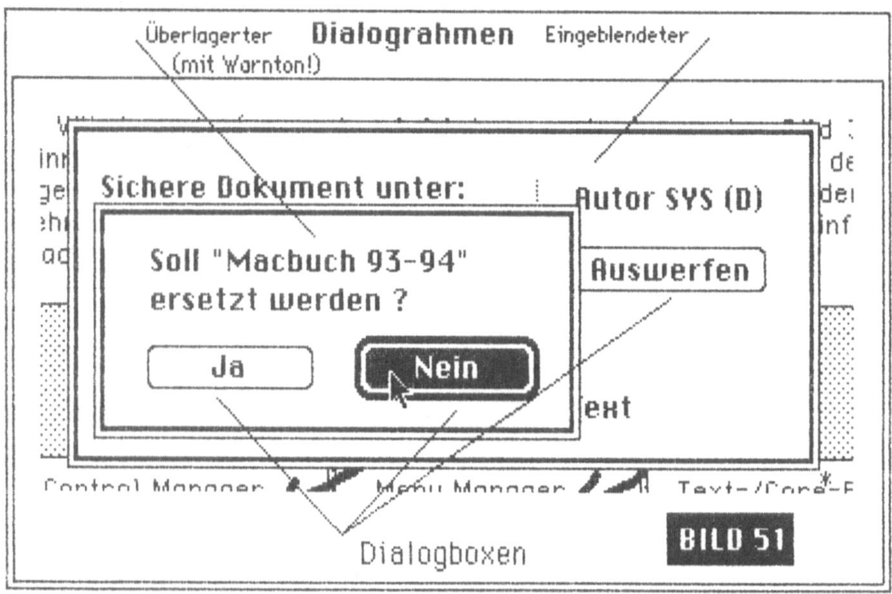

Und er tut es zusätzlich mit einem akustischen Signal in der vom
Benutzer vorher selbst gewählten Lautstärke. Er hat über den
Dialograhmen, der für den Speichervorgang eingeblendet wurde,
einfach einen zweiten gelegt. Bemerkenswert ist die Tatsache, daß
er nun von sich aus den Vorschlag macht, das alte Dokument, mit
dessen Namen er noch arbeitet, **nicht** mit dem neuen Inhalt zu ersetzen. Deshalb sieht die Box für **Nein** auch anders aus als die für
Ja. Es könnte beispielsweise sein, daß wir einen Briefkopf entworfen und unter diesem Namen auch abgespeichert haben, um ihn als
Standard zu benutzen. Dann können wird den geschriebenen Brief
nicht unter **Briefkopf** abspeichern, weil danach unser Standarddo-
kument verloren wäre. Will man Macs Vorschlag folgen, braucht
man nicht die Box anklicken – es genügt dann auch der Druck auf die
RETURN-Taste. Es wird Aufgabe gewissenhafter Programmierer
sein, die Fähigkeiten des Dialog Managers auch zu nutzen.

Vielleicht sollte an dieser Stelle vorsorglich ein Appell an die Programmierer erfolgen, den genialen Grundriß des Macintosh-Computers nicht aus dem Auge zu verlieren und deshalb bei jedem Programm zugunsten des Benutzers alles Vorherdenkbare zu berücksichtigen und in entsprechende Abfragen, Auswahlmöglichkeiten und Warnungen zu packen. Beim gegenwärtig engen Speicher des Macintosh (siehe auch den Abschnitt **Macintosh in der Presse**) ist es natürlich etwas lästig, allein dafür vielleicht einige zusätzliche Programmüberlagerungen vorsehen zu müssen, aber für den Benutzer würde es sich auszahlen. Den großen Schritt nach vorn, welchen der Mac darstellt, sollte niemand durch kleine Schritte nach hinten wieder entwerten. Die Gefahr dazu besteht nämlich tatsächlich, wie ein "Programm" unter Beweis gestellt hat, das von einem an sich als seriös bekannten Softwarehaus für den Macintosh angeboten wird, die ganzen Features wie Ausklappfenster, Mehrfachfenster, Fenstervariation, Aufzüge und Dialog Boxes jedoch nicht benutzt und stattdessen einen Bildschirmdialog veranstaltet, der auf jeder beliebigen Büchse ältesten PC-Standards stattfinden kann und dort zur Zeit wegen der verbreitet besseren Speichermöglichkeiten sogar erfolgreicher abläuft.

Wer sich den Macintosh sehr genau besieht und auch versucht, hinter seine Philosophie zu kommen – die ausgefeilte Gestaltung der Benutzeroberfläche –, wird zugestehen müssen, daß nur solche Programme "echte" Macintosh-Applikationen sind, die sich möglichst weitgehend dem "Klick dich durch"-Standard anpassen. Das bedeutet eine möglichst weitgehende Vereinheitlichung aller grundsätzlichen Manipulationen. Und genau dafür hat der Macintosh seine Toolbox ja eingebaut mit auf den Weg bekommen.

Der Besserwisserei bei der Programmgestaltung, wo jeder jedem zeigen will, daß er es noch eine Haaresbreite findiger kann, hat der Macintosh das Totenglöckchen geläutet. Mit Recht. Wenn alle Programme nach einer verbreiteten Grundregel funktionieren, sinkt der Lernaufwand für die Benutzer im Einzelfall und insgesamt drastisch. Der "Führerschein" je Computer ist dann tot.

Weil der Macintosh seinen Bildschirm als Arbeitstisch versteht, hält er dort auch einige Utensilien bereit, die üblicherweise auf Schreibtischen anzutreffen sind. Um welche Gegenstände es sich dabei handelt, haben wir schon erfahren, und zwar durch die Bilder **9** (Apfelsymbol mit Auswahl, Tastatur), **10** (Tastatur), **22** (Apfelsymbol), **32** (verschiedene), **33** (Kontrollfeld), **34** (Puzzle, Rechner, Notizblock), **35** (Album) und **36** (Uhr). Zur leichteren Erinnerung sehen wir uns diese sogenannten **desk accessories** noch einmal übereinandergestapelt in **Bild 52** an:

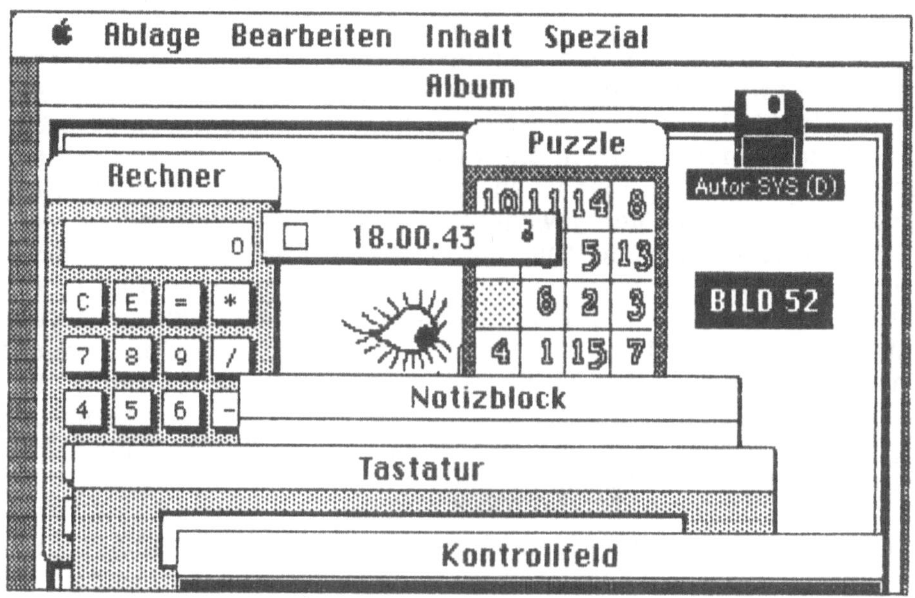

Es läßt sich mit Worten kaum beschreiben, was sich auf dem "Schreibtisch" alles abspielt, wenn man alle Objekte aufruft und in verschiedenen Reihenfolgen beliebig aktiviert. Im Endeffekt kommt es auf dasselbe heraus, als hätte man ein Bündel Blätter, die man nicht gerade sehr ordentlich in verschiedenen Reihenfolgen übereinander legt. Erwischt man von einem Utensil noch irgendeinen winzigen Zipfel zum Anklicken, bewirkt ein kurzer Druck auf die Maustaste, daß es vom Mac obenauf gelegt wird. Das gilt immer – man muß nur noch ein Zipfelchen erwischen können.

Würde man in Bild 52 das Album anklicken, wäre das zunächst scheinbar fatal: Es läge obenauf und würde alles andere unter sich begraben, so daß kein Zipfelchen mehr zu fassen oder anzuklicken wäre. Doch keine Sorge; man kann das Album durch Anklicken des kleinen Kästchens einfach verschwinden lassen. Der Rest erscheint wieder. Aber wie geschieht das? Es sieht faszinierend aus...

Nun, es sind ja noch zwei Manager da. Zuständig von den beiden ist der **Desk Manager**. Er legt für uns die Utensilien zurecht, mit denen wir umzugehen wünschen, nachdem wir uns – und das ist der Punkt! – an ihren Gebrauch gewöhnt haben.

Das **Kontrollfeld** wird vielleicht in der Anfangszeit mehrmals beansprucht, bis wir das System unserem persönlichen "Feeling" angepaßt haben. Dann werden wir es wohl vergessen. Der **Notizblock** ist ganz nützlich, aber wenn man vergißt, daß man etwas reingeschrieben hat, vergißt man wohl auch das Reingeschriebene. Die **Tastatur** ist eine hochfeine Einrichtung. Man kann sie sich auch während der Benutzung der Textverabeitung unter das hochgeschobene Arbeitsfenster legen, um die Sonderzeichen bei der Doppelt- und Dreifachbelegung von Tasten suchen zu können. Der **Wecker** ist nicht besonders nützlich und wohl eher ein Gag. Der kurze Piepser geht schon beim Schnacken eines Feuerzeuges unter. Und als Uhr kommt er gegen den gewohnten Blick auf die Armbanduhr nicht an. Doch was soll's – mancher hat vielleicht Spaß dran. Der **Rechner** dagegen scheint ganz nützlich. Auch ihn kann man sich jederzeit auf den Bildschirm holen. Er kostet nichts und kann nicht verlegt werden. Selbst wenn man ihn durch ein überlap- pendes Fenster "verliert", vergißt er die errechneten Werte nicht. Und das **Album** als Sammelmappe für allerhand grafischen Kram und als Transportmittel für Darstellungen von einem Programm zum anderen ist schlicht und einfach toll.

Natürlich ist der Desk Manager bei seiner Arbeit ganz besonders auf die präzise Mitarbeit seiner Kollegen angewiesen. Seine Leistungen stellen aber besonders anschaulich unter Beweis, was unter einer Maschine mit hochintegrierter Betriebssoftware zu verstehen ist.

Benutzer anderer Systeme sind deshalb nicht selten etwas irritiert, wenn sie einen Macintosh unter Volldampf schuften sehen und beiläufig daran denken, an welches System sie nach diesem Anschauungsunterricht nach Hause zurückzukehren haben. Allein das mühelose Mischen von Text und Grafik bringt selbst abgeklärte Typen leicht aus der Fassung. Sie rechnen nicht selten im Stillen aus, was ihr Computer gebraucht noch bringen kann.

Sollte jemand beschlossen haben, sich nun doch langsam zu langweilen, mag es ihn tröstlich stimmen, daß wir nur noch einen Manager abzuhandeln haben, dessen Bezeichnung sich etwas kratzbürstig anhört – den **Scrap Manager**. *Scrap* heißt im Amerikanischen so viel wie *Schnitzel*, *Stückchen*, *Fetzen* oder auch (Zeitungs)*Ausschnitt*, *ausgeschnittenes Bild* oder *Bruchstück*. Jedenfalls nichts im eigentlichen Sinne Komplettes.

Der Macintosh hat nun für den Umgang mit solchen Ausschnitten, die mit **Cut** (Ausschneiden), **Copy** (Kopieren) oder **Paste** (Einbinden, eigentlich "Ankleben") hantiert werden können, zwei sinnvolle und beeindruckend nützliche Einrichtungen. Einmal ist da das **Clipboard**, zum anderen das **Scrapbook** (Album).

Das Clipboard, eine Art Pinwand, ist ein interner Speicher, der (wie es aussieht) aus einem definierten **Speicherbereich** besteht oder aber (wenn der Platzbedarf größer ist) aus einem **File**, das zur Auslagerung der Daten auf der Diskette angelegt wird. Beide haben gemeinsam, daß sie nur vom Anlegen bis zur Beendigung der Arbeit mit einer Diskette wirksam sind. Ist die Maschine einmal ausgeschaltet gewesen, kann ein Clipboard File nicht mehr angesprochen werden, auch wenn es noch so dick und fett auf der Diskette Platz beansprucht. Man kann es dann löschen oder seinen Inhalt gegen einen anderen, de gg t so viel Platz frißt, auswechseln. Das Clipboard (im deutschen Betriebssystem als **Zwischenablage** definiert), dient dem Transport von Daten zwischen zwei Programmen oder zwischen Programm und Album (Scrapbook).

Dieses **Album** ist es, was dem Mac so viel Pep verleiht. Was zu beweisen ist...

Schon geschehen... – Nur, **was** ist geschehen? Sehen wir es uns einmal in Ruhe an. Für dieses Buch zum Beispiel etwas Wichtiges!

Die netten Augen, die uns hin und wieder im Buch verfolgen,
befinden sich alle im Album. Hineingekommen sind sie als **Scraps**,
also Bildausschnitte, von **MacPaint**. Dort wurden sie markiert und
mit **Ausschneiden** (Cut) oder **Kopieren** (Copy) ins Clipboard
übernommen. Natürlich kann man derlei Ausschnitte direkt nach
dem Start von MacWrite in die Textverarbeitung übernehmen. Ist
jedoch das Textfile schon recht lang, kann es sein, daß Mac meu-
tert und aus Speicherplatzgründen die Zwischenablage löscht.

Was dann? In solchen Fällen, und vor allem dann, wenn man
bestimmte Dinge immer wieder verwenden möchte, befördert man
sie nach dem Aufruf des Albums mit **Einsetzen** zunächst einmal in
dieses hinein. Da klebt es dann drin, und jetzt kann uns selbst ein
längeres Textfile und Macs fürsorgliche Wachsamkeit nicht mehr
daran hindern, den gewählten Bildausschnitt aus dem Album heraus
unter den Text zu mischen.

Bild 53 zeigt, wie man sich vom Betriebssystem her die Zwischenablage zeigen lassen kann. Die Augen waren vom Album in
diese Ablage kopiert und von dort auf den Bildschirm gebracht
worden. Vom Bildschirm wurden sie dann samt Fenster und Drum-
herum auf die Diskette *'gedumpt'*, um anschließend von MacPaint
aufgegriffen und bearbeitet zu werden. Die bearbeitete Fassung
(nunmehr Bild 53) wurde dann wieder via Clipboard ins Album
gebracht. Unter MacWrite wurde Bild 53 aus dem Album entfernt
und per Clipboard in den Text übernommen, und jetzt, an dieser
Stelle, sogar ein zweites Mal:

Denn das Clipboard bewahrt die Ausschnitte so lange auf, bis sie
durch andere ersetzt werden. Was jetzt hinter dem Doppelpunkt
erscheint, ist per Clipboard dorthin gekommen: (nunmehr Bild 53)
(nunmehr Bild 53) (nunmehr Bild 53) (nunmehr Bild 53) ... usw.

Mit "(nunmehr Bild 53) (nunmehr Bild 53) (nunmehr Bild 53) (nunmehr Bild 53) (nunmehr Bild 53) (nunmehr Bild 53)" – beliebig fortsetzbar – soll nicht gesponnen, sondern angedeutet werden, wie bequem Textteile von einer Stelle zur anderen transportiert werden können, per "Ausschneiden" oder per "Kopieren" auch mit dem Ziel der Vervielfachung. Der kopierte Text kann dann weiterbearbeitet, also auch verändert oder anders gestaltet werden.

Der kopierte Text kann dann weiterbearbeitet, also auch verändert oder anders gestaltet werden.
<u>Der kopierte Text kann dann weiterbearbeitet, also auch verändert oder anders gestaltet werden.</u>
Der kopierte Text kann dann weiter*bearbeitet*, also auch **verändert** oder **anders gestaltet** werden.
Der kopierte Text kann dann <u>weiterbearbeitet</u>, also auch <u>verändert</u> oder anders <u>gestaltet</u> werden.

Das freilich nur innerhalb einer speziell dafür vorgesehenen Textverarbeitung wie etwa **MacWrite**, von der wir ja schon eine Menge wissen.

Damit sind wir nun (fast) mit den Managern fertig. Da ist noch der **Package Manager**, den wir uns aber schenken werden. Für den Fall, daß irgendwo irgendwas schief geht, gibt es einen System Error Handler. Und wenn man ganz scharf hinguckt, findet man noch eine Menge Routinen, die als in sich geschlossene Module mit Unteraufgaben beschäftigt werden. Die jedoch mag untersuchen, wer auch wirklich das Letzte über den Macintosh wissen muß, weil er nämlich ordentliche Programme erstellen will. Apple hat für autorisierte Softwarehäuser eine Dokumentation von vier dicken Aktenordnern zusammengestellt, in denen man bis auf die letzte Speicherstelle genau auch das kleinste Detail penibel beschrieben findet. Anders kann Apple auch seinem Versprechen nicht nachkommen, für den Macintosh eine Unmenge professionelle Software auf die Beine stellen zu lassen. Die soll dann außerdem zu sehr moderaten Preisen erhältlich sein, damit der Mac möglichst schnell populär und weitverbreitet wird. Nach den auf Anhieb in den Vereinigten Staaten erzielten Erfolgen wohl keine Frage mehr.

Zum Abschluß des Teiles über das **Betriebssystem** noch eine Anmerkung zu den Schriften, denn die Schriften (Fonts) sind ja Teil des Systems:

Das Wichtigste für eine Schrift ist, daß sie gut entworfen, gut lesbar und schließlich auch greifbar ist. Beim Macintosh sind selbst da keine Grenzen gesetzt, wo jemand trotz der Vielfalt der sowieso mitgelieferten Schriften immer noch nicht glücklich werden kann. Ihm kann Hilfe zur Selbsthilfe zuteil werden, nämlich mit dem Programm **FONT EDITOR**. Dieses Programm kann sich über vorhandene Schriften hermachen und sie beliebig verändern, aber auch völlig neue Schriften aus der Taufe heben. Allerdings arbeitet es nicht selbsttätig. Mit etwas Übung freilich kann man sein eigener Gutenberg werden...

Diese Schrift mag zwar <u>exzentrisch</u> anmuten, doch dürfte sie gerade deswegen ihre Freunde finden... – Eine **Geburtstagskarte** zum Beispiel, mit dieser Schrift gedruckt, wird ihren Eindruck nicht verfehlen. Der Name ist **DEKOR 14** (©1984 by **kbh**).

Diese Schrift ist ebenfalls <u>mit</u> dem Macintosh <u>für</u> den Macintosh geschaffen worden. Sie eignet sich hauptsächlich für private Post und erhielt den Namen **Crea 10**. (©1984 **kbh**)

Und dieser Mann wurde im Programm **FONT EDITOR** gefunden. Er trieb sich dort als **ICON** (Bildsymbol) herum.

Info About ICON 1

Type ICON
ID = 1
Name: None
Size: 128

System Heap
Purgable
Locked
Pre-load
Protected

Type ICON

Type ICON   ID = 1

Was beim Macintosh zunächst vermißt wurde, war eine Schrift für wissenschaftliche Arbeiten. So etwas Simples wie

$$(a + b)^2 = a^2 + 2ab + b^2 \quad \text{oder} \quad P_1 <> P_2{}^2$$

war auf dem Macintosh nicht darstellbar. Daß Apple daran nicht gedacht hatte, verwundert. Denn bei der **Lisa** gibt es die Möglichkeit für **Hochstellen** und **Tiefstellen** durchaus.

Dem offenkundigen Mangel konnte (unabhängig von Apples weiterer Entscheidung) privat abgeholfen werden. Das Programm **FONT EDITOR** gestattet es nämlich, Schriften des Systems abzuändern oder gar völlig frei zu erfinden, wie wir schon zuvor erfahren haben. Damit kann man sich also auch aus anderen Klemmen helfen, wenn es sein muß. Nur nützt es leider nichts, allein dieses Programm zu besitzen, denn der Macintosh reagiert auf das Einverleiben einer neuen Schrift teilweise etwas rätselhaft, nämlich dann, wenn die neue Schrift – aus welchen Gründen auch immer – dieselbe **ID**-Nummer erhält wie eine schon vorhandene. Da muß man sich schon die Mühe machen, hinter die Schliche des Font Managers zu kommen. Und zur entsprechenden Namensgebung könnte es ratsam sein, das Programm **Rmover** zu besitzen. Unter **Zeichensatz** sieht es dann etwas anders aus als gewohnt – vielleicht sogar etwas verrückt...

...was jedoch nicht so schlimm ist, solange man wenigstens sein Ziel erreicht. Immerhin auch ein gewisser Hoffnungsschimmer für manche Softwarechirurgen, die auch im Eingemachten des Macs etwas herumschnippeln möchten. Und mit der Zeit werden sicherlich noch allerhand Tricks publik, mit denen man den Macintosh zu seiner ganz persönlichen Maschine machen kann, ohne daß er sich aus der großen weiten Welt ausklinkt. Daran wird ihn schon die Tatsache hindern, daß seine eigentliche Seele im **ROM** steckt.

Um Rückfragen vorzubeugen, soll quasi als Anhang zu diesem Abschnitt kurz auf den **Font Editor** eingegangen werden. Apple hat erwogen, diesen Schrift-Editor nicht nur den Händlern, sondern auch den Erwerbern des Macintosh zukommen zu lassen. Das ist lobenswert, aber nicht ganz ungefährlich.

Das Programm **FONT EDITOR 2.0** ist von der Anlage her ein Programm für die Hand des Systementwicklers. Der sollte ja wohl wissen, was er treibt, und die notwendigen Kenntnisse besitzen, um Unstimmigkeiten vermeiden zu können. Apple wird das Programm wohl kaum ohne entsprechende Arbeitshinweise aus der Hand geben. Trotzdem die **Warnung:** Niemals mit dem Editor in ein Original-System eingreifen, sondern in einer Kopie auf einer anderen Diskette arbeiten! Dann dürfte auch ein Laie schnell heraushaben, wo es lang geht. Denn – und das sollte erinnert werden – Mac-typische Programme bekommt man ohne Manual in den Griff.

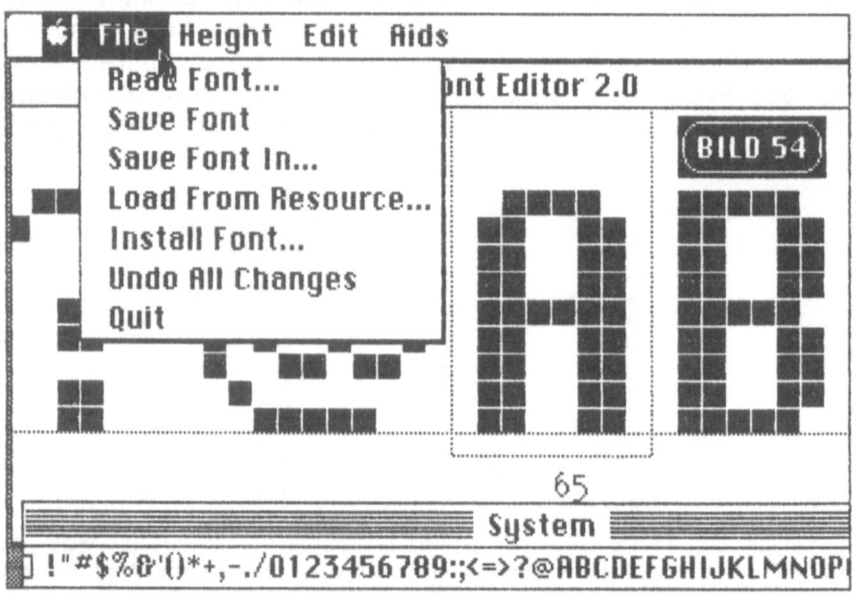

Grundsätzlich: Schriftsätze können von den System Resources oder von Files eingelesen werden, in denen sich eine Schrift (etwa eine zu bearbeitende) befindet. Sie können, als neu oder als nur verändert, wieder abgespeichert oder in das System installiert werden. Bearbeitet werden sie mit dem Pfeil der Maus. Klickt man in dem gepunkteten Arbeitsfenster ein Quadrat an, verschwindet es. Umgekehrt, klickt man an einer freien Stelle, erscheint dort ein Quadrat, das beim Ausdruck des Zeichens als Anschlag einer Druckernadel wirkt. So kann beliebig verfahren werden.

Sag' mir, was du meinst...

Ein Computer ist ein sklavisch gehorsamer Diener, in der Regel "unkaputtbar", genügsam, richtig eingesetzt eine Goldgrube und saudumm.

Was ist denn schon ein Mikrocomputer?! – Es ist doch "n u r" ein Zusammenspiel von Mikroprozessor (von manchen Sorten passen gleich sechs in eine Streichholzschachtel) und ein paar Chips für Ein- und Ausgaben, Festprogramme (etwa zum Booten, d.h. Anlaufen), Speichern von Programmen und Werten sowie ein paar Einrichtungen zur Übertragung menschlicher Aktivitäten auf die Maschine und Anzeige dessen, was die Maschine draus macht.

Mit einem Mikrocomputer unterm Weihnachtsbaum haben wir gut lachen über den **ENIAC**, jenes Urviech, das von der amerikanischen Universität in Pennsylvania **1946** angeheizt wurde – mit einem Gewicht von rund 30 Tonnen, 30 mal 50 Fuß Platzbedarf und dem Stromverbrauch von 2.500 Farbfernsehgeräten heutiger Bauart.

Und wer lacht bald über uns? – Mit etwas Gelassenheit und einem Auge auf der laufenden Entwicklung ist das "n u r" keine Anmaßung. Allein die Entwicklung der letzten fünf Jahre war so rasant, daß man selbst den Duft eines flammneuen Produktes vorsorglich schon unter Geruch "alten Eisens" mit abspeichern darf.

Ein Computer ist, wie schon erwähnt, ein blödes Ding. Der Mikroprozessor gleicht nichts anderem als einer Kinderschippe, mit der man angeblich einen ganzen Himalaya versetzen kann. Das Erstaunliche daran ist: Man kann! Denn die Schippe ist lausig schnell. Vergleichsweise kann man jemandem sagen, er solle einen verzwickt verschachtelten Altbau von einer Straßenseite auf die andere versetzen, und kaum hat man's gesagt, ist es auch schon geschehen... – Wie das?

Kommt jetzt auch noch jemand mit der Behauptung, das Haus sei versetzt worden, indem es erst in alle seine kleinsten Bestandteile zerlegt wurde, die dann Stück für Stück über die Straße gewandert sind, denkt man vielleicht an die Notwendigkeit eines Arztes. Den Doktor kann man sich aber schenken. Es stimmt. Mikroprozessoren sind heute so schnell, daß sie ganze "Gegenstände" atömchenweise so schnell bewegen können, als sei der ganze Gegenstand in einem Stück marschiert.

Das Vertrackte daran ist nur, daß man selbst von dem "Gegenstand" nicht nur jedes Atom, das zu transportieren ist, kennen muß, man muß dem Mikroprozessor auch noch zu jedem Atom haarklein vorschreiben, woher er es zu nehmen und wohin er es zu bringen hat. Wer jetzt lacht, ist garantiert kein Programmierer. Denn die Programmierer haben diese Suppe auszulöffeln, wenn ein Computer so richtig unter Dampf gesetzt werden soll. Sie müssen in der Sprache des Prozessors die grundlegenden Betriebssysteme schaffen, von denen dann bequemere "Sprachen" und fertige Programme unterstützt werden können.

"Sprachen" wiederum sind nichts anderes als leichter verständliche Vereinbarungen, die es dem Benutzer einer Maschine erlauben, der Maschine seine Vorstellungen mitzuteilen. Die entsprechenden Anweisungen werden dann geprüft, ob sie bestimmten Regeln entsprechen, und ausgeführt, indem eine Art Dolmetscher die zugehörigen Routinen aufruft, die nunmehr in der Sprache des Prozessors funktionieren. Das geht also noch an, weil in diesem Falle der Befehl lauten könnte: "Bringe Haus No. 15 von Nord Straße A (über Straße) nach Süd auf Grundstück No. 16 Straße A."

Von seiner ganzen Anlage her ist der Macintosh ein Computer, der besonders für "aktive" Leute taugt, die in bestimmten Bereichen ziemlich Unbestimmtes, also alles Mögliche tun wollen, dieses jedoch mit Programmen im **MAC-Stil** à la **CLICK AND GO.** Solche Programme wird es sicherlich bald genug geben – dafür sorgt schon die Faszination dieser Maschine, der auch Programmierer erliegen. Und trotzdem wird es Leute geben, unter den "aktiven" ebenso wie unter denen, die eben ein wenig anders aktiv sein mögen, die auch oder gerade auf dem Macintosh mit Selbstgestricktem ihren Spaß haben wollen. An sie ist gedacht.

Die beiden populärsten Sprachen im Bereich der Home und Personal Computer sind **BASIC** und **Pascal**. BASIC ist eine Abkürzung entsprechend *Allzweck-Symbol-Anweisungscode für Anfänger*, hat sich aber ansehnlich zu einer ebenso handlichen wie mächtigen Sprache entwickelt, in der auch sehr seriöse Softwarehäuser programmieren. Allerdings werden derart entwickelte Programme meistens noch *compiliert*, also der eigentlichen Prozessorsprache möglichst nahegebracht und somit im Ablauf erheblich beschleunigt. Pascal ist nach dem berühmten Mathematiker Blaise Pascal (17. Jahrhundert) benannt, der die erste Additions- und Subtraktionsmaschine erfand. Pascal wird wegen der notwendigen Programmierdisziplin bevorzugt für Schulen verlangt, ist aber alles andere als ein Honigschlecken. Doch ohne Disziplin und logisches Verhalten geht es grundsätzlich nicht, denn der Computer kennt uns ja nicht und kann auch nicht Gedanken lesen. Nehmen wir **Bild 55:**

Was hier zu sehen ist, tritt prompt ein, wenn man bei einem bestimmten Macintosh-Programm das Senden oder Empfangen von Files anordnet, ohne mindestens ein File zu diesem Zweck ausgewählt zu haben. Daraus lernen wir, daß der Computer nur das tut, was angeordnet und auch möglich ist, und daß man Fehler vorhersehen und für den Fall ihres Eintretens bereits im Voraus anordnen muß, was dann zu geschehen hat. Sonst gibt es Ärger, und eventuell wird die Maschine verantwortlich gemacht für etwas, das der Programmierer versäumt hat.

Ist es also schon eine Heidenarbeit, seine Absichten im Klartext bis ins Kleinste genau zu beschreiben, so ist es eine noch kompliziertere Arbeit, diese Absichten in einer bestimmten Sprache dem Computer mitzuteilen.

Als Grundregel gilt, daß sich jedes Problem lösen läßt, für das
man eine exakte Beschreibung ermitteln kann, sofern auch die für
die Lösung notwendigen Mittel vorhanden sind. Insofern ist die vor-
liegende exakte Beschreibung eigentlich schon die Lösung. Nach
dieser Regel hat die Lösung, wer die Aufgabe kennt – etwa:

$$((\sqrt{5} + 2^4 \times (3^2 - 7^0)) - 2^3)/3^4 = ???$$

Es ist klar, daß es hinter dem Gleichheitszeichen nur **eine** richtige Lösung geben kann.

Beim Programmieren gilt trotz allem diese Regel nur halb. Fünf
Brötchen kann man von der Bäckerei nach Hause tragen, indem man
sie einzeln nimmt und wegbringt, oder man nimmt erst zwei und
beim nächsten Gang drei, oder man packt alle ein und geht nur einmal. Was einem Brötchenholer wohl kaum passiert, nämlich für
fünf Brötchen auch fünfmal zu rennen, geschieht manchem Programmierer alle Tage. Um herauszufinden, daß sie durch Setzen
von **Flags** oder Übergabe einer **Variablen**liste für vielerlei Aufgaben ein und dasselbe **Unterprogramm** nutzen können, wachsen
manchen Programmierern zuweilen schon die ersten grauen Haare.
Bis dahin aber wursteln sie für jedes bißchen eine eigene Routine
zusammen, daß der Speicher der Maschine nur so voll Ballast ge-
pumpt wird.

Allein die Behandlung von Datenfiles ist teilweise schon zur rein-
sten Akrobatik geworden. Das **DiskBASIC** unter dem Apparat-**DOS**
für **Tandy**- und **Genie**-Computer gestattet so vielfältige Arten des
Zugriffs und Abspeicherns, daß es für den Kenner eine wahre Won-
ne ist, komplexe Dateien aufzubauen und somit sehr leistungsfähige
Programme anzufertigen. Und das ist wichtig. Denn was wir wollen, sind ja eigentlich nicht die Programme, sondern die Daten,
ihre Sammlung und ihre Auswertung – also das, was unterm Strich
bleibt – nicht, wie es dahin kommt.

Eine einfache **sequentielle Datei**, die wie eine Wurst in einem
Stück den Speicher belegt, dort bearbeitet wird und wieder wie eine
komplette Wurst auf der Diskette abgelegt wird, ist geradezu ein
Fossil der Datenverarbeitung. Somit muß eine leistungsfähige
Sprache vorhanden sein, mit der sich auch leistungsfähige Pro-
gramme zur Unterstützung des Benutzers erstellen lassen.

Eine Sprache, die auf dem Macintosh nach Meinung eines Soft-
warehaus-Mitinhabers zu einem wahren Erlebnis wird, ist Pascal.
Die Möglichkeiten, das Programm zu überarbeiten ("editieren")
oder im **Single Step** (Schrittchen für Schrittchen) laufen zu lassen und dabei zu kontrollieren, welcher Programmteil gerade ab-
gearbeitet wird, hält er für phänomenal. "So etwas habe ich noch
nicht gesehen. Ich konnte mich nur noch in den Sessel lehnen und
staunen."

Selbst Leute, die Bücher schreiben, müssen nicht besonders
wissensbefrachtet sein. So kann also ein Key B. Hacker zu Pascal
eigentlich überhaupt nichts ablassen, weil er von der Sache nichts
versteht. Deshalb ist die Aussage aus dem Hause Bense über Pascal
die wesentliche in diesem Buch, aber auch mit Sicherheit richtig.
Wie der Bildschirm nach dem Laden eines Pascal-Programmes aussehen mag, läßt sich per Mac leicht vorzeigen:

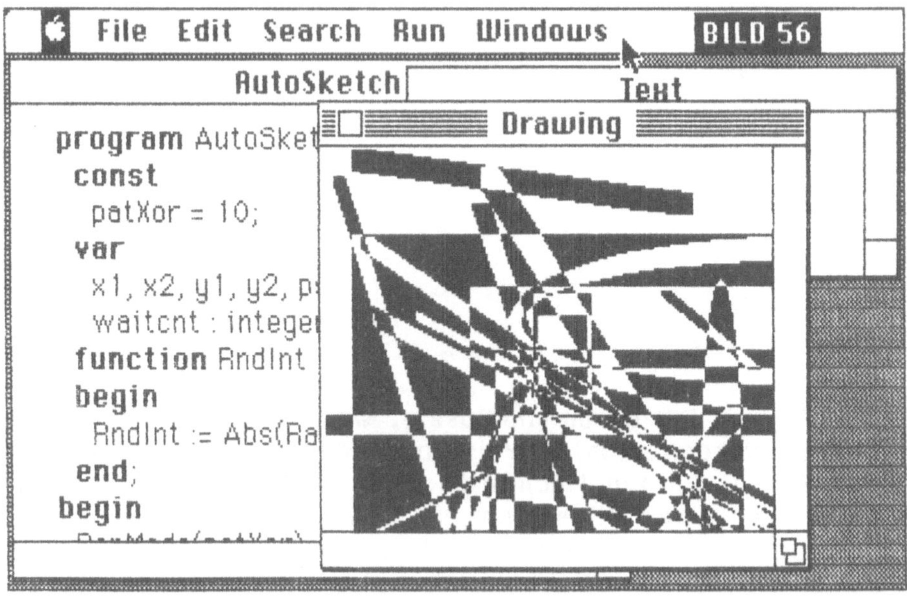

Als besonders lobenswert wurde bezeichnet, daß man beliebige
Programmteile aus dem linken Fenster kopieren oder ausschneiden
kann, um sie an anderen Stellen beliebig und beliebig oft einzusetzen. Gewiß ist das für jeden Programmierer eine große Hilfe. Auch
(und das werden wir uns ansehen) gibt es viele Möglichkeiten, das
Programm fehlerfrei zu machen.

Nicht unerwähnt darf bleiben, daß viele Programme (zur Zeit
größtenteils auf der Lisa) für den Macintosh in Pascal geschrieben
und dann compiliert werden.

Compilierte Programme sind dann selbständige Programme, die
in gleicher Weise arbeiten wie die Quellprogramme, jedoch um ein
Vielfaches schneller. Und das ist es ja, was wir von Computern
samt Programm erwarten: Geschwindigkeit. Was Geschwindigkeit
für sich allein genommen wert ist, mag dahingestellt bleiben. Es
darf bezweifelt werden, daß Geschwindigkeit noch nützlich ist,
wenn der Computer stets schneller ist als der Mensch und dieser
ihm nicht mehr folgen kann. Dadurch könnte sich ein Antreiberef-
fekt ergeben, ein elektronisches "Hau rein, ich bin schon längst
fertig!", durch das die Nervengerüste der Benutzer attackiert werden könnten.

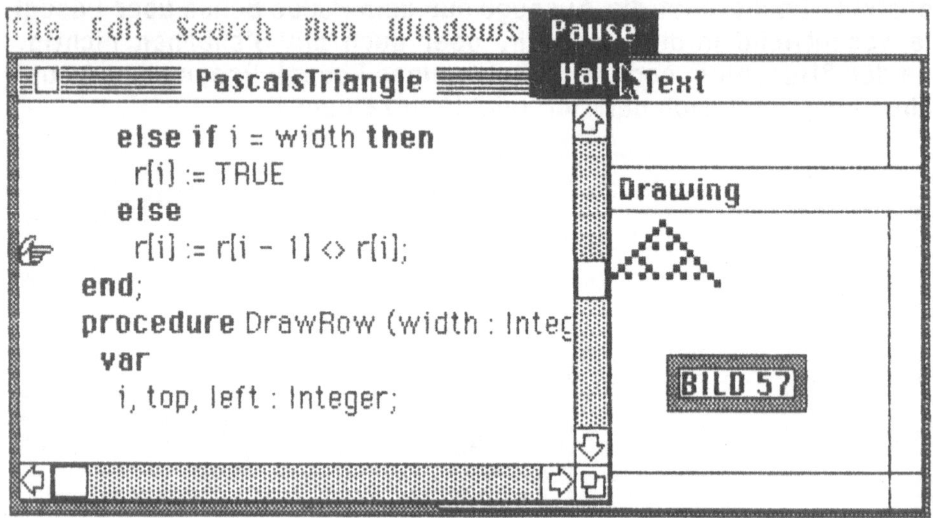

Schnelligkeit ist jedoch unablässig, wenn eine Sprache wie Pascal in derart komfortabler Weise auf einem Computer laufen soll
wie das Pascal auf dem Macintosh. Denn da läuft ja nicht irgendetwas auf irgendeinem Bildschirm ab, sondern es werden verschiedene Fenster benutzt, die nach gusto verstellbar sind und auf dem
Gesamtbildschirm auch noch beliebig plaziert werden können. Und
wir wissen aus vorhergegangenen Erläuterungen, daß dabei eine
Menge Manager alle Hände voll zu tun haben. Die interne Verwal-
tungsarbeit beansprucht dann soviel Rechenzeit, daß das eigentliche Programm – hier eine Sprache – nur noch dann akzeptabel zur
Geltung kommt, wenn durch hohe Rechengeschwindigkeit die Neben-
aktionen gegenüber den Hauptvorgängen nicht auffallen. Mit dem
Pascal auf dem Macintosh werden wiederum, wie durch die Maschine selbst, Maßstäbe gesetzt. Ein Spezialist wie Bense läßt sich
nicht bluffen. Und seine Meinung hat schon deshalb Gewicht, weil
aus seinem Hause auch eines der allerersten mactypischen Programme (eine Dateiverwaltung) stammt.

Immerhin, Macintosh Pascal von Think Technologies Inc. in Massachusetts (USA) ist ein Pascal mit ganz besonderem Komfort und einigen Möglichkeiten, die bislang nur Traum sein durften. Am meisten fällt auf, daß es interaktiv interpretiert wird. Ein separater Compiliervorgang entfällt. Auch wird nach jedem RETURN eine Vorcompilierung mit gleichzeitiger Fehlerprüfung vorgenommen. Von der Sprachgestaltung her liegt es möglichst nahe sowohl am **ANSI**-Standard (*ANSI* = **A**merican **N**ational **S**tandards **I**nstitute) wie auch am LISA-Pascal. Die Unterschiede zu beschreiben scheint weniger angebracht als der Hinweis darauf, daß die Grafikmöglichkeiten des Mac voll unterstützt werden.

Auch ist die Fenstertechnik voll genutzt. Besonders interessant ist das Instant-Fenster, in dem kleine Routinen direkt getestet werden können. Diese Art der Eingabe mit sofortigem Test ist ein Novum und besonders für Anfänger sehr hilfreich. Auch die Möglichkeiten des schrittweisen Austestens (Bild 58) sind von außergewöhnlichem Wert.

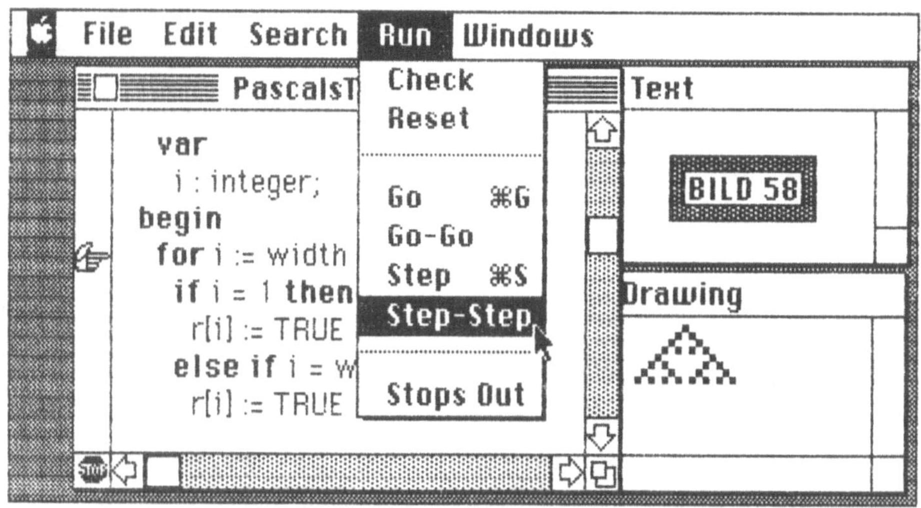

Apple hat, wenn auch über Melvin Conway von Think Technologies, einen ähnlich bemerkenswerten Akzent gesetzt wie seinerzeit 1979 mit dem Apple Pascal. Das Macintosh Pascal dürfte für die Pascalwelt – so es eine gibt – ein Meilenstein sein. Dessen Gewicht wird bestimmt auch vom **Instant Window**, dem Fenster, in dem Pascal-Programmierungen auf ihren Lauf untersucht werden können. In dieses Fenster können jedoch auch Programmteile über das Clipboard hineinkopiert werden, wie überhaupt das Clipboard dazu benutzt werden kann, beliebige Programmteile zu versetzen, zu vervielfachen oder in andere Programme zu übernehmen.

Jeden Programmierer beschäftigt natürlich immer die Frage
"Was geschieht, falls...?", und auch hier bietet das Instant
Window neue Möglichkeiten. Denn während des Laufes eines Pro-
grammes sind in dem Programmteil, den man in das Instant-
Fenster kopiert hat, Änderungen möglich, deren Ergebnisse sich
dann im Programmlauf niederschlagen.

Anfänger werden also optimal unterstützt, ohne daß sie danach
für immer an den Macintosh gefesselt wären. Denn, und das wurde
schon gesagt, Macs Instant Pascal trifft ausreichend übereinstim-
mend den ANSI-Standard.

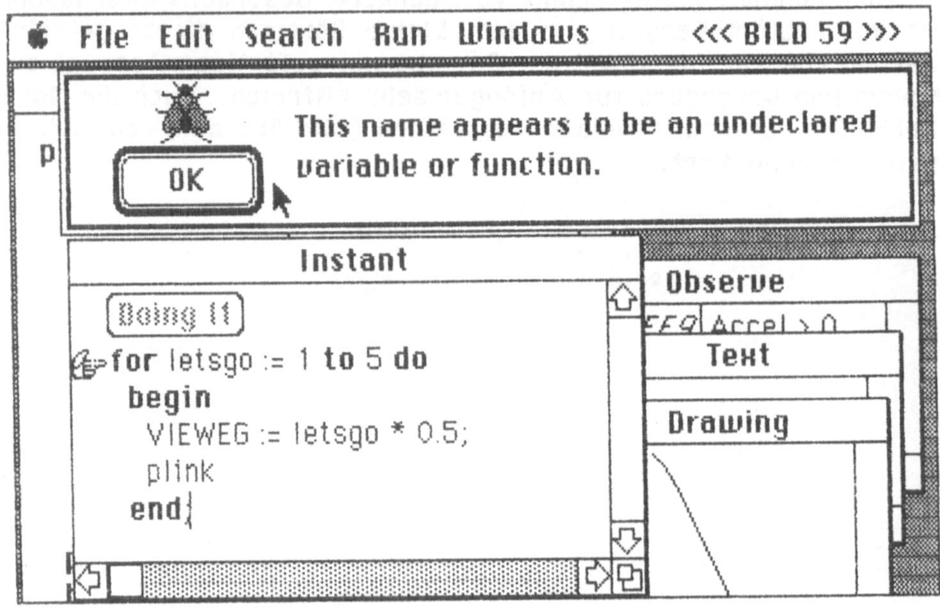

So hat man als weitere Hilfe das **Observe**-Fenster zur Verfügung, in dem man bestimmen kann, welche Speicherwerte oder Bedingungen beim Lauf eines Programmes angezeigt werden sollen.
Bild 59 beweist, daß man auf Fehler (durch ein Tierchen illu-
striert) sogar humorvoll aufmerksam gemacht wird. Den Fehler zu
finden fällt leicht, weil der Mac selbst mit dem Finger auf die Feh-
lerzeile zeigt.

Pascal benötigt rund 50 Kbytes Speicherplatz und läßt noch etwas
über 30 Kbytes Platz für Programm und Daten. Es läuft unter
MacWorks auch auf der Lisa.

Bild 60 soll uns nun unvermittelt eine Brücke schlagen von Pascal zu **BASIC**, genauer: zu MS-BASIC, denn dieses BASIC stammt (wie sollte es wohl anders sein...) aus dem Hause **Microsoft**. Der geneigte Leser möge an dieser Stelle nachsichtig zur Kenntnis nehmen, daß es sich im nachfolgenden Teil des Buches um eine Art Vision handelt, die mit einer offiziellen Tatsache nichts zu tun hat. Wohl ist bekannt, daß es für den Macintosh ein BASIC von Microsoft gibt, doch wurden von Microsoft in Deutschland (gewissermaßen einer Tradition in freundlicher Behandlung folgend) weder BASIC noch Multiplan trotz mehrfacher eindeutiger Versprechungen für Beschreibungen in diesem Buch zur Verfügung gestellt. Was hier zu sehen ist, resultiert aus Freundlichkeiten von Menschen, denen derlei Ungemach aus Differenzen zwischen Wort und Tat nicht ganz fremd ist. Es ist in der Mikrocomputerbranche Teil des täglichen Kampfes um den Glauben, daß überhaupt etwas geschieht. Übrigens konnte auch Apple nicht helfen, weil "dieses Sache von Microsoft ist und wir nichts damit zu tun haben". (Apple mag es überleben: Das BASIC des Autors stammt von einem Apple-Mitarbeiter mit Sinn für Sinnvolles...)

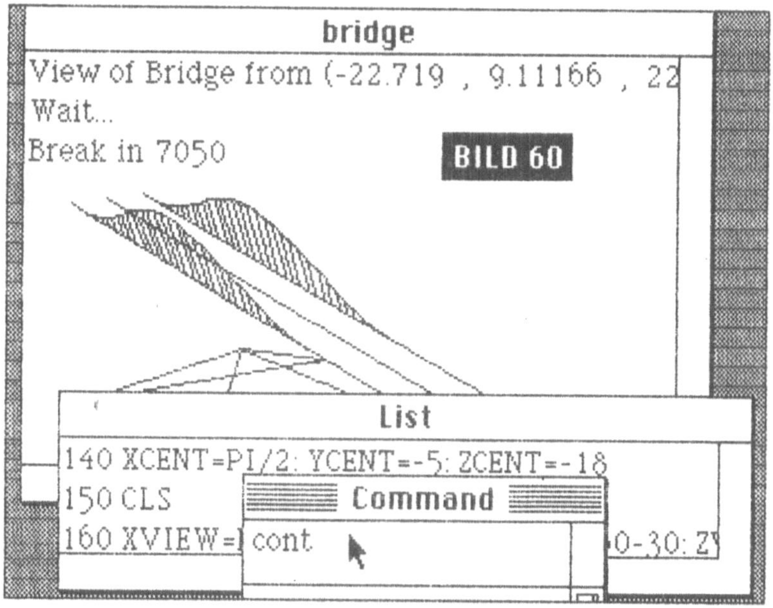

Offenkundig beruht auch der Umgang mit BASIC auf der eisernen Mac-Regel, daß ohne Fenster nichts geschehen darf, wenn es Mac-typisch sein soll. Die Fenster in Bild 60 sind das Programmausführungsfenster mit dem Namen des jeweiligen Programmes, das LIST-Fenster, in dem man sich das Programm selbst ansehen kann und das Command-Fenster.

Im Command-Fenster kann man das Programm zeilenweise her-
stellen oder bearbeiten. Sobald man die Return-Taste betätigt hat,
wird die Zeile in das List-Fenster übernommen. Insgesamt bietet
das MS-BASIC für den Mac ein trauriges Bild, wenn man die Editier-
und Testmöglichkeiten mit denen von Pascal vergleicht. Es ist zum
Beispiel nicht möglich, ganze Programmpassagen herauszugreifen
und an andere Stellen zu setzen (in etwa geht das über "CLIP:",
aber das ist kein sehr nobler Weg).

Schlimm ist, daß Microsoft für viel Geld das BASIC zu verkaufen
begann, als es noch Fehler aufwies. Zumindest ein Fehler fiel dem
Autor mehrfach auf: Beim Abspeichern von Programmen im ASCII-
Format und anschließendem Einlesen fehlte vom Ende her gesehen
ein erheblicher Teil. Sicherheit gegen derlei ärgerliche Verluste,
die ja ganz enorme Zeitverluste bedeuten können, bot nur das vor-
sorgliche Abspeichern auch im Binärformat. Vielleicht sind die
Fehler auch der Grund, warum Microsoft sich sträubte, BASIC (und
Multiplan) offiziell herauszurücken und unter die Lupe nehmen zu
lassen.

Jerry Pournelle von **BYTE**, ein Guru unter dem amerikanischen Fachjournalisten, wetterte denn auch in der Juli-Nummer
gegen dieses BASIC. Er ließ auch durchblicken, daß Microsoft die
weitere Auslieferung von **Multiplan**, mit dem wir uns noch beschäftigen werden, gestoppt hat, und warf die Frage auf, was denn
mit dem Geld ist, das für ein nicht auslieferungswürdiges Programm bezahlt ist. Gute Frage. Microsoft wird sie beantworten...

Immerhin geriet der Mac auch in Mißkredit. Dem Autor selbst
fiel auf, daß BASIC bei rund 7 Kbytes Programm nur noch etwas
mehr als 6 Kbytes für Daten zur Verfügung stellte, wenn nach dem
Laden mit **PRINT FRE(X)** oder **PRINT FRE(X$)** abgefragt wurde.
Das schien mehr als dürftig zu sein. Sollte da etwas falsch gelaufen sein? Es sollte ja niemandem Unrecht geschehen? Was aber tun?
Ein Manual stand ja nicht zur Verfügung.

Um nichts Falsches zu verbreiten, mußte jemand herhalten, der es wissen sollte. Der erzählte am Telefon, daß man bei BASIC auch noch etwas von Macs **"Heap"** abzwacken kann, von seinem Bauch, in dem Macs Manager ihre Buchführung treiben und der CLIP sich rumtreibt – allerdings nur, indem man sich peinlichst vergewissert, daß man Mac nicht den Hals zuschnürt. Na ja, es lag kein Grund vor, vehement ins Detail zu gehen, denn wer sich einen Computer wie den Macintosh zulegt, *nur* um sich in BASIC auszutoben, muß Mißverständnisse über alles lieben.

Immerhin brachte sofortiges Nachsehen unter Beherzigung einiger Tips zutage,

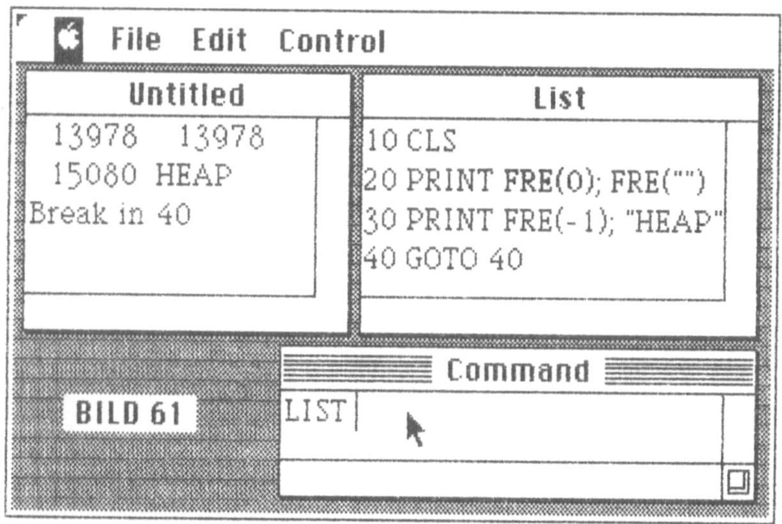

daß da noch einiges an Speicherplatz zu holen sein muß. Was BASIC grundsätzlich von sich aus an Speicherplatz zur Verfügung stellt, ergab sich aus den **FRE(0)-** und **FRE("")**-Abfragen in der ersten Zeile des unbetitelten Programms, das vom verfügbaren Speicherplatz freilich schon ein wenig weggeknabbert hatte. Wahrlich nicht viel. Mit **FRE(-1)** ließ sich dann ermitteln, was der **Heap** noch insgesamt hergeben könnte (minus Sicherheitsmarge). Anzapfen kann man den Heap durch entsprechende **CLEAR**-Statements.

Immerhin stellte sich heraus, daß bei dem 7 Kbytes-Programm tatsächlich nur noch rund 7 Kbytes für Daten übrigblieben, so lange man nicht ans Eingemachte des Mac ging. Aber zusammen mit Jerry's Unkerei in BYTE kroch der Verdacht hoch, daß es beim Selbstprogrammieren vielleicht ratsam sein könnte, sich lieber mit Apples Leib- und Magensprache, Pascal, anzufreunden...

Doch ob so oder so – die Grenze ist nicht so eng gezogen, wie es auf den ersten Blick scheint. Wer mit BASIC arbeitet und das Handbuch aufschlägt, wird unter der **CLEAR**-Erläuterung schnell finden, was ihm mehr Spielraum für Daten verschafft. Der Speicher ist beim Mac nämlich aufteilbar, wozu allerdings ein wenig Kalkulation gehört. Nimmt man sich für das eine etwas mehr, fehlt es unter Umständen woanders. Das dürfte jedoch kein Nachteil, sondern eben der Sinn der Sache sein: daß man nicht einen Speicherplatz ungenutzt läßt, der etwa für Routinen reserviert ist, die man beim Lauf eines bestimmten BASIC-Programms nicht benötigt. Das **BILD 62** vermittelt einen kleinen Vorgeschmack davon, wie man an sonst ungenutzten Speicher herankommt.

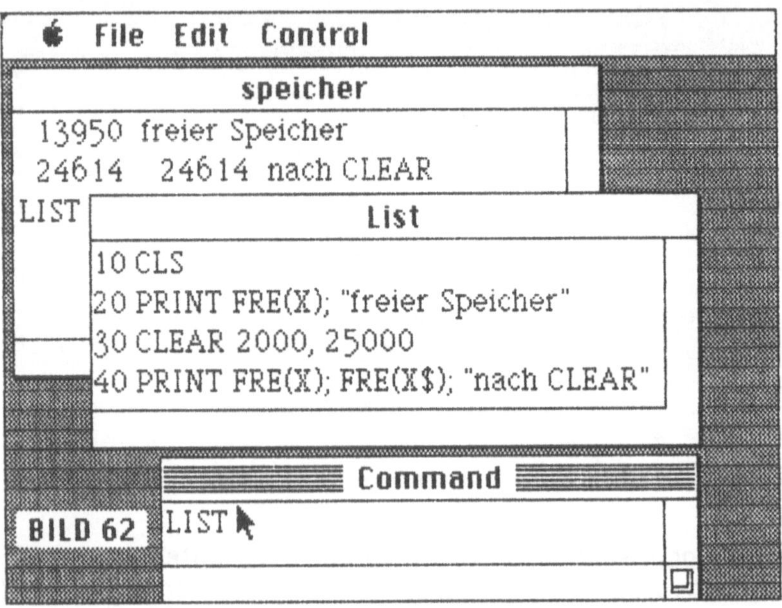

Nach der CLEAR-Aufforderung in Zeile 30 stellte in diesem Falle der Mac auf Anhieb über 10.000 bytes mehr zur Verfügung. (Es ist nur zu hoffen, daß diese Aussage auch stimmt. Denn Microsoft war ja so freundlich...)

Beim Herumspielen mit der BASIC-Diskette stellte sich wieder einmal eine von Macs Eigenheiten dem Tatendurst in den Weg. All die vielen Versuche, lauter kleine Prögrämmchen, sollten endlich einmal in einen Koffer (Apple spricht ja vornehmer von "Ordnern") gepackt werden, damit das Fenster wieder übersichtlicher werden möge. Obwohl noch mehr als 30 K frei waren auf der Diskette, stellte Macintosh eines seiner schrecklichen Plakate auf, als der leere Koffer dupliziert und umgetauft werden sollte (**BILD 63**).

Solche "Scherze" treibt Mac öfter. Auf der Systemdiskette mit MacPaint kann man rund 60 Kbytes Speicherplatz *nicht* benutzen. Sie müssen partout freibleiben, weil sonst beim Drucken das Programm nicht nur aussteigt, sondern den Benutzer glatt hinauswirft und er sich im Betriebssystem wiederfindet. Das Programm MacWrite ist auch recht gierig auf reservierten Speicherplatz auf der Diskette. Offiziell ist dieser frei, aber man darf ihn nicht zum Abspeichern von Files benutzen, weil er beim Drucken für das *Print*-File benötigt wird. Und das kann je nach Art des Dokumentes auch dann, wenn der Textspeicher von MacWrite noch erheblich unter der 100%-Marke genutzt ist, leicht über 50 Kbytes lang werden.

Und nun dieses Theater auch noch auf der BASIC-Diskette unter dem ganz normalen Betriebssystem:

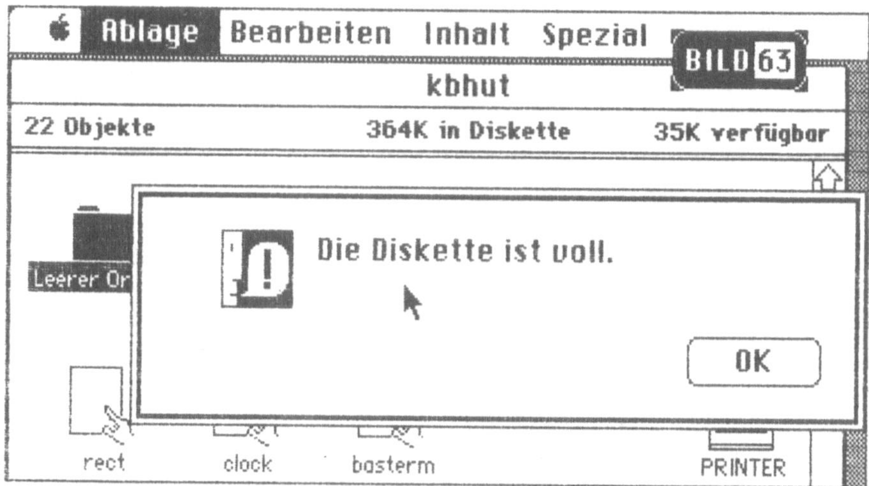

Da kann man nur in sich hinein fluchen, während man nach außen hin natürlich die Fassung bewahrt. Doch weshalb eine Diskette voll ist und einen 0 K-Ordner nicht dupliziert, dessen Doppel ja auch nur 0 K groß wäre, ist unerfindlich. Natürlich steckt da irgendetwas Logisches hinter, das vielleicht auch im Handbuch für den Mac versteckt ist, aber es leuchtet nicht ein. Denn auf dem gleichen Bildschirm einmal lesen zu dürfen, daß noch **35 K frei** sind, und dann gleichzeitig mit der Nachricht konfrontiert zu werden, daß die **Diskette voll** ist, grenzt an Zumutung. In Apples Prospekten steht nirgendwo, daß die *theoretische* Kapazität der Disketten 400 Kbytes beträgt, man aber bei MacPaint und MacWrite nur rund 340 Kbytes *effektiv als Speicherplatz* nutzen kann. Und daß man vom System schon bei etwas über 360 Kbytes genutztem Platz abgeschmettert werden kann, steht dort auch nicht.

Unwichtig ist das keineswegs, sondern eher das Gegenteil.

Daß diese Umstände bei der Behandlung von BASIC erwähnt werden, hat einen schlichten Grund. Aus lauter Angst, es könne nicht gehen, wurde nämlich gar nicht erst ausprobiert, was Mac bei einem vergleichbar großen Rest von Speicherplatz treibt, wenn man etwa mit einem Programm mühsam eine Menge Daten erarbeitet hat und sie dann abspeichern will. Kommt er dann auch bei **35 K frei** mit der Botschaft, daß die **Diskette voll** ist? Speichert er dann nicht ab? Und wohin dann mit den Daten? Und die vielleicht vertane Zeit?

Wenn es schon darum geht, dem Mac auch mal am Zeuge zu flikken, dann also gründlich. Da ist noch etliches, zum Beispiel dieses hier:

Üblicherweise kann man Programme starten und Dokumente mit ihnen bearbeiten, indem man nicht Programme, sondern mit ihnen erstellte Dokumente doppelt anklickt. **Bild 64** zeugt davon, daß dieser Luxus hier bei einem BASIC-Programm nicht funktionierte. Das BASIC-Programm "speicher" (siehe Bild 62) wurde zwar ordnungsgemäß angeklickt, doch Mac verstand nur "Bahnhof" – er fand nicht, was ihm sozusagen auf den Hühneraugen lastete. Wie auch immer, dieser Fehler wird sicherlich behoben werden wie ein anderer auch, der nicht nur ein Schönheitsfehler ist.

Es geht um die leidige Sache mit den ASCII-Files, die sich von MacWrite nicht einlesen lassen. Es wäre nämlich recht hübsch, wenn ASCII-Files, die von BASIC-Programmen abgespeichert werden (etwa Texte), wie auch BASIC-Programme, die im ASCII-Format auf der Diskette stehen, von MacWrite akzeptiert würden. Leider werden sie das *nicht.* In der amerikanischen Zeitschrift **A+** hat sich ein Autor schon darüber aufgehalten. Liest Apple **A+**?

Die vergessene "Kapitelüberschrift"
oder: **Weniger schöne Seiten...**

Weil dieses Buch sowieso daran krankt, daß kaum jemand herausfinden wird, ob es ein Sachbuch oder ein Lachbuch ist, fällt das Eingeständnis nicht schwer, daß sich an die Bemerkungen über BASIC kritische Worte gehängt haben, die eigentlich zu einem anderen Abschnitt gehört hätten, der nunmehr hier beginnen soll.

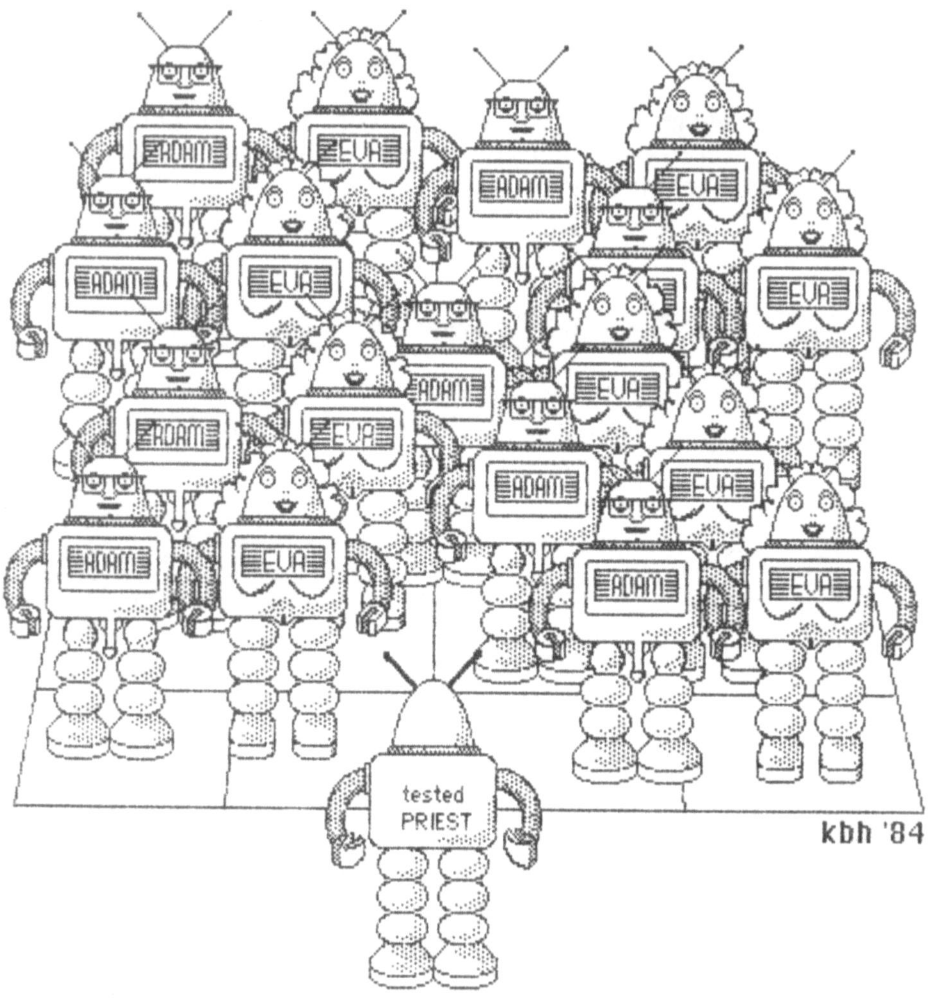

Massenhochzeit

Die einfachste Art, aus Fehlern zu lernen, ist die, sie zur Norm
zu erheben. Das ist nicht nur in der Politik oft so, sondern ganz
besonders auch in der Mikrocomputerbranche. Wenn irgendetwas
nicht so gelungen ist, daß es selbst einem Laien auffällt, ver-
schanzen sich die Schamanen gern hinter dem Spruch, das sei
"ganz normal", hänge mit dem Betriebssystem zusammen, sei
durch die besondere Art der "Hardware" gegeben, sei "prozes-
sortypisch", gehe nicht anders, sei "überall so" oder gar "müsse
so sein". Folglich muß ein Buch über Mikrocomputer entweder die
Mißstände aufdecken oder sich anpassen oder beides. In diesem
Falle also beides, weshalb die Überschrift erst auf das neue Thema
folgt und das Thema nach ihr fortgesetzt wird. Das ist dann der
goldene Kompromiß, bis der Autor sich vielleicht eines anderen
besinnt, weil die Zeit ja nicht stehenbleibt und man nie auslernt.

Was aber, wenn man ganz arglos vor sich hin arbeitet, von
einem Programm in das nächste wechseln möchte und plötzlich vor
einer solchen Nachricht steht, sitzt, hockt oder gar in Ohnmacht
fällt:

BILD 67

Nun, die Antwort ist einfach: Dann hat man einen Macintosh mit
128 Kbytes RAM und noch etwas in der Zwischenablage hängen, das
man eigentlich mit ins Programm zu den Daten eines Dokumentes
nehmen wollte, welches zum Start von MacPaint angeklickt wurde.

Zu Macs Ehre muß gesagt werden, daß es trotzdem gelungen ist,
die vorgesehene Manipulation durchzuführen, nur geschah dieses
auf eine Weise, die kein Manual verrät.

So ist es: Apple prophezeiht, daß es eines Tages nur noch zweierlei Menschen geben wird – solche, die einen Computer benutzen, und solche, die einen Apple benutzen. Es gibt Anzeichen dafür, daß die Apple-Benutzer sich tatsächlich von den Computerbenutzern unterscheiden werden.

Etwa dadurch, daß ihnen die volle Ausnutzung einer Diskettenkapazität verwehrt wird. Das **"Diskette voll"** bei noch 35 Kbytes freiem Platz auf der Diskette löste sich nämlich in Luft auf, als der Mac abgeschaltet und neu hochgefahren wurde. Da klappte plötzlich das Duplizieren des "Leerkoffers", und weil es so schön war, wurden gleich zwanzig Duplikate hergestellt, und weitere zwanzig Duplikate wären sicherlich auch noch möglich gewesen.

Aus leidigen Erfahrungen mit anderen Maschinen kroch endlich der Verdacht hoch, daß Macs zeitweilige Impotenz etwas zu tun haben könnte mit Programmen, die vor der gescheiterten Operation auf ihm gelaufen waren, ohne daß danach die Maschine abgeschaltet wurde.

So etwas ist nicht unerheblich. Bestimmte Speicherstellen werden von bestimmten Programmen dazu benutzt, dort ganz bestimmte Nachrichten zu deponieren, die für den weiteren Programmlauf und andere Programmteile wichtig sind. Diese Speicherstellen sind so etwas wie "tote Briefkästen", über welche verschiedene Agenten ihre Ergebnisse austauschen. Nun haben viele Programme die schlechte Angewohnheit, nach der Benutzung der Maschine ihr Geschirr nicht ordentlich wegzuräumen. In diesem Falle etwa: sie machen sich aus dem Staub, ohne vorher die toten Briefkästen auszuleeren. Es kommt also das nächste Programm, macht sich breit, guckt warum auch immer in einen der Briefkästen und sagt "Nanu, Mist, zu wenig Platz zum Arbeiten!" und hißt die Alarmflagge für seinen Benutzer. Und das alles nur, weil Programme oft den Computer nicht aufräumen, wenn sie ihn verlassen, und andere Programme zu blöd sind, sich um den Dreck in den Briefkästen nicht zu scheren, oder ihr Programmierer zu faul war, ihnen beizubringen, daß sie beim Entern der Maschine erst mal Hausputz halten. Für den Benutzer kann es daher nur eine einzige Konsequenz geben: Nach dem Verlassen eines Programmes erst die Maschine aus- und wieder einschalten, ehe das nächste Programm gestartet wird.

Allerdings kann er dabei in Teufels Küche kommen, wenn er ganz bestimmte Absichten hat. Eine solche Absicht könnte beispielsweise sein, ein Dokument von MacPaint per Clipboard nach MacWrite rüberzuschleppen oder von MacPaint nach MacPaint (wie hier geschehen) per Clipboard mit Zwischenstop im Betriebssystem, um ein bestimmtes Dokument von der Diskette zu löschen, weil ja sonst (bei weniger als etwa 60 Kbytes Platz auf der Diskette) der Ausdruck des Dokumentes vom Druckprogramm verweigert worden wäre. Dann kann es bei Zusammentreffen verschiedener kritischer Umstände, die der normale Benutzer nicht als kritisch erkennt, erheblich rumsen.

Daß es Möglichkeiten gibt, sich aus solchen Klemmen herauszuhelfen, ist hier kein Trost. Bei einer Maschine, die angeblich so gut wie keine Ansprüche mehr an die Hinnahmebereitschaft der Benutzer stellen soll, dürfen einfach keine Hürden mehr zu nehmen sein, die ausgerechnet eine solche Hinnahmebereitschaft voraussetzen. Ohne mit dem Mac auf Biegen und Brechen in den Ring zu steigen, kann man bestimmte Tricks einfach nicht entdecken.

Ein ausgesprochener Mangel ist auch, daß man aus etlichen Programmen heraus keine Dokumente auf der Diskette löschen kann.

Dazu ein Beispiel: Man legt auf der Diskette eine Bildschirmkopie ab. Macht über 10 Kbytes. Dann liest man das Dokument mit MacPaint ein, um es zu bearbeiten. Speichern kann man es ja auf einer anderen (Daten-) Diskette. Angenommen, es sind nach der Bildschirmkopie nur noch 50 Kbytes auf der Diskette frei, ist ein Ausdruck eventuell nicht mehr möglich. Jetzt könnte es helfen, wenn man aus dem Programm heraus in der Lage wäre, die nicht mehr benötigte Bildschirmkopie zu löschen. Das geht aber nicht. Mithin muß man das Programm beenden, die Kopie löschen, das Programm neu starten, das erstellte Dokument einlesen und drucken.

Obwohl das **Clipboard** ein File (abgespeichertes Dokument) auf der Diskette ist, kann es nur begrenzt angesprochen werden. Es läßt sich, außer beim ersten Start der Systemdiskette, *nicht* löschen. Das macht Sinn. Wenn etwa mit dem Clipboard Daten von dem einen zu dem anderen Programm transportiert werden sollen, dürfen sie unterwegs nicht verloren gehen. Also ist die Löschmöglichkeit gesperrt. Und schon sitzt man in der Klemme – entweder man übernimmt den Inhalt des Clipboards *sofort* in das andere Programm (kann es aber danach ohne Neustart der Diskette nicht auf direktem Wege löschen, sondern höchstens im Umfang reduzieren durch Rückkopieren irgendeines Datenfetzens), oder aber man verliert den Inhalt. Denn wenn man seine Arbeit unterbricht und den Computer später wieder einschaltet, kommt man weder mit dem einen noch mit dem anderen oder mit irgendeinem Programm an das Clipboard wieder heran. Man kann es nur noch in den Papierkorb werfen.

Ein weiterer Minuspunkt kommt hinzu: Vergißt man, nach der Benutzung des Clipboards als Transportvehikel dessen Umfang erheblich zu verringern, kann es geschehen, daß wieder einmal der entscheidende Platz auf der Diskette fehlt, um bestimmte Operationen ausführen zu können. Das Clipboard sollte, wie exzessive Nutzung des Macintosh unter allen denkbaren Umständen erwiesen hat, grundsätzlich jederzeit allgemeinzugänglich sein – egal wofür. Falls es keinen Sinn macht, wird man es schon merken.

In ähnlicher Richtung wirkt sich der Unsinn mit den ASCII-Files aus. Ein in ASCII-Format abgespeichertes BASIC-Programm läßt sich nicht von MacWrite einlesen, wodurch der Begriff ASCII von Apple gründlich ad absurdum geführt wird. Denn ASCII bedeutet **American Standard Code of Information Interchange** (Amerikanischer Standard Kode für Informationsaustausch). Wenn ein BASIC-Programm im ASCII-Format abgespeichert wird, heißt das nichts anderes, als daß es nachher im "Buchstabenformat" gespeichert ist. Nicht anders gespeichert sind Texte, die von MacWrite mit der "Nur Text"-Option abgespeichert werden. Und jetzt kommt die Stelle zum Lachen: Man kann mit MacWrite Programme schreiben, als nackten Text abspeichern und von BASIC ausführen lassen. Überhaupt kein Problem. Der umgekehrte Weg ist jedoch versperrt, obwohl gerade er besonders interessant wäre.

Das ist leicht einzusehen. Wenn man ein BASIC-Programm geschrieben hat und eventuell als Listing weitergeben (etwa veröffentlichen) möchte, wäre eine Überarbeitung mit einem guten Texteditor was ganz Feines. Dann könnte man noch nette Erklärungen einfügen oder bestimmte Teile hervorheben oder was auch immer. Weil der Macintosh jedoch anderer Auffassung ist, hat sich unter anderem **Dennis F. Brothers** in der amerikanischen Zeitschrift "A+" (The Independent Guide For **Apple** Computing) schon darüber aufgeregt. Er hat auch gleich ein Programm namens MacCopy vorgestellt, mit dem man den Mac zwingen kann, daß er tut, was er eigentlich von Hause aus tun müßte. Sehen wir es uns doch einmal an:

```
1000 CLS: PRINT: PRINT: PRINT          1010 PRINT "MACCOPY - V.1.10 -";
1020 PRINT "COPYRIGHT (C) 1984,";      1030 PRINT "BROTHER ASSOCIATES"
1040 REM                               1050 DEFINT A-Z
1060 CR$=CHR$(13) ' RETURN-CODE        1070 LF$=CHR$(10) ' LINEFEED-CODE
1080 REM                               2000 REM GET FILE SPECS, OPTIONS
2010 PRINT: PRINT                      2020 PRINT "INPUT FILE OR DEVICE";
2030 PRINT "(RETURN TO QUIT):";        2040 LINE INPUT INF$
2050 IF INF$="" THEN SYSTEM            2060 OPEN INF$ FOR INPUT AS #1
2070 PRINT "OUTPUT FILE OR DEVICE";    2080 PRINT "(RETURN TO START OVER):";
2090 LINE INPUT OUTF$                  2100 IF OUTF$="" THEN 2000
2110 PRINT "APPEND TO OUTPUT FILE?";   2120 PRINT "(Y/N, RETURN=N):";
2130 LINE INPUT R$                     2140 IF R$="Y" OR R$="y" THEN 2170
2150 OPEN OUTF$ FOR OUTPUT AS #2       2160 GOTO 2180
2170 OPEN OUTF$ FOR APPEND AS #2       2180 PRINT "INSERT LINEFEEDS AFTER";
2190 PRINT "RETURNS? (Y/N, RETURN";    2200 LINE INPUT "=N): ", R$
2210 IF R$="Y" OR R$="y" THEN 4000     2220 REM
3000 REM STRAIGHT COPY OR APPEND       3010 WHILE NOT EOF(1)
3020 PRINT #2, INPUT$(1,1);            3030 WEND
3040 GOTO 5000                         3050 REM
4000 REM COPY WITH LF INSERTION        4010 WHILE NOT EOF(1)
4020 C$=INPUT$(1,1): PRINT #2,C$;      4030 IF C$=CR$ THEN PRINT #2,LF$;
4040 WEND                              4050 REM
5000 REM CLOSE FILES AND RESTART       5010 CLOSE #1
5020 CLOSE #2                          5030 PRINT
5040 PRINT "OPERATION COMPLETED."      5050 GOTO 2000
5060 END
```

Soviel als Information, welche Klimmzüge erfunden werden, um Macken auszubügeln, die der Mac von seinen Machern mit auf den Weg bekommen hat. Erhebend ist so etwas gerade nicht. Verschwiegen werden soll nicht, daß das Programm (im Moment steht es noch auf dem Bildschirm des Macintosh) spielend leicht aus dem Gesamttext der Seite isoliert, als "Nur Text" abgespeichert werden und dann von BASIC eingelesen und exekutiert werden kann. Nur: Was es leistet, kann man bequemer haben – wenn man's weiß...

Sehen wir aber erst einmal, was das Programm von Dennis tut. Es setzt voraus, daß wir auf der Diskette ein sogenanntes **Dummy**-File von MacWrite besitzen, also ein File, daß nur dem Namen nach existiert und keinen Text enthält. An dieses File können wir, ohne seinen MacWrite-Charakter zu verändern, ein ASCII-BASIC-File anhängen, das dann von MacWrite akzeptiert wird. Was jetzt kommt (in der schon einmal erwähnten unkonsequenten Numerierung), ist das BASIC-Programm auf der Vorseite, das zwar unter MacWrite geschrieben, aber von BASIC ohne Murren eingelesen wurde.

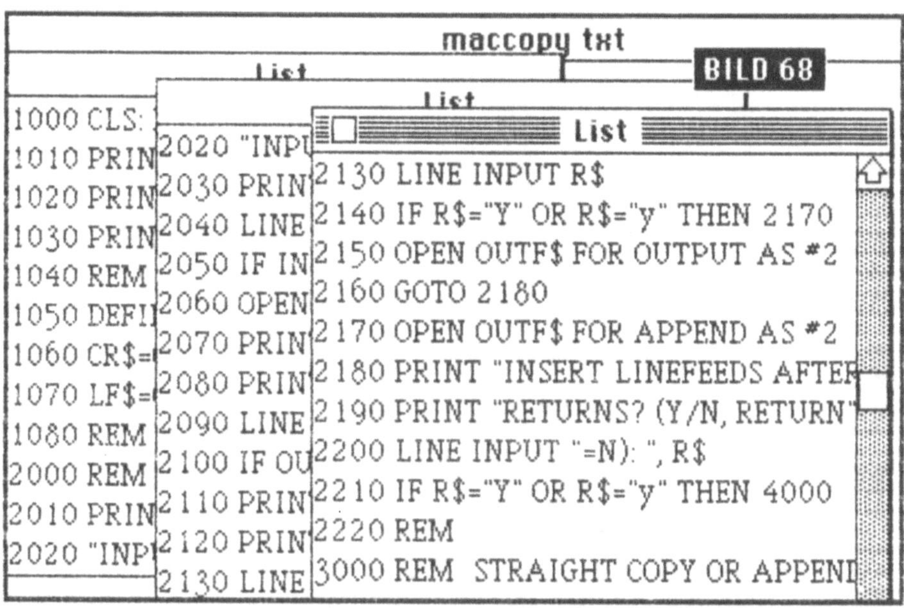

Dieses Programm enthält übrigens Fehler. Das Programm ist in diesem Buch zwar nur als Demo für jene Klimmzüge gedacht, die an sich nicht mehr verlangt werden sollten. Dennis hat jedoch bei seinen Abfragen IF INF$=" " etc. den Fehler begangen, zwischen die Anführungszeichen ein Leerzeichen (Space) zu setzen. Das ist nicht korrekt. Die Anführungszeichen müssen direkt aufeinander folgen ("").

Was mit dem Programm **MacCopy** bewirkt werden sollte, läßt sich aber wesentlich bequemer mit den Programmen **SetIcon** oder **SetFile** von Apple bewirken, daß sich jeder Macintosh-Käufer ausbedingen sollte, wenn er sich für diese Maschine entschließt. Mit diesen Programmen kann man nämlich ASCII-Files schlechthin direkt in ein MacWrite-File verfälschen.

Das ist in jedem Falle der bequemere Weg, weil kein zusätzliches Dokument erzeugt wird (das nur unnötig Platz wegnimmt), vorher kein Dummy-File zur Verfügung gestellt werden muß (was unter Umständen erst den Start von MacWrite notwendig macht) und kein besonderes Programm in BASIC gestartet werden muß, bei dem man keinen Überblick mehr hat, was an Filenamen beachtet werden muß. Die Programme **Set Icon** und **Set File** legen die Namen der Dokumente (Files) ja vor.

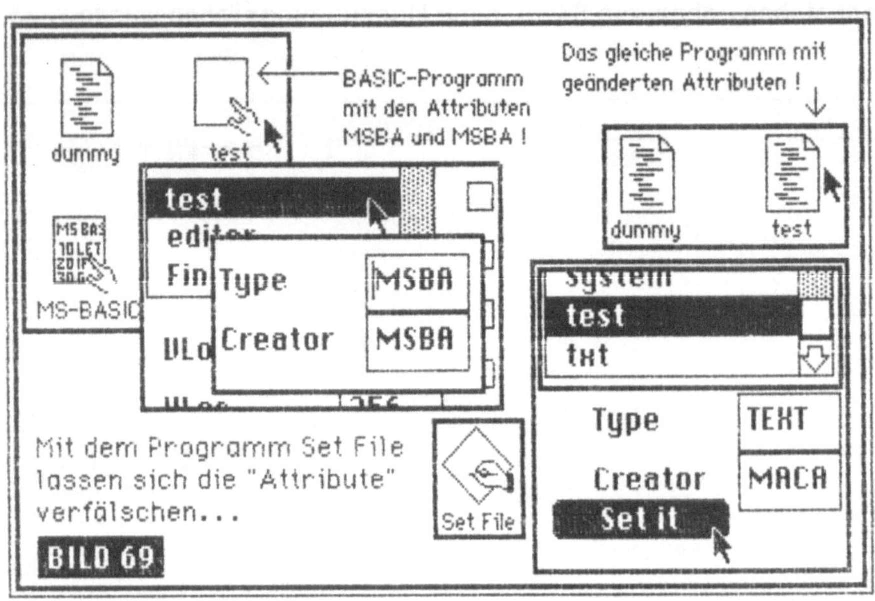

Alles in allem also ein noch zumutbarer Weg, sich aus der Not zu helfen. **Bild 69** (wieder in der unglaublichen Reihenfolge) zeigt den Weg: **Set File** starten, die Attribute für **Type** und **Creator** verändern, **Set it** und und dann **Quit** (Programm verlassen). Fertig! Solange Apple diesen Mißstand nicht beseitigt, sollte man also beim Händler wenigstens das Programm **Set File** verlangen, mit dem man jedoch nur diese beschriebene Operation ausführen sollte – nichts sonst, denn das könnte tragisch enden...

An Ungereimtheiten ist beim Macintosh also kein Mangel; er hat eben etliche Macken, die bei einem so brandneuen Produkt, das sich so einzigartig gibt und in so relativ kurzer Zeit vermarktet wurde, alles andere als tragisch zu sein scheinen. Mac leidet an Unvollkommenheiten wie seinerzeit seine Mami Lisa. Erst hält man für erträglich, was er zumutet. Mit der Erfahrung wächst aber die Enttäuschung. Apple muß das vorgehalten bekommen, damit die Leute dort vor lauter Stolz nicht noch vollends abheben.

So gibt es auch Kleinigkeiten, die auf die Dauer doch sehr ner-
ven. Der Drucker namens Imagewriter™ hat einen Mangel, den die
Designer wahrscheinlich nur deshalb nicht entdeckt haben, weil sie
beim Testen das Papier meterweise aus dem Karton ziehen und auch
meterweise aus dem Drucker herausquellen lassen. Der kleine
Mann jedoch (und heute sind es die "kleinen Leute", die massenhaft
zum Computer greifen!), der kleine Mann also spart auch beim
Papier und dreht nach dem Druck eines Blattes, das er dann ab-
reißt, die Oberkante des nachfolgenden Papiers brav wieder zurück.

Womit das Drama seinen Lauf nimmt. Der Imagewriter™ ist beim
Mac und auch bei dem Apple/// und der Lisa, die den gleichen
Drucker benutzen sollen, darauf angewiesen, daß bei **Bit Image**-
Druck und da wieder insbesondere bei Wahl der Druckqualität
"hoch" die Papierführung exakt und ohne jede störende Beeinflus-
sung funktioniert. Die Störung aber haben die Druckerkonstrukteu-
re geflissentlich mit eingebaut.

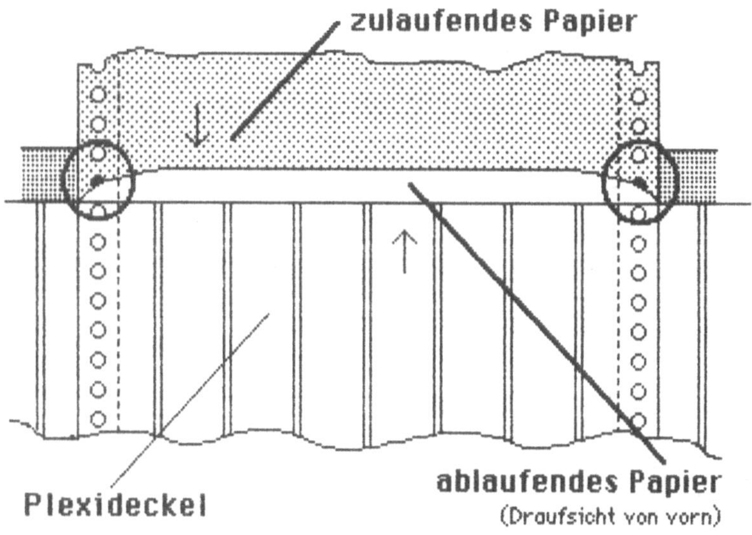

Das jeweils erste Blatt wird nämlich von der Druckwalze gewölbt
und wartet nur so darauf, sich nach dem Vorschub zwischen Druk-
kergehäuse und Plexideckel mit seinen Ecken an der Randlochung
des nachlaufenden Papiers zu verhakeln. Das dauert dann ein Weil-
chen, bis mit einem kleinen Ruck der Stau sich in Wohlgefallen auf-
löst – doch nicht zum Wohlgefallen des Druckbildes.

Weil nämlich der Druckkopf bei hoher Druckqualität mehrfach über dieselbe Druckzeile fegt, bedeutet ein winziger Papierversatz in der Regel ein versautes Druckbild. Und man kann mit geöffnetem Plexideckel das Blatt noch einmal neu drucken. Daß dabei der Druckerlärm (von "Druckergeräusch" sprechen nur die technischen Daten in "dB"...) etwas lästig wird, ist noch das geringste Übel. Schlimmer sind der Zeitverlust und der Userfrust. Bei einer Erörterung dieses Übels mit einem Apple-Menschen sagte dieser nur: "Jaja, das wissen wir...!" - Man stelle sich vor, die Leute wissen es!

Abhilfe bringt, unter die Abdeckung des Lochrandtransportes (Pinfeed) einen Pappstreifen zu kleben, der noch etwa drei Zentimeter über das Druckergehäuse nach hinten ragt. An der Gehäusekante sollte man diesen Streifen etwas nach unten abknicken, sodaß jetzt zu- und ablaufendes Papier fein säuberlich voneinander getrennt sind.

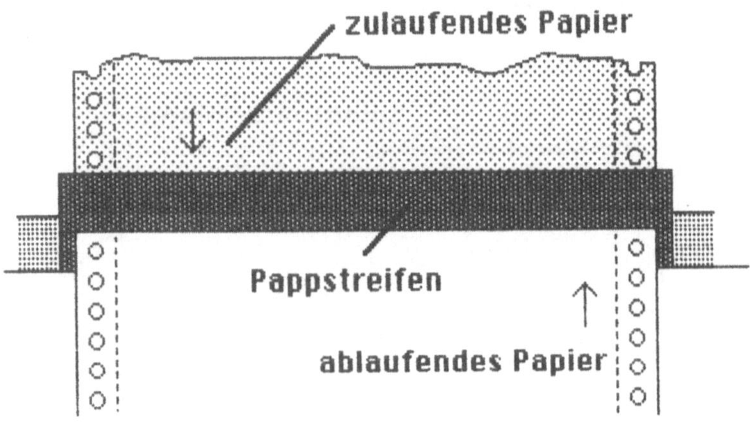

Ein wenig war das jetzt auch die Story von der unperfekten Perfektion. Denn wenn ein an sich geniales Produkt beim Gebrauch wegen so winziger "vergessener" Details zum Zähneknirschen animiert, wird man erinnert, an welcher Stelle in der Kette vom Entwurf eines Produktes bis zu seinem Gebrauch man eigentlich steht. Und wenn dann die berechtigte Kritik mit einem lapidaren Jaja abgetan wird, denkt man sich eben seinen Teil. Zu solchem Denken ist in der Mikrocomputerbranche reichlich Gelegenheit. Man befindet sich halt in der Gesellschaft von Leuten, die zum Entstehen eines neuen Gesellschaftsbildes beitragen.

Feine Gesellschaft...

Schau, was kommt von draußen rein...

Macintosh als einen idealen Computer für das Selbstprogrammieren zu entdecken, bedarf es einer selbst noch zu entdeckenden besonderen Einstellung zu seinem Geldbeutel und zu dieser Maschine schlechthin. **Pascal** – gut, das Mac-Pascal nimmt nach glaubwürdigen Zeugenaussagen eine absolute Sonderstellung ein. Ob es auf einem 128 Kbyte-Mac jedoch der Weisheit letzter Schluß ist, darf mit Fug und Recht bezweifelt werden.

Diesen Zweifel nährt Mac-Pascal selbst. Es ist nämlich kein Problem, den Mac in Pascal so zu programmieren, daß er mit einer sowohl Ärger wie Hoffnung (daß da was im Busch ist) verheißenden Botschaft herausrückt:

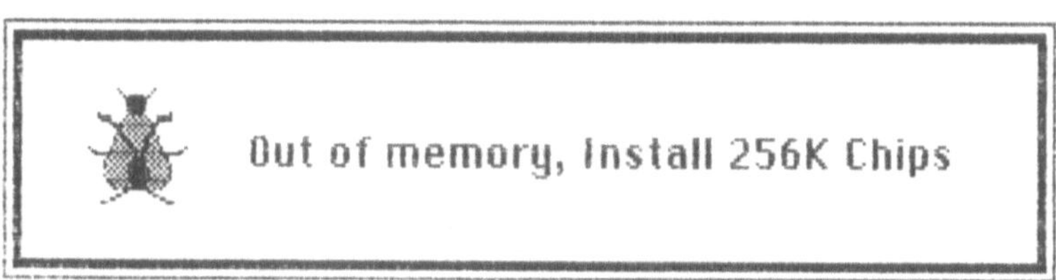

Man kann ja nicht installieren, was nicht oder nicht bald zu installieren angeboten wird. Und die jetzt noch teuren und seltenen 256K-Chips sind eigentlich das, was Macs Verdauungsapparat erst ordentlich in Schwung bringen kann. Gerüchteweise hieß es, Apple hätte in den Vereinigten Staaten (Stand August 1984) den 512K-Mac schon offiziell vorgestellt, doch von Apple in Deutschland war in dieser Richtung absolut nichts zu erfahren – außer, daß alle Manager mal wieder nach Amerika gedüst waren. Apple hält es sowieso wie die Autoindustrie: Ein neues Produkt wird selbst dann noch geleugnet, wenn die Erlkönige bereits herumsausen und ausgemacht sind. Das ist jedoch nicht der Punkt. Der Mac ist auch mit 128K ein Mac und ein technologisch sehr fortschrittlicher dazu. Außerdem macht es riesigen Spaß, mit ihm zu schaffen.

Bei diesem Schaffen sollte man aber vor allem einmal darauf schauen, was denn so von draußen hereinkommt - also an Programmen, die man nicht selber strickt, sondern von der Stange kauft. Da müßte nämlich eine ganze Menge möglich sein, wenn man bedenkt, was MacPaint und MacWrite bieten, die ja mit dem Mac zusammen ans Tageslicht gekommen sind und vielleicht noch nicht einmal all das bieten, was bei längerer Erfahrung mit diesem Produkt und seinen Geheimnissen von genialen Tüftlern noch auf die Beine gestellt werden mag.

Was Apple bot, war erst ein phantastisches und dann ein sehr trauriges Bild. Nach Apples Ankündigungen auf den Pressekonferenzen mußte sich die ganze Programmierwelt von Augsburg bis Zibuwalla nur noch mit Programmen für den Macintosh die Zeit vertreiben. Um nicht in Schwermut zu verfallen, darf man in die noch nicht ein Jahr alten Presseunterlagen schon nicht mehr hineinsehen - es könnten einem die Tränen kommen...

Hier ist dann die Geschichte von der nachträglich wahrgewordenen Wahrheit fällig, die mit Bezug auf Apples Taktik von Jerry **Pournelle** in der amerikanischen Zeitschrift **BYTE** erzählt wird: Da geht also ein Produzent zu einem Star und behauptet: "Ich habe ein Bombendrehbuch und Deinen Lieblingsregisseur an der Hand. Hättest Du keine Lust, die Hauptrolle zu übernehmen?" Dann saust er zum Regisseur: "Ich habe da einen Star an der Hand, der sicherlich mit Dir drehen möchte, und dazu ein Superskript..." Dann zu einem Autor, und schließlich noch zu den Finanziers. Sobald alles unter Dach und Fach ist, wurde rückblickend alles zur Wahrheit.

Mithin, so stellt Jerry fest, beginnt der Mac sich zu verkaufen wie heiße Semmeln wegen der wunderbaren Software. Mit der kann man nicht viel machen, weil der Speicher so mager ist. Und 5 bis 40 Diskettenwechsel bei Kopiervorgängen gehen auch auf den Keks.

Man wird ein zweites Laufwerk haben müssen (das sollte schon
längst da sein, kam aber nicht, bis ein Apple-Manager einsah: "Wir
sollten nicht so viel versprechen, was wir nicht einhalten können."). Solange jeder an jeden glaubt, wird es eines Tages alles
geben, ohne daß auch nur einer Wort gehalten hätte, als er es gab.
Die Dinge bekommen einen zwanghaften Drive, ähnlich jenen Spielen, bei denen Dominosteine eine atemberaubende Show abziehen.
Einzige Bedingung: Es muß alles in einer bestimmten Konstellation
stehen. Und seit der Mac sich wie verrückt verkauft, ist die "kritische Masse" für eine Kettenreaktion wohl da...

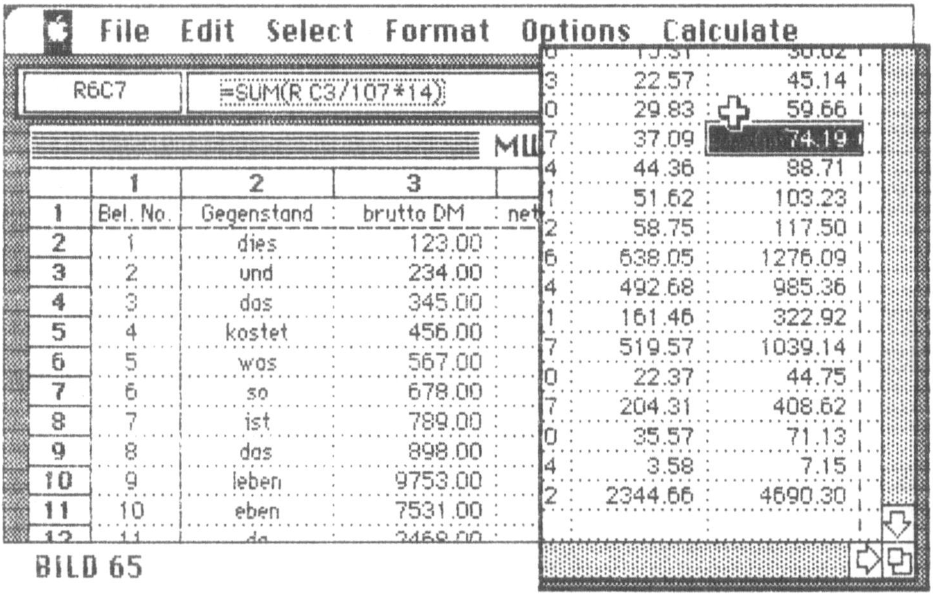

	1	2	3	
1	Bel. No.	Gegenstand	brutto DM	net
2	1	dies	123.00	
3	2	und	234.00	
4	3	das	345.00	
5	4	kostet	456.00	
6	5	was	567.00	
7	6	so	678.00	
8	7	ist	789.00	
9	8	das	898.00	
10	9	leben	9753.00	
11	10	eben	7531.00	
12	11	da	2468.00	

BILD 65

Von Anfang an auf dem Plan war **Multiplan**. Dieses Programm zu
beschreiben hieße, Luft in den Wind zu blasen. Es gehört zu der
Gruppe der **"Spreadsheets"**, bei denen man in Oslo am Hahn dreht
und in Palermo das Wasser zu laufen beginnt, während überall dazwischen die Glocken zu läuten anfangen. Für absolute Neulinge:
das sind die Tabellen-Kalkulationsprogramme, zu deren Urahnen
Visicalc gehört. **Bild 65** (eines von den beiden verirrten) soll
nun nicht der Anfang sein für eine Erläuterung von Multiplan, sondern nur eine Illustration, wie Multiplan beim Macintosh sich prä-
sentiert. Wesentliche Feststellung: Fenstertechnik und jede Menge
Mausaktivität. Die Tastatur wird so gut wie gar nicht benötigt, al-
lenfalls zur Zahleneingabe.

Bild 66 (eine Montage mit MacPaint aus mehreren Bildschirm-**Dumps** zur Diskette) soll diese Behauptung ein wenig belegen. Von der Menu-Leiste lassen sich mehre Pull-down-Menus öffnen, in denen (das muß der Neid lassen) wirklich was los ist. Doch soll Microsoft sich hüten, den vorstehenden Satz aus dem Zusammenhang gerissen zu zitieren. So ganz leicht ist nicht dahinterzukommen, wie das Programm funktioniert. Übrigens ist auch dieses Microsoft-Programm zur Besprechung im Buch die mildtätige Gabe eines einsichtsvollen Menschen, da selbst nach Monaten die deutsche Niederlassung ihr durch Paul de Rooy gegebenes Wort nicht gehalten hat. Doch wen erschüttert's...

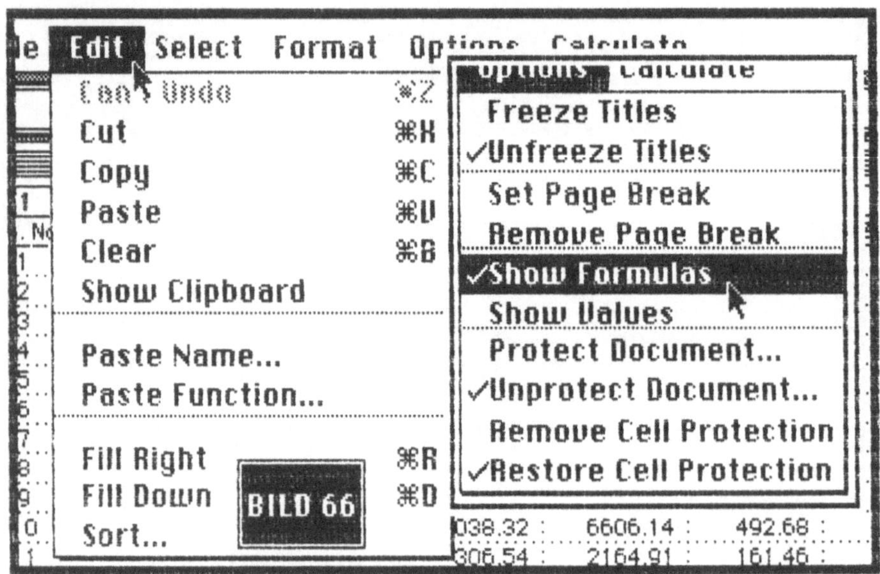

Insgesamt ist die Arbeit nach einiger Übung sehr bequem und in keiner Weise zu vergleichen mit der auf anderen Systemen gewohnten Art des Umgangs mit Multiplan. Die Schnelligkeit des Prozessors und seine Macht als 16/32-Biter schlagen voll durch. Trotzdem ist zu empfehlen, die *manuelle* Kalkulation (erst bei ⌘= wird die Tabelle neu durchgerechnet) zu benutzen. Für kurze Zeit war Multiplan vom Markt zurückgezogen worden, weil einige Sachen nicht korrekt abliefen und erhebliche Datenverluste eintreten konnten. So ist es eben, wenn unter Zeitdruck sehr schnell gestrickt wird – da fallen schon mal ein paar Maschen. In der Juli 84-Nummer von **A+** sind die möglichen Fehler genau beschrieben – von Microsoft selber. Wer Multiplan benutzt, sollte seine Version testen, indem er die Fehler simuliert.

A+ gab in der Leserbriefspalte (!) seiner Juli-Ausgabe dem Senior Public Relations Manager Marty Taucher von Microsoft Corporation in Bellevue, WA, Platz für einige Erläuterungen, die als vielleicht ganz nützliche Information hier wiedergegeben werden für den Fall, daß sich jemand beim Lauf eines von ihm erworbenen Multiplan-Programmes wundern sollte über einige Dinge, die er nicht versteht.

Bei der **Version 1.00** (die verbesserte Version trägt die Nummer 1.01) kann es zu Ungereimtheiten kommen durch

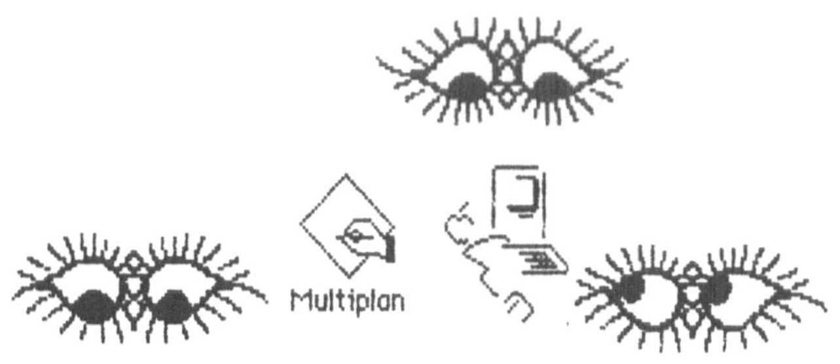

1.) Speichervorgänge, die aufgrund einer Abfrage nach den Kommandos **QUIT, NEW** oder **OPEN** ausgelöst werden. Wenn man auf diese Weise Daten abspeichert und das Dokument später öffnet, können Datenverluste eintreten. Diese lassen sich aber vermeiden, wenn man grundsätzlich per **SAVE** abspeichert.

2.) Daten, die beim Abspeichern der Arbeitsblatt-Daten noch im Clipboard infolge von **FILL RIGHT**- oder **FILL DOWN**-Kommandos hängen.

3.) Benutzung von **apple**-Einrichtungen wie **Uhr, Puzzle** oder **Rechner** während des Ausdruckens von Arbeitsblatt-Daten. Hier kann es zu einem Systemabsturz kommen, weil der Speicher eingeengt wird.

Zur **Vorbeugung** empfiehlt der Microsoft-Manager:

a) **Vor** den Kommandos **QUIT, NEW** oder **OPEN** immer **erst** mit dem **SAVE**-Kommando die Arbeitsblatt-Daten abspeichern. Dabei darf aber nicht vergessen werden:

b) Vor dem Kommando **SAVE** erst das **CLIPBOARD** säubern.

Das Clipboard kann man leeren, indem man ein "Nichts" hineinkopiert. Ein solches Nichts ist zum Beispiel ein leeres Feld des
Arbeitsblattes. Das leere Feld sollte angewählt und dann mit **CUT**
in das Clipboard gebracht werden.

c) Während eines Druckvorganges niemals das Apfelsymbol anklicken, um etwa Album, Rechner oder Notizblock anzusprechen.

d) Sobald ein File in **Unordnung** geraten ist (etwa bei einem Systemabsturz oder wenn kuriose Daten in den Arbeitsfeldern auftauchen), sollte es schnurstracks in den **Papierkorb** wandern.

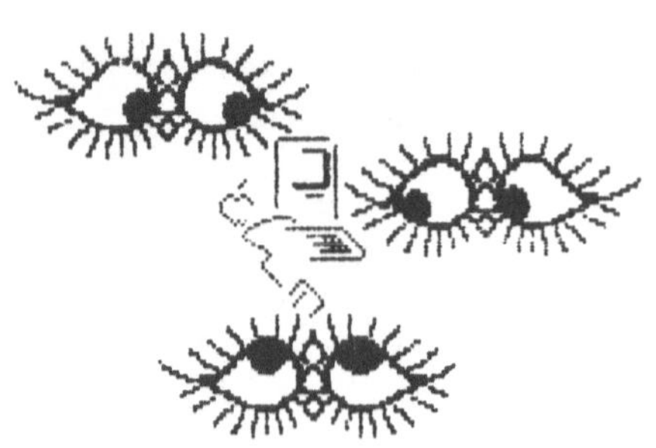

Nun sollte vielleicht ein Wort über die Benutzermentalität verloren werden. Wenn in den Vereinigten Staaten ein Programm gewisse
Fehler enthält, regt sich darüber niemand dramatisch auf. Der
Hersteller des Programmes, wie hier Microsoft mit einem doch
immerhin sehr klangvollen Namen, ist in der Regel auch der erste,
der offen darüber berichtet, die Fehler beschreibt, Tips zu ihrer
Vermeidung gibt und darüber hinaus auch kostenlosen Umtausch
anbietet. Wer also amerikanische Programme benutzt, sollte sich
merken: Bei etwaigen Fehlern bringt das Stöbern in amerikanischer
Literatur oft mehr zutage als eine Rüge beim europäischen Distri-
butor, der vielleicht "von nichts" weiß.

Die Amerikaner sehen Computer und Programme mehr als Werkzeuge an und sind's zufrieden, wenn das, was sie konkret wollen,
am Ende auch rauskommt. Kleine Schönheitsfehler werden eher in
Kauf genommen. Deutsche Anwender dagegen sind mehr mit jenem
klugen Mann zu vergleichen, der einen Apparat zerstört, um sich
zu überzeugen, ob die Lampe für "Gerät zerstört" auch zuverlässig
aufleuchtet; er will sichergehen, daß auch restlos alles tadellos
funktioniert, und früh genug Gelegenheit zur Mängelrüge haben,
falls irgendeine Kleinigkeit nicht dem Prospekt entspricht.

Leider ist nicht bekannt, ob der in Bild **70** erkennbare Fehler bei
neueren Versionen von Multiplan immer noch auftritt. Es ist die wie
bei BASIC schon beschriebene Hürde, daß ein Programm nicht automatisch durch Anwahl eines von ihm erstellten Dokumentes gestartet werden kann. Eine Rückfrage bei Microsoft Deutschland schei-
terte mehrfach an der Abwesenheit "zuständiger" Leute...

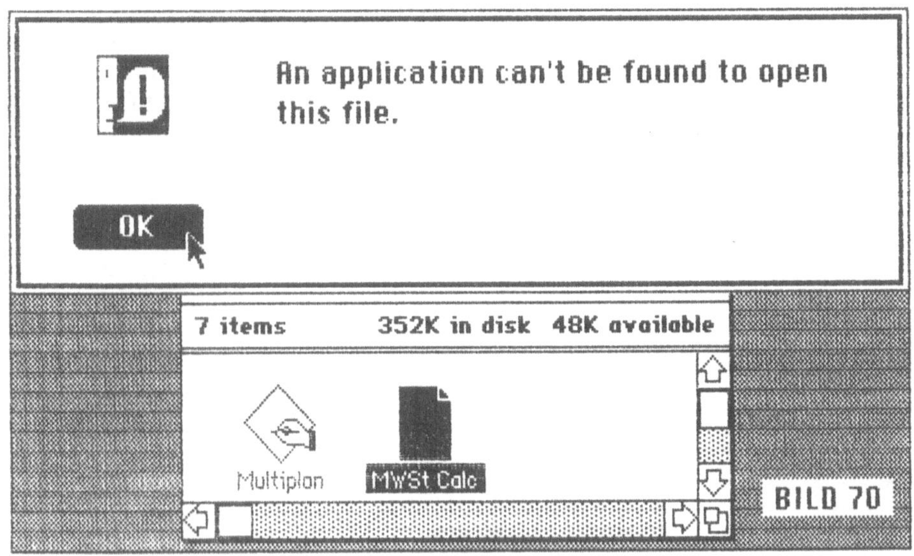

Weil das Programm nicht offiziell zur Verfügung gestellt wurde,
stand zu der anderweitig überlassenen Version kein Handbuch zur
Verfügung. Somit können hinsichtlich weiterer Eigenschaften kaum
weitere Angaben gemacht werden.

Auf der nächsten Seite ist eine einfache Steuerkalkulation
abgebildet. Sie mag einen kleinen Eindruck von der Rechenge-
nauigkeit vermitteln. Ob diese bestimmten Vorschriften genügt, die
bei Verwendung von Multiplan zu offiziellen kaufmännischen Rechnungen zu beachten sein könnten, kann nicht gesagt werden. Immerhin sollte man sich beim Händler hinsichtlich des Bestehens
solcher Vorschriften und ihrer Erfüllung durch Multiplan oder
anderer Kalkulationsprogramme erkundigen. Grundsätzlich dürfte
auch von Bedeutung sein, in welcher Eigenschaft man bestimmte
Programme einsetzt. Bei einer simplen Einnahme/Überschuß-
Rechnung sollten etwaige Rundungsfehler kaum eine Rolle spielen.
Hier können ja Summen gebildet und übertragen werden, so daß
beim Saldieren der Summen zum Schluß nichts passieren kann.

Wer jedoch eine ausgesprochene Finanzbuchhaltung benötigt, wird sie vorläufig kaum auf einem Macintosh einsetzen wollen – falls sie überhaupt erhältlich sein wird. Es gibt zwar immer wieder Versuche, etwa mit **dBase II** oder anderen **Datenbank**systemen Geschäftsbuchhaltungen, Lagerverwaltungen oder ein Rechnungswesen zu realisieren, doch von wirklich zufriedenstellenden Ergebnissen ist kaum etwas bekannt. Selbst wenn der Macintosh mit einem zweiten Diskettenlaufwerk ausgestattet sein sollte, wird es einerseits schwierig sein, ihn bei 128 Kbytes RAM für komplexe Buchhaltungssysteme zu programmieren; anderseits wird auch bei einer Ausrüstung mit 512 Kbytes RAM eine leistungsfähige und fehlerfrei laufende Buchhaltung nicht so schnell zu erwarten sein.

MWSt Calc 1						
	1	2	3	4	5	6	7
1	lfn.	Was?	brutto DM	nto. bei 7%	nto. bei 14%	7 % MWSt	14% MWSt
2	1	dies	107.00	100.00	93.86	7.00	13.14
3	2	und	114.00	106.54	100.00	7.46	14.00
4	3	das	214.00	200.00	187.72	14.00	26.28
5	4	kostet	228.00	213.08	200.00	14.92	28.00
6	5	was	321.00	300.00	281.58	21.00	39.42
7	6	so	342.00	319.63	300.00	22.37	42.00
8	7	ist	1070.00	1000.00	938.60	70.00	131.40
9	8	das	1140.00	1065.42	1000.00	74.58	140.00
10	9	leben	2140.00	2000.00	1877.19	140.00	262.81
11	10	eben	2280.00	2130.84	2000.00	149.16	280.00
12			7956.00	7435.51	6978.95	520.49	977.05

BILD 71

Das alles bedeutet unter dem Strich, daß man bei Tabellenkalkulationsprogrammen schlechthin und auch bei Datenbanken genau erkunden sollte, welche weiteren Zusammenhänge zu beachten sind. Da ist ein Gespräch mit einem Anwalt oder einem Steuerberater im Zweifel vorteilhafter als das Vertrauen in einen profitlüsternen Verkäufer. Dieses gilt generell und für jede Computermarke wie auch für jede Art von Programm, von dessen Ergebnissen irgendwie vor allem Behörden betroffen sein können. Nicht ohne Grund existieren beim Fiskus etliche dicke Ordner voller Vorschriften über die sogenannte Speicherbuchführung. Buchhaltungsprogramme, die durch eine prüfende Institution auf Übereinstimmung mit solchen Vorschriften abgeklopft und entsprechend zertifiziert worden sind, kann man deshalb an den Fingern einer Hand abzählen. Welche Gründe mag das wohl haben?

Schließen wir Frieden, und sehen wir uns das erste deutsche "mactypische" Programm an. Es stammt von **PYTHIA** in München und machte erst einen recht trivialen Eindruck. Ein "Terminer" – was soll das schon groß sein...

Doch nach dem ersten und dann wiederholten und schließlich nach längerem Gebrauch drängt sich der Verdacht auf, daß ein alter Praktiker, der mit der Zeit ständig auf Kriegsfuß lebt, zumindest den Rahmen zu diesem Programm entworfen hat.

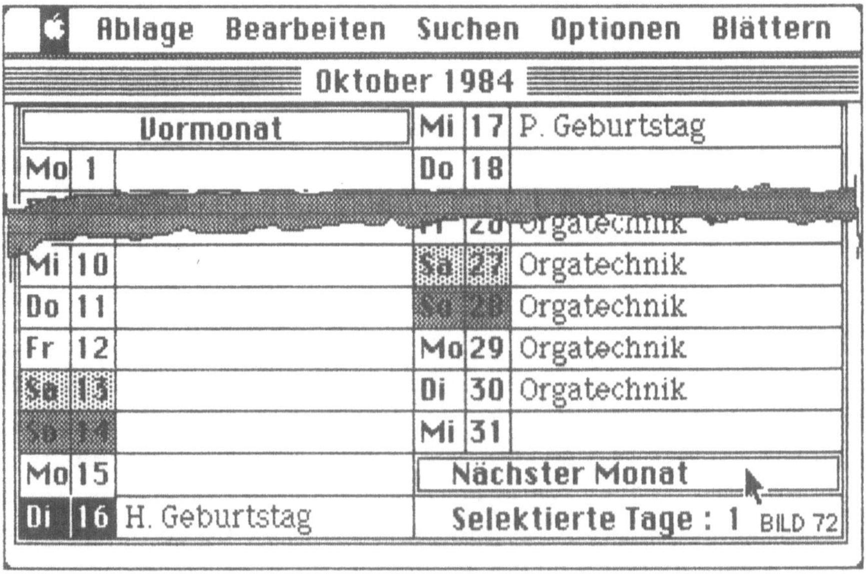

Denn das Programm ist schlicht und einfach praktisch. Hat man in seinem Gedächtnis den Gedanken an die Existenz dieser Terminhilfe erst einmal verankert, gibt es kaum etwas Besseres als die Führung und Nutzung dieses Terminers. Er meldet sich mit dem Tag des jeweiligen Datums. Durch einfaches Klicken kann man sich den Monat vorlegen lassen (**Bild 72**, mit MacPaint gerafft). Klickt man "Vormonat" oder "Nächster Monat" an, wird weitergeblättert. Stattdessen kann mit ⌘N vor- oder mit ⌘B zurückgeblättert werden. In der Monatsübersicht kann man für jeden Tag die wesentliche Eintragung vornehmen. Durch Anklicken des Datums wird der entsprechende Tag (hier der 16. Oktober 1984) auf den Bildschirm gerufen.

Auch bei **Bild 73** wurde mit MacPaint etwas gemogelt. Was in der Menü-Leiste steht, geht ja aus dem Bild 72 schon hervor. Weiter sind auch das Arbeitsdatum und die Uhrzeit sichtbar. Im Geschäftsleben wird oft auch nach der Woche im Jahr geplant (etwa bei Lieferterminvereinbarungen). Deshalb ist die entsprechende Auskunft durch das Programm recht nützlich. Dazu werden die Tage fortlaufend gezählt.

Der Programmlauf ist raffiniert. Bei jedem Tag hat man die Möglichkeit, halbstundenweise von **7:00** bis **19:30** zu terminieren. Hat man einen Termin aktiviert (hier **10:00**), kann man aus dem Adreßstamm die zutreffenden Angaben auswählen und in das untere rechte Fenster kopieren. Dazu hat man noch Gelegenheit, eine Bemerkung zu speichern. Sichtbar werden Adresse und Bemerkung nur immer beim Aktivieren des zugeordneten Termins – oder umgekehrt: diese Eintragungen verschwinden, sobald eine andere Uhrzeit aktiviert, also angeklickt wird.

So sind also je Tag in summa eine ganze Menge Eintragungen gestattet, und es müßte mit dem Teufel zugehen, wenn jemand so viele Termine und Zusatzangaben zu beachten hat, daß der hier vorgegebene Rahmen nicht ausreicht. Diese Termine zu kennen und im Computer abspeichern zu können, wäre am Ende freilich ziemlich nutzlos, weil man gerade dann, wenn Termine plagen, wohl kaum den ganzen Tag vor dem Macintosh hockt. Auch daran wurde gedacht, und zwar wiederum in einer recht überzeugenden Weise.

Maßgebend dafür sind die Druckroutinen. Sie erlauben den Druck von Adressen, Monaten und Tagen. Und genau da liegt dann die absolute Stärke des Programms. Man kann einen "Jahresauszug" und einen "Monatsauszug" drucken lassen und mitführen. In der Praxis hat es sich bewährt, neben dem Vormonat und dem laufenden Monat die beiden nächsten Monate ausdrucken zu lassen (füllt ein A4-Blatt) und ab dem laufenden Tag die folgenden sieben Tage (füllt zwei A4-Blätter).

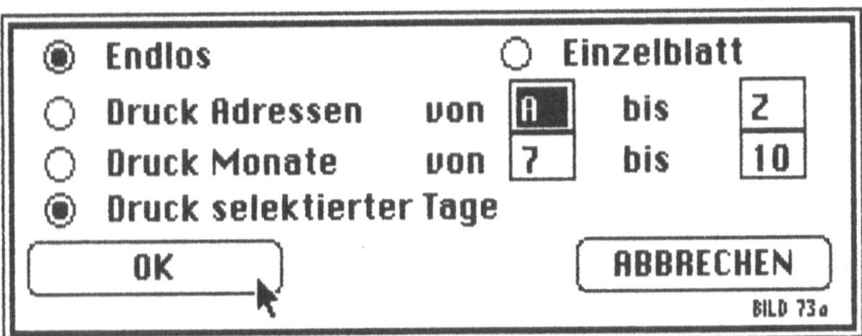

Außerdem ist der Terminer ein gutes Adreßbuch, aus dem man vorbereitend zu einzelnen Terminen die Daten der Gesprächspartner in das entsprechende Fenster kopiert (wie in BILD 73).

BILD 74 ist wieder ein Kunstwerk via MacPaint. Um einen Überblick zu haben, was man mit den Adressen machen kann, wurde diese Andeutung aus dem viel größeren Terminer-Fenster gerafft.

Das Programm beweist vor allem erst einmal, mit welch unberechtigten Vorurteilen man sich ihm nähern kann. Wie bereits gesagt: ein "Terminer" – was soll das schon sein! Heute vergeht kein Tag, an dem nicht beim Autor der Terminer angeworfen und aktualisiert wird. Die dabei anfallenden Eintragungen ergeben sich aus den Tagesereignissen und aus Notizen, die in die stets mitgeführten Terminer-Ausdrucke aufgenommen werden. Platz genug ist ja da. Interessant ist, daß es sich lohnt, den Terminer in Richtung Zukunft als Planer und in Richtung Vergangenheit als "Geschichtsbuch" zu führen. Wer weiß, wann und wofür er mal ein Alibi braucht...

Ewiger Kalender : Mai 1999			BILD 75
	Mo	17	
Sa 1	Maifeiertag	Di	18	
So 2		Mi	19	
Mo 3		Do	20	
Di 4		Fr	21	
Mi 5		Sa 22		
Do 6		So 23	Pfingstsonntag
Fr 7		Mo 24	Pfingstmontag
Sa 8		Di	25	
So 9		Mi	26	
Mo 10		Do	27	

Als kleines Bonbon haben die Programmautoren **P. Bradatsch** und **J. Neumaier** auch einen ewigen Kalender eingebaut, der von **1900** bis **2099** reicht (wie kriegt man raus, ob er auch stimmt?).

Darüber hinaus erlaubt das Programm etliche Einstellungen. So muß man das Bundesland eingeben, damit über die Feiertage korrekt Auskunft erteilt wird. Auch sind bestimmte Einteilungen möglich, etwa die Aufteilung des Tages in Blöcke oder die Angabe, ob die Woche zu fünf oder sechs Arbeitstagen gerechnet werden soll. Man kann sich freie Termine geben lassen, die Auslassung von besetzten Tagen anordnen und einiges mehr, was für diesen oder jenen Anwender sicherlich einen besonderen Sinn ergibt.

Bewußt macht dieses Programm auch, wie sehr wir eigentlich mit der Uhr und mit dem Kalender leben (müssen). Leider.

Gehen wir mit einem anderen Programm aus deutscher Produktion weiter. Eigentlich war vorgesehen, die Datenbank FRED aus dem Hause Bense KG in Coesfeld vorzustellen. Wie schnell zu einem neuen Computer auch neue Programme auf den Markt stürmen, wenn Softwarehäuser sich von der Maschine etwas versprechen, zeigt das Programm **MacAdress** von Bense.

Mehr als die Dateiverwaltung FRED ist MacAdress ein Programm für Frau und Herrn Jedermann. Es taugt für den Manager ebenso wie für den Klassenlehrer, für die Studentin ebenso wie für den Handwerksmeister. Es ist eine Adressenverwaltung, und sie zählt als eine solche zur "**horizontal**en Software". Das ist Software, die ohne spezielle Anpassung für einen breiten Markt geeignet ist.

Nun ist die Erfassung von Adressen nur eine Seite der Medaille. Viele solcher Programme, insbesondere für Heimcomputer, belassen es bei der Erfassung. Auf der Kehrseite steht jedoch die Frage, was man denn mit den Adressen eigentlich anzufangen wünscht. Und da haben viele Programme nichts zu bieten.

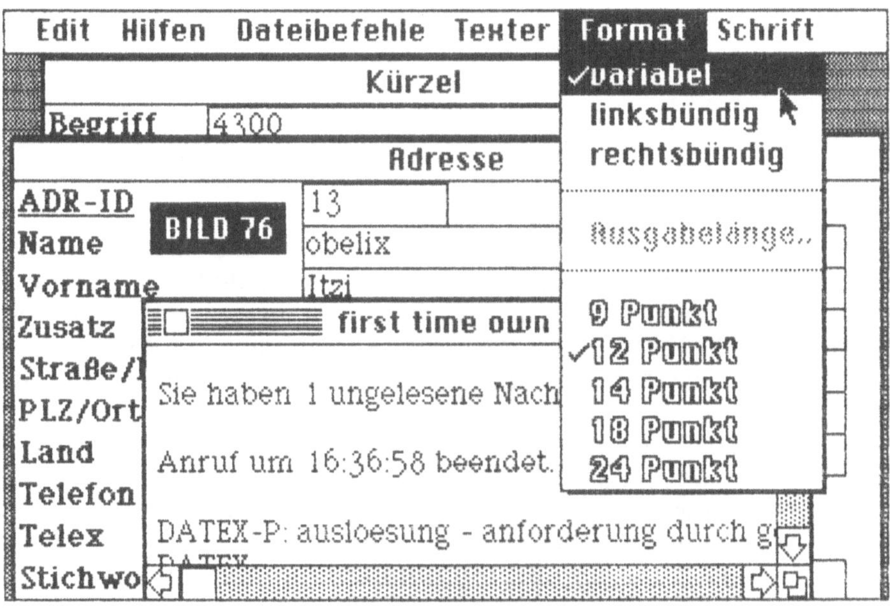

Wie **BILD 76** deutlich macht, ist neben der Dateibehandlung auch eine Textbearbeitung möglich. Und das rückt dieses Programm in ein völlig anderes Licht. Vielleicht sollten wir darauf einmal näher eingehen und das Thema auch etwas allgemeiner behandeln.

Es können also Texte erstellt, abgelegt, aufgegriffen, geändert, neuen Bedürfnissen angepaßt und jederzeit mit den Adressen unter beliebigen Gesichtspunkten verknüpft werden. Das eröffnet unter anderem die Möglichkeit, eine Serie von Briefen für eine ausgewählte Gruppe von Empfängern zu erstellen.

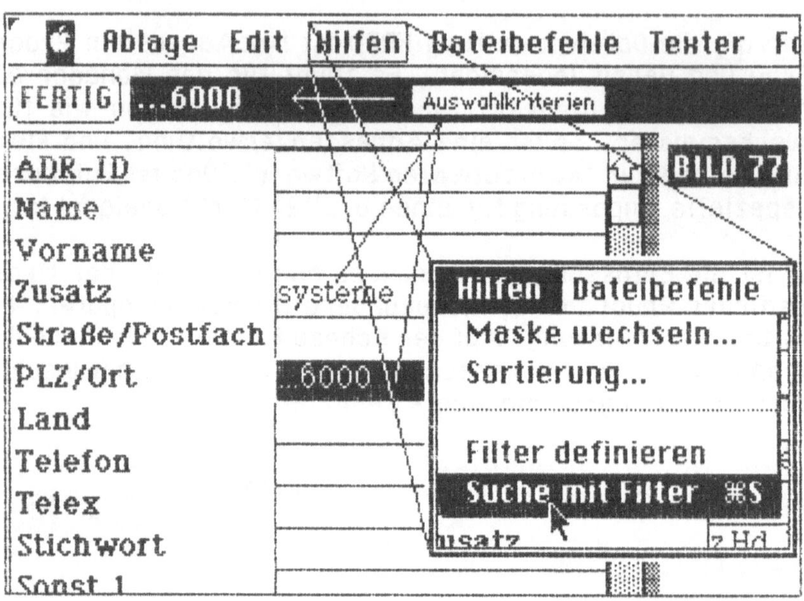

Dazu benötigt man Filter, die man beliebig einstellen kann. In der Vergangenheit, die bei vielen Systemen und in vielen Büros noch eine Weile andauern wird, sah es so aus, daß erst einmal ein Brief geschrieben werden mußte. Dieser Brief enthielt dann sogenannte **Platzhalter**, also bestimmte Zeichen, an deren Stelle später ganz bestimmte Angaben rücken sollten. War der Brief fertig, wurde er gespeichert. Dann wurde ein Adressenprogramm aufgerufen, das auch eine Druckroutine enthielt. Dieses Programm bot die entsprechenden Filtermöglichkeiten (häufig nur sehr begrenzt, muß man anfügen) und wählte die Adressen aus, zu denen Briefe gedruckt werden sollten. Aus den Adressen wurden dann die Angaben für die "Platzhalter" entnommen.

Im Prinzip wird bei MacAdress genau so verfahren. Nur hat der Anwender hier alles in einem. Denn aus Bild 76 geht hervor, daß wie bei MacWrite auch die Schriften und Formate ausgewählt werden können. Das Programm wurde von Jürgen Schweinberger entwickelt, und er hat so viele Möglichkeiten hineingepackt, daß dieser Abriß genügen muß, wenn kein Manual draus werden soll.

142

Ordnung ist das halbe Leben, heißt es. Für Menschen in einer
Verwaltung ist es sogar das ganze. Denken wir an unsere Adreßverwaltung. Sie ist eine Sammlung von Adressen, die uns interessieren. Eine Sammlung solcher Art ist aber auch die Kartei eines
Einwohnermeldeamtes. Auch das Standesamt führt "Buch". Neben
den Erfassungen, die laut Gesetz als "Urkunde" nach bestimmten
Regeln in bestimmten losen oder gebundenen Formularen verewigt
werden müssen, steht die elektronische Erfassung. Erst diese
Erfassungsart bringt völlig neue Qualitäten in das Erfassungs-
wesen. Bei entsprechender Auslegung von Programm und Datei ist
nahezu jede Auskunft in Blitzesschnelle zu bekommen. Lassen sich
die Bedingungen für die Fragestellung zudem noch verknüpfen (etwa **und, aber nicht, oder**), kann man, so er in der Datei vorhanden ist, den rothaarigen Max Meier finden, der jünger als 50 Jahre
alt ist, jedoch älter als 38, in der Elisenstraße wohnt, wobei die
Hausnummer ungerade sein soll, und zwischen dem Erdgeschoß und
der vierten Etage eine Wohnung haben soll, allerdings nicht in der
zweiten. Gibt es ihn, hat der Computer es sofort raus.

Umgekehrt wird ein Schuh daraus, der langsam sehr zu drücken
beginnt. Dieser Schuh heißt **Karteikarte**. Bislang war dieses Re-
quisit jeder Verwaltung der Kern aller Datenerfassung und ihrer
Auswertung. Wer noch nicht mit Computern seine Daten verwaltet,
sitzt in einer furchtbaren Zwickmühle: Die Menge der zu erfassen-
den Daten, insbesondere für statistische Zwecke, ist sintflutartig
angewachsen. Die Wichtigkeit dieser Daten wird zumeist allein dadurch bestimmt, daß man ihre Existenz ausdenken und begründen
kann. Und schon sind sie da, werden zur Gewohnheit und zur Qual.
Fatal ist dabei nur, daß diese Datengespinste, deren Geschwister,
Kinder, Onkel, Neffen und Enkel von Leuten ausgedacht werden, die
mit Computern arbeiten, aber dann auf Menschen herniedergehen,
die meistens nur mit Kugelschreibern oder Schreibmaschinen be-
waffnet sind und nicht angemessen zurückschlagen können. Doch
nicht nur das...

Die Berufsinhalte haben sich entsprechend der weltweiten Verflechtung von Politik und Handel nach dem Zweiten Weltkrieg wesentlich geändert. Maßgebend dafür ist einmal die ungeheure Beschleunigung im Transportwesen. **Transport** ist schlechterdings die wesentlichste Erfindung der Menschheit. Tiere transportieren nur zur Arterhaltung. Der Mensch aber erfindet. Und nichts wäre realisierbar ohne Transport. Neben die Notwendigkeit des Transportes von Mensch, Material oder Information hat der Mensch die Sucht des Dokumentierens und Archivierens gestellt. So gehört die Fülle des angehäuften Wissens zur Basis von Zivilisation und Kultur.

Diese Fülle ist ebenso ein Segen wie eine Plage. Da eins zum anderen kommt, läßt sich kaum noch auseinander halten, ob Computer diese Plage beherrschbar gemacht oder verschlimmert haben. Wohl beides.

Neben die Notwendigkeit, Informationen zu transportieren und aufzubewahren, trat der Wunsch, möglichst schnell und möglichst von überall auf sie zugreifen zu können. Zu diesem Zweck wurde die Datenfernübertragung (**DFÜ**) ersonnen. An sich keine so neue Erfindung. Denn schon das Morsen ist Datenfernübertragung und interessanterweise mit seinem Prinzip (serielle Impulse) auch die Grundlage modernen Datentransportes. **DATEX-P** beispielsweise ermöglicht eine Art hypermodernes Morsen von großen Datenmengen mit fulminanter Geschwindigkeit. Seltsamerweise ist vielen Besitzern von Mikrocomputern noch nicht bekannt, mit welch einfachen und dazu noch billigen Mitteln man sich die ganze Welt der Kommunikation einschließlich TELEX und TELETEX erschließen kann, ohne seine Wohnung zu verlassen. Man braucht nur Telefon.

Apple hat zusammen mit dem Macintosh auf der Hannovermesse 1984 das Programm **Mac Terminal** vorgestellt. So frühzeitig an ein Terminalprogramm zu denken, ist für Amerikaner nichts Ungewöhnliches, denn in den Vereinigten Staaten sind die Computerfreaks untereinander schon erheblich verdrahtet. Außerdem ist die Nutzung von Datenbanken in den USA schon sehr weit verbreitet. Da wirken nicht etwa die berüchtigten Hacker, sondern ganz biedere Bürger. Bei uns sind es angeblich vor allem die Hacker, die in Datenbanken spazierengehen und sich an Daten ergötzen, von denen sie in den seltensten Fällen etwas begreifen.

Während Apples Terminalprogramm bis zum Abschluß dieses Buches noch nicht brauchbar war und höchstens zum Vorzeigen taugte (was nützt eine vorgezeigte Torte einem Hungrigen?), haben sich die ersten Fans in Amerika gleich an die Programmierung von "Terminal Emulator"-Software gemacht. Hier tat sich Dennis F. Brothers, den wir ja schon rund zwanzig Seiten zuvor kennengelernt haben, in der Juli-Nummer von **A+** mit einem Programm hervor, das in BASIC geschrieben ist. Es besitzt eine Maschinensprache-Routine und ist sehr schnell und zuverlässig. Solche Software ist nämlich notwendig, wenn man über ein (Post-) **Modem** oder mit einem **Akustikkoppler** an ein Datenferübertragungsnetz will. Das bringt nicht nur den Hackern Freude, sondern gewaltigen Nutzen sowie Kosten- und Zeiteinsparungen, sofern man beruflich vernünftigen Gebrauch davon machen kann.

Solchen Gebrauch wollen wir einmal betrachten, indem wir ein praktisches Beispiel untersuchen: die Nutzung der **IMCA**-Mailbox.

KBH   (Antwort auf die Frage nach dem Namen)
Password?   (Wird nicht angezeigt, kein ECHO)
Guten Morgen, KBH.   (Die Mailbox grüßt)
Letzter Anruf: 17-09-84, 00:12:44   (Man weiß, woran man ist...)
Montag, 17. September 1984, 03:50:00 (Port 1)   (Status)

Neue Nachricht im Schwarzen Brett. Bitte nachschauen.   (Automatische Mitteilung)

Nr.   Datum Zeit Abs./Empf.   Betreff   Zeilen
 17   17-09 02:40 SCHAOS-TEAM   SCHAOS MOBILE   71
.... folgen verschiedene hier nicht erwähnte Aktionen ....
Befehl: s h.marquis   (heißt: SENDEN AN H.MARQUIS)

Kopien-Empfaenger eingeben: BRAINWARE   (kommt in das Fach BRAINWARE)
Betreffspalte eingeben: NACHSCHAU...   (erscheint im Inhaltsverzeichnis)
Bitte Text eingeben:

Habe gerade für Dich nachgeschaut, ob Du die Files betrachtet oder abgezogen hast.
Hast du nicht. Ist denn alles klar gegangen? Irgendein netter Mensch - ach ja: Ruehl - hat
nach Dir gefahndet.
ciao!
KBH

.   (Punkt beendet Texteingabe)
Eingabe beendet.   (Bestätigung von der Mailbox)

..
Nachricht abgeschickt.   (Bestätigung. Gut zu wissen)
ARchivieren, Drucken oder WEiterleiten?   (Geht alles!)

Befehl: ende   (Nutzer hat genug)

Sie haben 2 ungelesene Nachrichten. Trotzdem beenden (J/N)? j   (Weiß alles!!!!)

Anruf um 03:56:40 beendet. (6 Minuten, 5979 Zeichen)   (Sagt alles...)
DATEX-P: ausloesung - anforderung durch gegenstelle   (Verbindung beendet)
DATEX-P:

So einfach ist die Sache, mit der ganzen Welt Verbindung auf-
zunehmen. Die IMCA-Mailbox von LEUE MANAGEMENT CONSULTANTS
befindet sich zwar in der Nähe von Fulda, doch kann man sein elektronisches Postfach – wenn es denn schon unbedingt sein soll – in
Kalifornien oder Tokio einrichten. Nötig ist das nicht, denn die Box
von Günther Leue verbindet auch mit anderen Mailboxen.

Interessant ist auch die Möglichkeit, sich eine eigene Datenbank
aufzubauen, um sie aus der Ferne über Telefonleitung zu nutzen.
So ist ein findiger Kaufmann auf die Idee gekommen, das völlig un-
übersichtliche Angebot seiner Branche in seinen Computer eingeben
zu lassen und seine Außendienst-Mitarbeiter mit batteriebetriebenen Computern und Akustikkopplern auszustatten. Sie wissen jetzt
immer Bescheid. (Es gibt auch batteriegespeiste Akustikkoppler,
so den EPSON CX-21, die völlig netzunabhängig machen und den Datenaustausch sogar von einer Telefonzelle aus ermöglichen.)

Das beste Programm und der zuverlässigste Akustikkoppler arbeiten nicht, wenn man Koppler und Computer nicht miteinander
verbinden kann. Bei Apple in München war trotz mehrerer Anrufe
jeweils niemand ausfindig zu machen, der über die sogenannte **Pin-
belegung** eine Auskunft hätte geben können. Ein Händler konnte
auch nicht helfen, weil er "keine Unterlagen darüber" besaß. Hilfe
kam von **A.U.G.E.** (Apple User Group Europe) in Oberhausen. Die
übermittelte Schaltung funktionierte auf Anhieb und soll nicht ge-
heimgehalten werden. Hier ist sie:

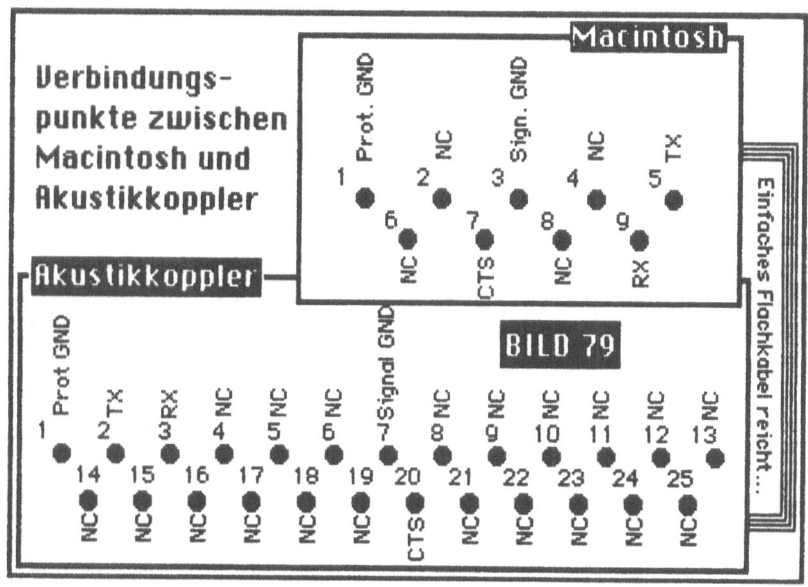

Die **Schnittstelle** (Einrichtung zur Verbindung verschiedener
Baugruppen, Geräte oder Programmleistungen) zum Anschluß seriell arbeitender Datenübertragungs- oder Verarbeitungsgeräte ist
meistens eine **V 24-** oder **RS 232 C**-Schnittstelle. Sie kommt oft
sogar mit nur drei Leitungen aus, sollte aber in der Regel nach
Herstellervorschrift angeschlossen werden.

Was über die Drähte einer solchen Schnittstelle organisiert werden kann, verdeutlicht auch die Agentur **brainware** in Essen. Sie
besitzt in einem Mailbox-Rechner ein Hauptfach mit mehreren Un-
terfächern. Die Partner der Agentur haben die üblichen Möglichkeiten, ihre Arbeiten vorzulegen. Einen Computer haben viele. Dadurch werden Beiträge in der Regel mit Textverarbeitungen erarbeitet. Die Agentur ist jedoch ausgerüstet, eine Vielzahl von Dis-
kettenformaten zumindest lesen zu können. Das vereinfacht die Arbeit wesentlich, wenn Beiträge auf Disketten geliefert werden.

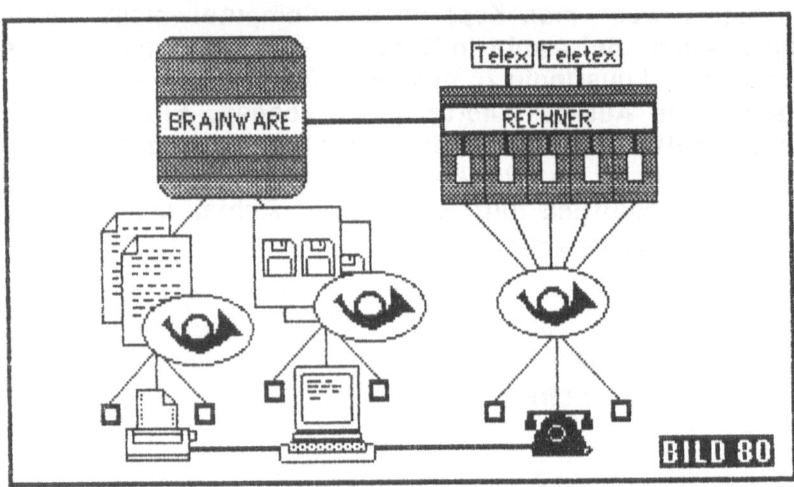

Noch einfacher wird die Tätigkeit, wenn die Partner "kommunikationsfähig" sind. Da viele Computer bereits eine RS 232 C-Schnitt-
stelle besitzen, bedarf es zum Datenaustausch über DATEX-Lei-
tungen nur der Anschaffung eines Akustikkopplers und der Erlaub-
nis, den Postrechner anwählen zu dürfen. Die sogenannte **NUI** ist
jedoch schnell zu bekommen und kostet zur Zeit 15 Mark im Monat.
Die Terminal-Software ist oft von Freunden zu bekommen, so daß
noch die Kosten für den Akustikkoppler bleiben: etwa 600 bis 700
Mark.

Wer die Möglichkeiten der Rechnervernetzung beruflich nutzen
kann, kommt heute mit Sicherheit schon deshalb auf seine Kosten,
weil er anderen dadurch wahrscheinlich weit voraus ist. Ein
Handelsvertreter mit Auto wird einem Konkurrenten mit Fahrrad
wohl auch erheblich voraus sein. Wer kühl rechnet, wird vielleicht
sogar erkennen, daß die Vorteile der Datenfernübertragung die
Anschaffung einer kompletten Mikrocomputeranlage rechtfertigen.

Deshalb noch einige Worte zur Hardware, zu der ja auch der Mac
gehören kann.

Für die Datenfernübertragung steht der Computer kostenlos zur
Verfügung, wenn er so oder so schon vorhanden ist. Seine An-
schaffung mag notwendig gewesen sein, um Korrespondenz zu
erledigen, Lagerbestände zu verwalten, Rechnungen zu schreiben
und Außenstände zu überwachen oder um eine Datenbank zu unterhalten – oder alles zusammen. Computer, die eine entsprechende
Leistung besitzen, verfügen meistens auch über eine RS 232 C-
Schnittstelle. Fehlen also nur noch die Terminal-Software und der
Akustikkoppler. Wer viele Daten zu übertragen hat, kann vom
Koppler auch absehen und sich mit der Post über die Installation
eines P20-Modems unterhalten. Dann ist er, wie zum Beispiel die
brainware-Agentur über die **IMCA**-Mailbox, zu vernachlässigba-
ren Kosten mit der ganzen Welt verdrahtet.

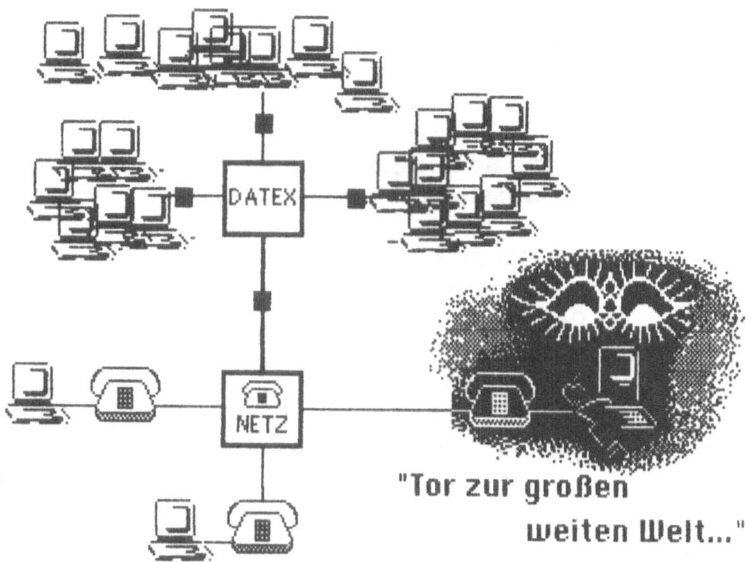

Umgekehrt geht die Rechnung, wie schon angedeutet, ebenfalls
auf. Wer bislang gezögert hatte, sich einen Computer zuzulegen,
könnte sich vielleicht durch die neuen Vorteile der Datenfernübertragung angelockt fühlen. Bald wird es (abgesehen von Brother)
billige Terminalcomputer geben, die vielleicht auch eine Textverarbeitung und eine Datei- oder Adreßverwaltung gestatten, dazu
eventuell noch ein Kalkulationsprogramm bieten – das alles aber
nur, wenn ein Diskettenlaufwerk angeschlossen wird. Ansonsten
unterstützen sie nur Bildschirm und Drucker.

Solche Mikrocomputer, die ja in etwa den batteriebetriebenen Begleitcomputern von EPSON oder Tandy entsprechen, sind für die Telekommunikation sehr sinnvoll einzusetzen. Die Datenfernübertragung oder -verarbeitung ist ja nur deshalb nicht sehr bekannt und scheinbar eine Angelegenheit für exklusive Nutzer, weil oft irrtümlich geglaubt wird, sie sei ein horrend teurer Spaß. Dieser Irrtum wird offiziell sogar noch stark unterstützt, wie eine Mitteilung von Triumph-Adler belegt, die sich in der Mailbox des Autors einfand:

Befehl: n 16 pc

Nachricht Nr.:   16
Nachricht von: ARGUS
Betrifft: KOMMUNIKATIONSFAEHIGKEIT FUER TA BITSY
Abgesandt am: 13-08-84, 17:30:30
Empfänger: SMART-TERMS
Text:

Triumph-Adler in Nürnberg (Frau Gertrud Schipper-Hummel, Manager "Product Support Communications" - Tel. 0911- 322 6839) informiert uns darüber, daß das Textsystem BITSY von TA mit einer Zusatzplatine für DM 3.500,-- kommunikationsfähig gemacht werden kann und daß ein Terminalprogramm für DM 3.000,-- (in Worten: dreitausend DM) zur Verfügung stünde, mit dem dann über PAD Datex-P mit MAILBOX-Systemen kommuniziert werden kann. (X.28 - TTY - Protokoll).

Hier erübrigt sich jeder Kommentar. Für so viel Geld bekommt man heutzutage einen kompletten Computer mit Bildschirm, Floppy und Drucker. Im Preis kann eventuell schon alles enthalten sein, was zur Datenfernübertragung notwendig ist. Das Terminalprogramm, mit dem diese Nachricht empfangen wurde, hat nichts gekostet, weil es in der Zeitschrift **A+** veröffentlich wurde und nur in den Macintosh eingetippt werden mußte.

Jene berüchtigten "Hacker", die so vehement verteufelt werden, gäbe es gar nicht, wenn alles so immens teuer wäre. Nur weil der Einstieg in die Datenfernübertragung so billig ist, gibt es auch die Hacker. Diese benutzen zwar keine Programme zu 3.000 Mark, mit Sicherheit aber vollwertige Terminalprogramme, die in den Staaten kaum 50 Dollar kosten.

DFÜ hat nur deshalb einen so breiten Raum im Buch bekommen, weil Mikrocomputer schlechthin für Fortschritt stehen. Wenn man sie aber nicht fortschrittlich nutzt, sind sie so etwas wie ein Omnibus für eine zweiköpfige Familie. Nehmen wir als Erkenntnis mit, daß der Macintosh als Terminal ebenfalls tauglich ist.

Terminkalender, Adreßverwaltung, Textverarbeitung, Grafikprogramm, Kalkulationstafel – das sind Allzweckprogramme, die
eigentlich jeder gebrauchen kann. Hat er sie einmal, fällt ihm auch
ein, wo er sie nutzbringend einsetzen kann. Wenig nachdenken muß
man über den Sinn eines Programmes zur grafischen Aufbereitung
von Zahlen. "Ein Bild kann mehr sagen als tausend Worte." – Das
stimmt. Weil Zahlen so abstrakt sind und ihre Verhältnisse zuein-
ander sich schlecht vorstellen lassen, sind besonders in der Stati-
stik Grafiken so beliebt.

Auch da hat der Macintosh etwas zu bieten. Das Programm **MS-
Chart** liegt zwar auch nicht in einer offiziellen Version vor, aber
darauf kommt es jetzt schon gar nicht mehr an. Hauptsache, wir
können uns einen Einblick in seine Leistung verschaffen.

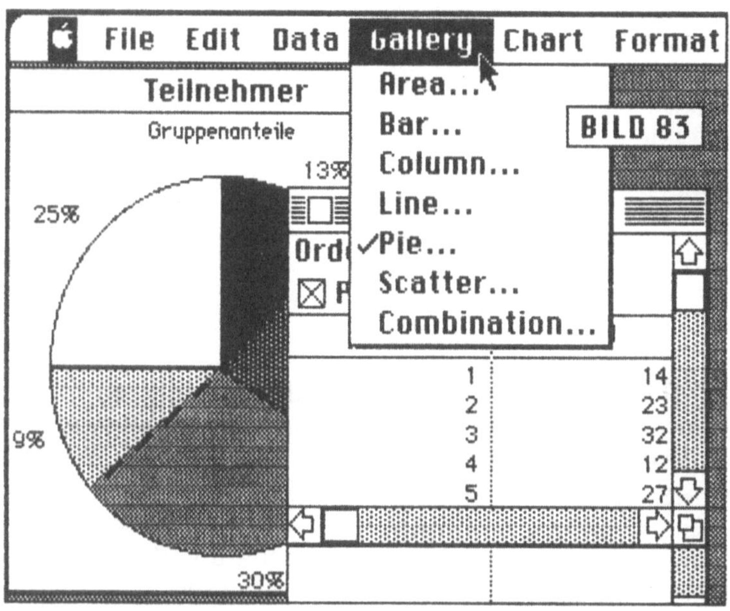

Vorgegeben werden XY-Werte und Bezeichnungen. Für **BILD 83**
sind bei X die Zahlen 1 bis 5 als Gruppenbezeichnung eingegeben
worden und bei Y die Zahlen für die Gruppenstärke. Unter *Data*
wurde der Name "Gruppenanteile" für die Grafik festgelegt. Unter
Gallery kann man aus verschiedenen grafischen Vorschlägen die
gewünschte Darstellungsart aussuchen. Hier wurde für "Torte"
(*Pie*) gestimmt, wonach das Programm sofort mit der Umsetzung
begann. Ergebnisse können gespeichert und ausgedruckt werden.

BILD 81 auf der Anhangseite 5 (mit der Reihenfolge ist es so was...) verdeutlicht eine andere Weise der Datenaufbereitung. Das Programm erstellt selbständig die Skalen für die XY-Achsen. Es ermittelt auch den Höchstwert und teilt dementsprechend ein. Nach dem Vorschlag, den man unter *Bar* akzeptiert hat, wird die Grafik aufgebaut. Zusätzliche Angaben waren: "Streiktage je 1000 AN p.a." als Titel sowie "Land" und "im Schnitt p.a." für die Achsen. In die fertige Grafik wurden Textfenster gesetzt für "in der Schweiz", "in Italien" und "8 = Bundesrepublik". Dadurch bekam die Grafik ihr individuelles Gepräge, weil es um diese drei Länder gehen sollte. Das Verhältnis zu anderen Ländern sollte wegen der Gesamtschau nur angedeutet, aber nicht präzisiert werden. Ähnliches gilt auch für **BILD 82** auf Anhangseite 6.

Hier sind automatische oder indiduelle Vorgaben möglich. Bei Automatik lassen sich etwa Jahresangaben inkrementieren.

Auf dieser Seite sind die Werte einzusetzen, die anschließend grafisch dargestellt werden sollen.

BILD 84

Die Maus steht wieder im Vordergrund. Die Wahl soll beim Programmlauf so weit wie machbar auf eine Entscheidung unter mehreren möglichen oder **Cancel** (Keine Entscheidung, Rücksprung) beschränkt werden. Weil Grafik als Bildsprache nicht von einer Landessprache abhängig ist, werden beim Programm MS-Chart die Möglichkeiten der Mausbenutzung sozusagen auf die Spitze getrieben. Man zeigt auf das, was man haben möchte – klick! Einige Resultate sind auch auf den Anhangseiten 7 und 8 zu sehen.

Hier liegt unbestreitbar die Stärke des Macintosh. Er ist ein Computer zum Hantieren. Vielleicht ist noch nicht genügend darüber nachgedacht worden, was es eigentlich bedeutet, eine Maschine zu "bedienen". Meistens ist die Bedienung auch harmlos. Dann steht das Wort wohl eher für das Wort Benutzung. Die Mikrocomputer aber haben vielen ihrer Benutzer eingebläut, was es bedeuten kann, eine Maschine bedienen zu sollen: eine ganz schöne Arbeit, wenn nicht eine Qual. Der Mac ist da menschlicher.

Meinungsmache über den Mac

Was über den Macintosh zu lesen war...
...und man sich dabei denken konnte.

Das harte Los der Journalisten ist oft, nicht nur etwas schreiben zu wollen, sondern etwas schreiben zu müssen. Es gibt "Ereignisse", an denen niemand vorbei kommt. Solche Ereignisse heißen häufig Pressekonferenz.

Veranstaltungen kann man machen. Daß ein Ereignis daraus wird, obliegt der Kunst der geheimen Verführer. Apples weltweite Mac-Vorstellung wurde schon lange vorher durch Übersendung von Postern vorbereitet, auf denen sich grafische Kunst austobte. Besonders wertvoll zur Wiederverwendung waren die Versandhülsen.

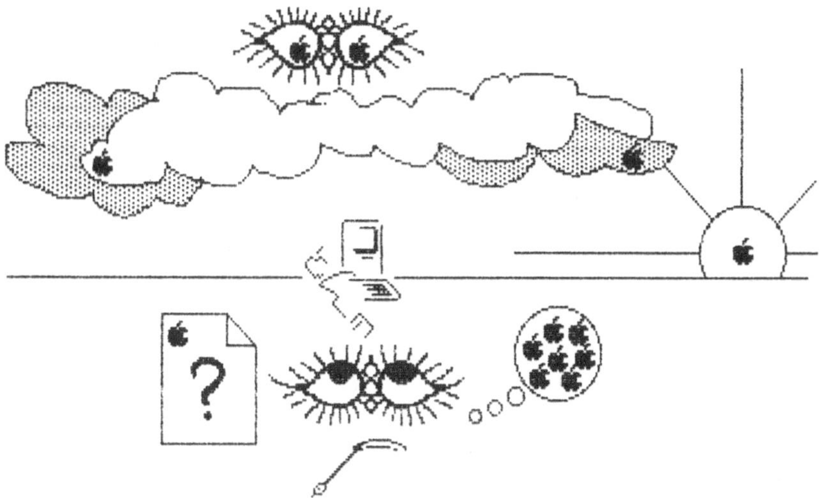

Endlich war es soweit: Ende Januar 1984 erlebte der Palmengarten zu Frankfurt, wie man Journalisten zusammentrommelt und zur Futterkrippe führt. Eine tosende Video-Schau, Manager in Spotlightkegeln als Sensationsmoderatoren – und ein Mac, der in Szene gesetzt wurde wie ein Nobelpreisträger. Auf den Tischen vor den Gästen überall ein leeres Buch mit dem Titel **Die Macintosh-Story. Geschrieben am 25. Januar 1984 von:** ....

Die Journalisten wurden vorab mit Zahlen gefüttert, durch die
Apple gegen das Gerücht anfocht, der Firma gehe es gar nicht gut.
Dieses Gerücht hatte sich hartnäckig gehalten, obgleich die nach
amerikanischem Bilanzrecht veröffentlichten Zahlen keine Grundlage dafür boten. Weil die Presse auch berichtet, wenn es nichts zu
berichten gibt, waren viele Blätter voll von orakelnden Sprüchen
zu Apples Zukunft als Abhängigkeit von Macs Zukunft. Dieser Computer, so die fast einmütige Auffassung, würde Apples Glanz oder
Niedergang entscheiden.

Für solche Gerüchte konnte Apple nur dankbar sein. Nichts wirkt
frappierender als der Ruf zu einem vermeintlichen Krankenbett, in
dem gerade fröhlich ein Kind gezeugt wird. Die Regie auf der Pressekonferenz sorgte dafür, daß sich die Journalisten wie legitime
Voyeure fühlen durften, als vor den amerikanischen 110 Volt-Macs
die verdeckenden Stellwände beiseite geschoben wurden...

Da standen sie dann, die Macs, deren Namen von einer Apfelsorte abgeleitet worden sein sollten. MacIntosh, **McIntosh**,
Macintosh – auch darüber wurde diskutiert. Und: Apfelsorte oder
nicht Apfelsorte? Einer wollte wissen, daß die Apfelsorte ohne das
a auskommt. Fest stand aber: Macintosh bedeutete für Apple das
To be or not to be. Mit der Werbekampagne für dieses technologisch hochstehende Industrieprodukt war die Aufmerksamkeit von
Journalismus und Journaille bis zum Brodeln angeheizt worden.

Apples Manager durften gespannt sein, welche Früchte im Blät-
terwald wachsen würden.

Erst einmal waren es die Früchte, die Apple selbst verteilt hatte. **CHIP** – Deutschlands bekannteste Mikrocomputer-Illustrierte,
fragte in der Februar-Nummer ("Ab 30. Januar 1984 bei Ihrem
Zeitschriftenhändler"): **WAS LEISTET DER MACINTOSH?** Und in direkter Anrede, wie bei einer Anzeige, folgt die Aufforderung:
"Vergessen Sie alles, was Sie über Computer gehört haben." Derart
ermuntert, konnte der Leserverstand auf einiges gefaßt sein. Wer
jetzt nicht weiter las, dem entging einiges.

"Wie läßt man sich nun von Macintosh nicht zum Opfer eines Fliegenfängers degradieren?", fragt CHIP. "Ganz einfach: Das Ding anfassen, mit ihm herumspielen, versuchen herauszufinden, was in dem «tragbaren Fernseher» wirklich drinsteckt." Dann wird Spannung erzeugt: "Als Warnung sei hier gleich vorangesetzt, der Macintosh untertreibt maßlos. Wer sich nämlich seine Meinung über den Neuen von Apple vom Bild, Prospekt oder gar über Blickkontakt durch das Schaufenster oder auf die Verkaufstheke bildet, wird sich mit dem Urteil «Gimick» zufriedengeben. Damit bezeichnet unsere amerikanisierte Sprache ein Produkt, das zwar die Konkurrenz an Originalität überragt, aber keinen Nutzwert besitzt. Nur ein liebenswertes Spielzeug also?"

Hier schon einzuhaken, scheint verfrüht, obwohl man sich fragen sollte, woher die Autoren "-rk/-st." ihre Prognosen nehmen. Denn sie konnten den Macintosh noch nicht auf einer Verkaufstheke oder in einem Schaufenster gesehen haben. Und der Artikel mußte schon in Druck sein, als der Mac noch gar nicht der Öffentlichkeit (sprich: Presse) vorgestellt war. Auch gibt es keinen "Gimick". CHIP ließ sich von dieser Tatsache nicht entmutigen und druckte fett:

"Kein Gimick

Um ein Fazit vorwegzunehmen: Der Macintosh ist kein Gimick, sondern ein Produkt, das technologisch und auch im Preis-Leistungs-Verhältnis eine Sonderstellung auf dem Computermarkt einnimmt.
Schon das Auspacken macht Spaß. Hier zeigt sich bereits, daß der neue Apple-Computer bis in das kleinste Detail durchdacht ist. Alle Komponenten des Systems finden in einer Schachtel Platz. Und die Styroporummantelung ist so gewählt, daß man sich beim Auspacken nicht gleich die Fingernägel abbricht."

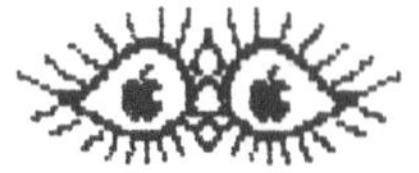

Darauf muß man kommen. Am besten, man genießt die Freude mehrfach, indem man ihn wieder einpackt, um ihn wieder auspakken zu können. Was Apple nicht alles kann. Fragt sich nur, wie all die unzähligen Computer komplett mit Styroporschutz in nur einen Karton gekommen sind, bevor es den Macintosh gab.

Um möglichst schnell mit "Neuigkeiten" aufzutrumpfen, tut man
einiges. Direkt neben einer gelungenen Farbfotografie steht eine
wichtige Erkenntnis:

"Im einzelnen besteht die arbeitsfähige Grundfiguration, die in
einem Karton verstaut ist, aus:
● Computer mit Bildschirm und Diskettenlaufwerk – also einer
einzigen Komponente
● Tastatur
● Maus
● Kabel zum Anschluß der Tastatur
● Kabel zum Anschluß der Maus
● Kabel zum Anschluß an das Stromnetz
Mit dieser Simplifizierung ist der Apple-Technik sicher ein wich-
tiger Durchbruch auf dem Computermarkt gelungen."

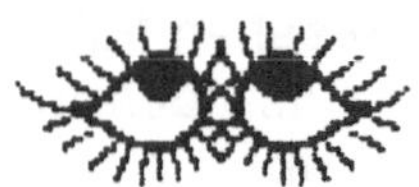

Was da ganz simpel durchgebrochen ist, mögen andere beurteilen. Schon die Aufzählung stimmt nicht, denn das Kabel der Maus
ist einer ihrer Bestandteile und fest mit ihr verbunden. Aber
eigentlich wurde mit diesem vermeintlichen Lob Apple nur geta-
delt. Denn der GENIE III-Computer beispielsweise weist nur drei
Komponenten auf: Computer mit Bildschirm und zwei Minifloppies zu
je 800 Kbytes sowie Anschlußkabel für die Tastatur, die Tastatur
selbst und das Anschlußkabel zum Netz.

Die Autoren übertrafen sich zwei Absätze später aber selbst mit
der Erklärung der Maus: "Populär erklärt handelt es sich bei der
«Maus» um eine Art Zeichengriffel, der einer Zigarettenschachtel
gleicht, die auf einer Rolle läuft." – Eine Maus als Zeichengriffel in
der Form einer Zigarettenschachtel auf Rolle. Populär. Jeder weiß
Bescheid. Bleibt noch die Erkenntnis: "Der Bildschirm hat eine gute
Auflösung. Er ist sicher nicht der «größte». Ein ganztägiges inten-
sives Arbeiten daran könnte eventuell zu Ermüdungserscheinungen
führen. Aber das Gerät ist ja nicht als Arbeitsplatz-Terminal konzipiert."

Da wird Apple sich gefreut haben. CHIP kann getröstet werden:
Ermüdungserscheinungen oder auch nur geringste Störungen der
Sehfähigkeit waren selbst bei monatelangem Arbeiten nicht zu be-
obachten. Allerdings diente der Mac als Arbeitsplatz-Terminal,
was er bestimmt auch sein soll. Sonst kann man ihn vergessen.

Mit im gleichen Boot der Ratespiele saß auch der Chefredakteur
der **microcomputerwelt**, die sich ein wenig als Bildzeitung der
Branche versteht. Norbert Strauch konnte sich wie alle anderen
auch in Deutschland nur auf die unter dem Tisch gehandelten
Informationen beziehen. Aber über den Draht der weltweiten Gruppe cw-publications zog er Informationen der amerikanischen Kollegen heran.

Daß über den Mac eigentlich nichts Konkretes zu berichten war,
ließ der Chefredakteur durch den distanzierenden Konjunktiv
schimmern. In seinem Februar-Artikel, der ja auch schon kurz
nach der Jahreswende in die Setzmaschine wandern mußte, wim-
melt es nur so von "soll". Doch gründlich daneben griff er mit einer
Feststellung im Indikativ: "In Deutschland wird der Macintosh in
seiner Grundausstattung knapp 6000 Mark kosten. Der Drucker dazu
muß freilich noch extra gekauft werden." Und schon kommt wieder
das vorsichtige "soll": "Ab April soll der Mac bei rund 250 Händlern
in Deutschland erhältlich sein." Weise Vorsicht. Im Gegensatz zu
CHIP berichtete die **mcw**: "...soll der Mac nicht zuletzt in den Büros im Verbund mit anderen Apples eingesetzt werden."

"An positiver Publicity", druckte die mCW in Neudeutsch, "fehlt
es nicht. Denn die wenigen Auserwählten, die den Mac schon einmal
genauer unter die Lupe nehmen durften, schwärmten in höchsten
Tönen von ihm. So schrieb Doug Clapp, Kolumnist der amerikanischen mcw-Schwester: «Infoworld»: «Ich habe mit ihm Dinge
machen können, von denen ich nie geglaubt hätte, daß sie mit etwas
anderem als einem Großrechner möglich sind.» Und Jean Yates,
Präsidentin von Yates Ventures, einem Softwarehersteller im kali-
fornischen Los Altos, meint, der Mac sei ein «exzellenter leicht
bedienbarer Computer. Er ist wahrscheinlich der einzige, der mit
dem IBM-PC eine Weile mithalten kann». Aber sie fügt hinzu: «Mit
chromblitzender Technologie allein kann man die Geräte nicht mehr
an den Mann bringen. Computer werden mittlerweile verkauft wie
alles andere auch. Es kommt darauf an, wer am meisten die Wer-
betrommel rührt.»"

Und dann erinnert sich der Journalist an Apples Großspurigkeit,
bei der schon einmal Hochmut vor dem Fall gekommen war: "Anfang
letzten Jahres hatte Apple-Gründer Steven Jobs erklärt: «Die Lisa-
Technologie wird die Basis der Apple-Technologie in den achtziger
Jahren repräsentieren.» Er verkündete, daß die Maschine einen
«phänomenalen Erfolg» haben werde. Sie hatte ihn aber nicht."

Auch im weiteren Verlauf bleibt der Chefredakteur auf Distanz.
Man merkt dem Artikel an, daß harte Fakten eben noch nicht zu
bekommen waren. Obwohl die Redakteure der Computer-Zeitschrif-
ten (zum größten Teil dort aktiv, wo auch Apple ansässig ist)
schon einmal privatissime bei einem Abendessen nach Neuigkeiten
bohren, waren sie kaum fündig geworden. Apples Verwirrspiel war
perfekt und gemein. So schloß der Chefredakteur seinen kühlen
Anriß, der mit **Mac soll Lisa ernähren** überschrieben und auch
mit einer Lisa bebildert war: "Die meisten Händler sind von den
Möglichkeiten, die der Mac bietet, begeistert. Aber sie fürchten,
daß die Vorschußlorbeeren, mit denen dieses Gerät bedacht worden
ist, beim Kunden zu hohe Ansprüche geweckt haben. «Aufgrund all
der Spekulationen um den Mac», so meint ein amerikanischer Händler skeptisch, «glauben die Leute jetzt, es handelt sich dabei um
ein Wunderding.»"

Computer persönlich hatte es für seine Berichterstattung
schon leichter. In der Nummer 4 vom 8. Februar 1984 ließ sich in
der Spalte *Aktuell* Platz reservieren. Dadurch konnte die 14tägig
erscheinende Zeitschrift auf die stattgefundene Pressekonferenz
und die hautnahen Erlebnisse mit dem Macintosh Bezug nehmen.
Auch führten die Autoren "aa/gu" Beweis durch ein Bildschirmfoto,
auf dem in ein *Note Pad* geschrieben war: "Computer persönlich
testet den Macintosh von Apple Computer."

Was die beiden Redakteure erlebt hatten, packten sie in eine
nüchterne Aufzählung von technischen Daten und Finessen mit Sei-
tenblicken auf den IBM-PC und die Lisa. Wo nichts Handfestes zu berichten war, zogen sie sich auf Äußerungen im Konjunktiv zurück.
In der Hauptsache brachten sie Bildschirmfotos, die den Lesern
mehr sagen konnten als Worte. Bei ihrer Vermutung zum Preis la-
gen sie goldrichtig: "Der Macintosh wird ohne Drucker wahrscheinlich zwischen 6000 und 8000 Mark kosten." Stimmt, haargenau dazwischen. Apple pokerte lange um den Preis, der auch niedriger
angesetzt werden sollte, und entschied sich dann für fetten Profit.

Mit zu denen, die bei ihrer Berichterstattung über die Vorstellung des Macintosh schon und noch das Getöse der Pressekonferenz im Ohr haben konnten, gehörte **microbit**, das ganz im Zeichen des Mac aufgemacht wurde.

Im Editorial prügelt Professor Manfred Bues erst einmal auf dem undifferenzierten PR-Gefasel herum, mit dem die ganze Branche es selbst verschuldet, wenn kaum noch jemand eine Nachricht für bare Münze nimmt. Dabei könnten auch die Beurteilungskriterien für echte Innovationen so sehr verkommen, daß der Papierkorb zum Gedächtnis der Angesprochenen wird. Zum Macintosh: "Gerade der Macintosh ist ein gutes Exempel für mögliche Falschorientierung in den Papierkorb. Ich höre schon die Kritikerstimmen: Macintosh bietet nichts Neues! MC 68000-Prozessoren werden mittlerweile schon in zig Mikrocomputersystemen eingesetzt. Mikrofloppies sind auch bekannt, und die Maus-Technologie kennen wir schon von der Lisa. Wieso also den Mac als innovative Leistung einstufen?"

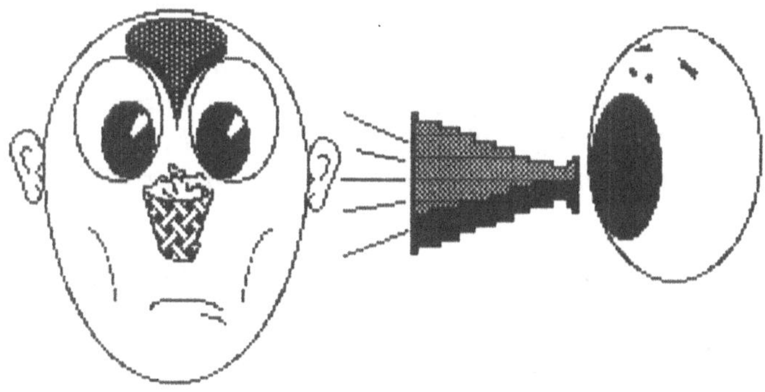

"Meine Antwort:", schrieb Bues, "die Kombination aus Technik, mitgelieferter Anwendungssoftware und Preis macht den Effekt aus. Hard- und Softwareeigenschaften erschließen dem Mac Anwendungsgebiete, die weit über simple Datenverarbeitung hinausgehen. Insbesondere die Grafikeigenschaften verdienen besondere Erwähnung. **Für mich bekommt 'personal computing' mit einem Gerät wie dem Mac eine neue Dimension,** deren praktische Erschließung mehr verlangt, als nur eben schnell ein paar technische Prospektdaten abzuhaken."

"Jeder muß für sich prüfen", riet der Professor, "ob und wie sich Innovationen in seinem Arbeitsfeld einsetzen lassen. Neben Sachwissen ist dazu phantasievolles Denken erforderlich. Diese Kombination macht die Beurteilungskompetenz aus. Keine Beurteilungskompetenz billige ich jenem selbsternannten Mikrocomputer-Experten zu, der im Zusammenhang mit dem Mac sagte: «Der kann ja nicht einmal MS-DOS!»" Wen er wohl gemeint haben mag? Auf der Pressekonferenz im Palmengarten stolzierten etliche solcher Experten herum...

Zur Sache kam **microbit** unter dem Titel **Macintosh für Leute, die sich nicht umstellen wollen** mit einer Information, die aus der braven Presse nicht zu erfahren war: "Apple-Europachef Michael 'Mike' Spindler (42) und Apple-Deutschland-Marketingleiter [*mittlerweile nicht mehr*] Gerhard J. Pleil (41), via Mikrofon und Kamera auf Superbreitwand übertragen, nutzten dann auch die unter Anrechnung aller Vorbereitungen DM 150000 teure Veranstaltung, um mit kräftigen Sprüchen das seit 'Lisamaus' leicht angekratzte Apple-Image aufzupolieren. Schon Lisa hatte auf dem Markt Furore machen und die Konkurrenten das Fürchten lehren sollen. Daß es anders ablief, als es dem Wunsch der Lisa-Väter entsprach, lag an der nicht vorhandenen Kompatibilität zu den Vorgängermaschinen Apple ||| und Apple ||, an einer dünnen Software-Versorgung und verspäteten Verfügbarkeit der Hardware."

Derart auf den Wahrheitstrip geraten, scheute microbit nicht vor weiteren Bissigkeiten zurück. Außerdem wurden Details erwähnt, die in einer mehr für den Handel bestimmten Fachzeitschrift nicht ungewöhnlich sind. So zum Beispiel die Tatsache, daß Hartmut Esslinger, der durch das Design von Sony-HiFi-Geräten und die Gestaltung von Büromöbeln des Herstellers König & Neurath guten Ruf genießt, auch Hand an den Entwurf für das Macintosh-Gehäuse gelegt hatte.

"Apples Mac", verriet microbit, "kann die äußere Verwandtschaft zu Sony-Fernsehern denn auch nicht ganz verleugnen. Warum auch: einmal verwendet er Sony-Technologie – nämlich als Laufwerke für Sony's 3 1/2-Zoll-Mikrofloppy – und zum anderen ist er, sagen seine Väter und wird es innerhalb von zehn Minuten Beschäftigung mit ihm klar, (fast) so leicht zu bedienen. Mit der Graphik-Maus nämlich, die das 1983 herausgekommene Bürosystem Lisa als erster Computer überhaupt einsetzte: Lisa kann, wie nun auch der Mac, ohne Computerkommandos gesteuert werden – nur durch Druck auf die Maus."

Dann aber kann sich microbit den Fettdruck nicht verkneifen:
"Laute Töne allenthalben. Apples Pleil sprach vollmundig von einer
**«neuen Phase der Computernutzung: Mit Macintosh wird
der Computer zum vielzitierten Handwerkszeug». Und:
«Macintosh soll Industriestandard in der 32-Bit-Welt werden»."** Noch einmal wird Pleil zitiert: "Pleil selbstbewußt: «Mac hat
gegenwärtig und in absehbarer Zukunft keine adäquaten Mitbe-
werber.»" Dann geht auch microbit in den vorsichtigen Konjunktiv:
"Die weltweit für ihn tätigen 160 Softwarehäuser - sechs in der
Bundesrepublik Deutschland - sollen bis Ende dieses Jahres fünf-
hundert Anwenderprogramme erstellen."

Das eigentliche Fazit zieht microbit bereits ziemlich in der Mitte
seines Beitrages (fettgedruckt): **"Apples Markterfolg mit dem
Mac hängt also auch vom kreativen Denken seiner potenti-
ellen Anwender ab. Wenn diesen im Zusammenhang mit
Mac nicht mehr einfällt als Tabellenkalkulation und Textverarbeitung, dürften sich die Computerbauer aus Cupertino verkalkuliert haben."**

Ende des Jahres wird man nachzählen dürfen. Auf nahezu zwei
Dutzend Anfragen bei Firmen in den Vereinigten Staaten, die Mac-
Programme als lieferbar inserierten, kam bis jetzt nicht eine einzige Antwort. Und es ist nicht ohne Bedeutung, daß im gerade los-
brechenden Zeitalter des "Computer-Breakens" (CB-Funker wissen,
was "Breaken" ist und im DX-Verkehr für Spaß macht) Apple noch
kein Terminal-Programm vorlegen konnte, während in einer Zeitschrift ein solches Programm abgedruckt wurde, von dem mittlerweile feststeht, das es tadellos funktioniert.

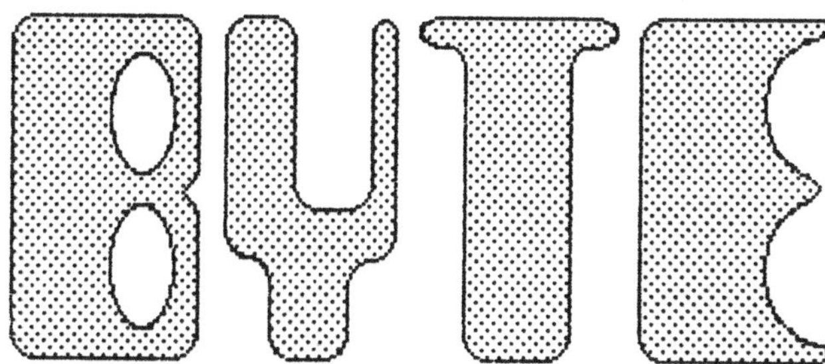

als eine der führenden Microcomputer-Fachzeitschriften in den
Vereinigten Staaten führte in der Februar-Ausgabe der übrigen
Welt vor, was Journalismus ist und was es bedeutet, gute Bezie-
hungen zu besitzen. BYTE bewies aber auch, daß Apple es vorzog,
die deutsche Presse schlimmer als verschlafene Provinzblätter zu
behandeln. Das sollte so bleiben und hält noch an.

BYTE ausführlich zu zitieren, würde zu weit führen. Immerhin hatte diese Zeitschrift mehr als dreißig Seiten Stoff über den Macintosh anzubieten – genug Stoff auch für die europäischen Redaktionen, die trotz der Informationsfülle aus den Staaten von den Apple-Presseabteilungen kurz und bündig mit Nullinformationen abgespeist wurden. Ausgenommen die Vierteljahresbilanzen.

Was in Deutschland bei Apple geschieht, wird vorwiegend in Paris vorgedacht. Aber auch in Paris waren keine Informationen zu bekommen, obgleich Michael "Mike" Spindler als 'Köllsche Jong' doch eigentlich ein Herz für deutsche Journalisten haben könnte. Aber vielleicht darf auch er nicht. Denn jede Verunsicherung der Journalisten muß auch eine Verunsicherung der möglichen Käufer bedeuten, denen dann nur noch der Blick auf Apples Versprechungen bleibt.

Wenn die versammelte Apple-Mannschaft jedoch schon im Oktober 1983 (sicherlich mit Sperrfrist) dem BYTE-Managing Editor Phil Lemmons ein Interview gab, das dann im Februar abgedruckt wurde und stark ans Eingemachte ging, muß man sich fragen, aus welchem Grunde deutsche Apple-Manager noch heute von Tatsachen, die im vergilbenden BYTE nachzulesen sind, angeblich nichts wissen wollen oder tatsächlich keine Ahnung haben. Ein Münchener Journalist gab darauf eine zynische Antwort: "Mann, lies doch mal, wie die Firma heißt: Apple Computer **Marketing** GmbH! – Die wollen verkaufen und nicht mit Journalisten herumschwätzen." Gleichzeitig nannte er die Presseabteilung eine "Versandabteilung für Erfolgsbilanzen".

Mac wurde in der Presse zum Dauerbrenner. Im März gab die **microcomputerwelt** für den Macintosh die Devise aus: **Ran an den Manager.** Der Redakteur holte zwar weit aus und bezeichnete Apple als einen "der wenigen Hersteller, die IBM noch Paroli bieten können", konzentrierte sich kurz auf Farbenspiele ("Um nicht eine vollständig blaue Computerwelt entstehen zu lassen – die Stammfarbe von IBM ist blau –, versucht Apple mit dem Macintosh einen Gegenpol zu setzen."), versandete aber dann wie Computer persönlich im Herunterschreiben von Daten. Bildschirmfotos legten die Vermutung nahe, daß hautenger Kontakt mit der neuen Apfelsorte noch nicht bestand oder aber noch nicht entdeckt worden war, wie man mit der Tastenkombination Shift/⌘/4 Bildschirminhalte reproduktionsreif auf Papier kopieren kann. Der Artikel erschöpfte sich, wie so viele andere auch, im Aufzählen dessen, was der Mac alles kann, zeigte aber nicht auf, wozu er nützlich sein soll. Da hatte Professor Bues schon die bessere Nase...

Wäre Apple angetreten unter der Devise: "Hier habt Ihr eine tolle Maschine. Seht zu, wie Ihr damit fertig werdet, und macht was draus!" - gut. Auch Tandy hatte seinerzeit seinen TRS-80 Modell I mit einem verwanzten Disketten-Betriebssystem auf die Menschheit losgelassen und fast nichts für die Benutzer getan. Trotzdem wurde diese Maschine ein Welterfolg. Sie war eben gut. Auch der Mac ist so gesehen gut. Aber damit allein ist es heute nicht mehr getan. Heute gibt es einen Markt, und da gehört das Klappern zum Handwerk.

Im März, so kurz nach der Premiere, war noch nicht zu erkennen, ob Apple nur Schaum geschlagen hatte. Vorsichtshalber fragte **micro** vom Bertelsmann Fachzeitschriften Verlag: **Wie "big" ist der "MAC"?** Durch Anführungs- und Fragezeichen sollte angedeutet werden, daß für das "big" noch keine Beweise zu finden waren. micro hatte sich auch nicht sehr gefreut: "Ein Saal voller Journalisten wurde mit einer Schau aus Videos und Statements zur weltweiten Einführung des Apple Macintosh überschüttet. Doch wurde hier über das Unvermeidliche hinaus mehr Geheimniskrämerei als Offenherzigkeit praktiziert."

Während Apple mit seinem Getöse entblößte, was man für Journalistengunst zu tun bereit war (oder auch nicht...), war der Preis für den Mac nicht zu erfahren. Auch **micro** hakte da ein: "Weil aber letztlich ohne Wasser keine Suppe zu kochen ist, hörte man die Andeutung, der Preis werde bei 3000 bis 3400 Dollar für ein komplettes System liegen. Das wären je nach Umrechnungskurs dann sogar mehr als 9000 Mark, womit die Maschine bei 24 mal 500 Gramm für den Rechner plus Tastatur teuer wäre, zumal die LISA in der nun entflochtenen Figuration (ohne Software) schon bei 10000 Mark anfangen soll. - So wird's also nicht kommen."

Später spekulierte auch **micro** mit Preisvorstellungen. "Am Schluß aller Betrachtungen wird jedoch immer der Preis stehen. Mit 10000 Mark für die schlankste Lisa und vielleicht 3800 für den Maus-//e müßte der Macintosh ohne Drucker etwa die Mitte belegen, also bei 6900 Mark liegen. Mit Drucker käme er dann auf 8500 Mark. Damit wäre die Maschine dann vergleichsweise preiswert."

micro verschätzte sich um einen Hundertmarkschein, ohne zu ahnen, Apple damit einen guten Dienst erwiesen zu haben. Die ganze Welt spekulierte. Apple selbst hatte darauf spekuliert, den Mac vielleicht 500 Dollar billiger anzubieten. Als aber alle Magazine höhere Preise vermuteten und den Mac trotzdem für verkäuflich hielten, langte Apple hin - pro Mac um über 1000 Mark mehr.

Der April, Monat der Scherze und Wetterlaunen, zog ins Land, und einige Redaktionen hatten "ihren" Mac zum "Testen" oder was auch immer. Die **microcomputerwelt** mußte es umgehauen haben, denn sie titelte fast sprachlos: **Eine neue Welt.** Voll der Erkenntnis schrieb der Redakteur: "Mit dem neuen Macintosh möchte Apple einem größeren Anwenderkreis, als dies mit der Lisa möglich war, die Lisa- und Maus-Technologie erschließen." Den Anwenderkreis, von dem er sprach, einmal zu umreißen, war der Autor gleichwohl nicht in der Lage. Denn gegen Schluß seines Artikels gestand er ein: "Eine Frage bleibt allerdings nach wie vor offen: die nach der Zielgruppe."

Woher nehmen und nicht stehlen? Die Zielgruppe, irgendwo verstreut im gesamten Leserkreis aller Mikrocomputer-Magazine, sollte sich angesprochen fühlen von Feststellungen wie dieser: "Das Hauptgerät des Mac besteht aus acht Komponenten: zwei Platinen, einem Verbindungskabel zwischen den Platinen, einem Metallchassis, einem 3,5-Zoll-Diskettenlaufwerk, einer Bildröhre und einem Kunststoffgehäuse. Die externe Maus und die Tastatur ergeben dann insgesamt zehn Teile." *Zusammen* mit den anderen Teilen vielleicht, für sich allein genommen aber nur *zwei* Teile. Fragen muß man sich auch, ob es üblich ist, daß Käufer ihre Computer erst einmal auseinander schrauben, um nachzuzählen, ob auch alle "Komponenten" geliefert wurden. Nur wenn das zutreffen sollte, hat es auch Sinn, ihnen mitzuteilen: "Der eingesetzte Prozessor ist der MC 68000 von Motorola, der bei einer Taktfrequenz von 7,83 Megahertz läuft." Auch das ist nicht ganz korrekt. Er *läuft* nicht, erst recht nicht *bei,* sondern *arbeitet,* und zwar *mit.*

Aber der Dolchstoß in die eigene Logik sollte noch folgen. Letzter Absatz, erster Satz: "Abgesehen davon, daß die Software unseres Testgerätes ein paar Mal ausstieg (nur durch Reset zu beheben), arbeitete das System sehr zuverlässig." – Eine neue Welt? In der alles auf den Kopf gestellt wird? Ein Computer, der aussteigt, ist wie ein Auto, bei dem die Lenkung versagt: absolut unzuverlässig. Man weiß ja nie, wann er geruht "auszusteigen". Und wenn bei einem Auto die Lenkung "aussteigt", braucht sie das nur einmal im richtigen Moment vor dem richtigen Baum zu tun.

Computer persönlich holte im April in ungeheurer Fleißarbeit zu einem Zweiteiler über den Macintosh aus, der in die Rubrik "Test" eingeordnet wurde, ebenso gut jedoch in eine Rubrik gepaßt hätte, die es in der Presse noch nicht gibt: Bedienungsanleitung. Was man alles kann und wie es geht, wurde minutiös aufgedröselt und langatmig mit vielen Abbildungen vorgestellt. Trug jede der vier Seiten im April-Heft noch die gewohnte Kopfleiste mit dem Wort "Test", hatte der Mac für die sieben Seiten im Mai-Heft schon Hausrecht gewonnen und die Kopfleiste allein bestritten:

Test | Apple Macintosh

Man kann es drehen, wie man will – eine bessere Bedienungsanleitung konnte vorsorglich gar nicht auf den Markt geworfen werden. Es war ja nicht auszuschließen, daß Apple nunmehr tatsächlich mit dem Verkauf beginnen würde. Doch ließ das noch auf sich warten.

Die Macs, von denen sich Apple trennen mußte, um den Journalisten auch einmal etwas Handgreifliches zu bieten, konnten nicht geheim halten, daß sie auch erhebliche Schwächen aufzuweisen hatten. Nur las man nichts davon.

In den meisten Redaktionen von Fachmagazinen für die Mikrocomputerei ist es noch üblich, die Arbeiten für die Leser mit elektrischen oder elektronischen Schreibmaschinen zu schreiben. Auf die Idee, sich das Tagesgeschäft mit dem Mac zusammen vorzuknöpfen, schien niemand zu kommen. Der war ja nur zum Testen da. Trotzdem mußte Apple erfahren, daß jemand sich mit dem Macintosh intensiv angelegt hatte. Es war die **microcomputerwelt**, in deren Juni-Nummer ein kleines Mädchen abgebildet wurde, das großen Spaß an einem neuen Spiel gefunden hatte: Disk swapping – zu Deutsch: Diskettenwechsel. In das Foto hinein titelte die Zeitschrift auffällig: **Macs Macken.** Für Schnell-Leser boten sich die Zwischentitel im Fließtext an: **Teure Lisa, Byte-Schieberei auf der Floppy, Augenwischerei mit Kbytes, Noch ziemlich nackt, Muß noch gemästet werden.** Schlimm war, daß derselbe Autor in einem anderen Beitrag die Untertitel **Langsam, aber vielseitig** und **Macs Macken: der Speicher** benutzt hatte. Einen so lakonischen Umgang mit der Wahrheit hatte wohl keiner erwartet. Daß diese Wahrheit auch noch gedruckt werden durfte, sprach für das Blatt.

Mit den Zwischentiteln war eigentlich schon alles gesagt. Apple-Leute, mit denen der Autor sprach, regten sich nicht auf. Einer von ihnen fragte nur: "Der Mac ist trotzdem eine feine Maschine – oder nicht?" Natürlich war er das. Und er ist es auch noch heute.

Nicht in den Kopf bekam die Fakten ein frischgebackener Apple-Händler. Ihm schlug die Lektüre derart aufs Gemüt, daß er den Autor entschlossen attackierte. Sein einziges Zugeständnis war, daß ja in einer Demokratie jeder machen könne, was er wolle. Aber er vertrat die Auffassung: "Mann, wir wollen den Macintosh doch verkaufen! Da kann man doch nicht so einen Artikel schreiben!"

Kann man. Derart einen Demokraten im Sinne eines Pöblokraten genannt zu werden, gab dem Autor zu denken. Schon in der Juli-Ausgabe der **microcomputerwelt** setzte er sich mit dem Anpfiff durch den Apple-Händler auseinander: "Dem Apple-Organisierten wurde klar gemacht, daß Pressefreiheit und Wahrheitstreue gebieten, dem Leser ein möglichst genaues Bild von einem neuen Produkt zu verschaffen. Vor allem gebietet es die bloße Existenz eines Fachmagazins wie der **microcomputerwelt**. Denn wo, wenn nicht hier, sollten solche Informationen zu suchen und auch zu finden sein. Etwa in Apples Prospekten?"

Vielleicht wäre der Autor und wären mit ihm die Leiter der Redaktion nicht so in Rage geraten, wenn der Macintosh wirklich schlechtgemacht worden wäre. Doch das war er nicht. Deshalb wiederholte der Autor seine Ansicht: "Der Macintosh ist eine feine Maschine. Mit ihr kann man reprofertige Bücher schreiben (Mac-Write) und perfekt illustrieren (MacPaint). Was man am Ende noch dran verdient, kann man dem Finanzamt mit Multiplan plausibel machen. Mit Chart kann man seine Bilanz sogar grafisch aufschlüsseln, um selbst draus zu lernen. Und mit MacDraw ist die Einrichtung eines Arbeitszimmers wunderbar im Voraus zu planen. Hundert Prozent aller Träume von vielleicht neunzig Prozent aller Interessenten könnten mit dem Macintosh komfortabel erfüllt werden. – Weil auch der Macintosh Grenzen hat, bleiben vielleicht zehn Prozent oder gar zwanzig Prozent Leute, deren Träume durch den Macintosh nicht zu hundert Prozent erfüllt werden mögen. Schlimm ist das nicht, aber drucken darf man es nur, weil wir leider Gottes eine Demokratie haben...

Das war der erste öffentlich ausgetragene Streit um das Recht, mit dem Macintosh etwas tun zu dürfen. Der eine wollte seine Meinung über ihn sagen dürfen, der andere ihn verkaufen. Verkaufen oder nur über die Theke schieben? – Das ist die Frage.

Der Macintosh fordert die Auseinandersetzung mit ihm nur so heraus. Er ist wie eine weiße Krähe unter lauter schwarzen, ein Zebra unter Ponys, ein Apfel unter Birnen. Er fordert auch gewisses Umdenken heraus. Oder anders: mit gewohnten Denkkategorien ist er nicht zu fassen.

Anders zu sein bedeutet aber nicht, auch besser zu sein. Ein Flugzeug ist anders als ein Auto. Man kann mit ihm jedoch nicht von Possenheim nach Lachkirchen fahren. Stattdessen kann man mit ihm in der gleichen Zeit fünf oder zehn Mal weitere Strecken zurücklegen, sofern man über zwei Start- und Landeplätze verfügt.

Im Zeitalter der totalen Verdrahtung ist es aber ein Anachronismus besonderer Art, sich systematisch im wahrsten Sinne des Wortes vom dem abzukoppeln, was als Kompatibilität zum Fetisch avancierte. Nur: Muß denn die Diskette vom Computer A in den Computer B zu stecken sein, um von diesem "gefressen" zu werden? Wenn doch im Sinne der Vernetzung die schlagkräftigste Verbindung von Computern der Draht ist, genügt er dann nicht? Wie leicht es ist, den Macintosh zum Sender und Empfänger zu machen, ist auch leicht zu beweisen. Da genügen ein paar Ellen Flachkabel und ein Paar Stecker. Oder ein Modem. Und schon ist Kompatibilität da, sprich: Verständigungsmöglichkeit. Allerdings nicht bei den Programmen. Was das Innenleben angeht, hat Apple sich von der übrigen Computerwelt drastisch gelöst.

So etwas wurmt. **Jerry Pournelle** ("The Lord of the Manor") setzte sich nach einem Besuch der *West Coast Computer Fair* in BYTE mit seinen Eindrücken auseinander. Dabei spießte er auch den Macintosh auf.

THE BIG MAC hatte es Jerry angetan. Und er war beeindruckt von einem gigantischen Macintosh-Modell, in dem man spazieren gehen konnte. In dem Modell waren auch einige Dutzend Macs aufgebaut, und man konnte sich für eine halbe Stunde Ausprobieren mit Apple verabreden. "Viele Leute nahmen Apple beim Wort", schrieb Jerry, "und sie alle schienen mit einem Lächeln zurückzukehren. Es gibt keinen Zweifel: der Macintosh bedeutet *Spaß*. Ich habe seit den Tagen der Anfänge nicht mehr so viel Vergnügen gesehen."

Aber da war noch mehr zu entdecken: "Ungeachtet aller Mac-Entzückung gab es effektiv null Programm-Software für den Mac. Niemand hatte irgendeine Hardware, um sie an Macs I/O-Port zu hängen (in der Mac-Verkaufsliteratur «virtueller Slot» genannt). Da gab es ein *Sehr-bald-lieferbar-* MacForth, und die Forth-Leute hatten ein Zweitlaufwerk – ohne Gehäuse – an den Mac geschlossen. Sie hatten es augenscheinlich selbst angepfriemelt. Apple stellte keine Zweitlaufwerke bereit. Oder sie waren im Teich."

Das alles in der Juli-Nummer von BYTE, fast ein halbes Jahr nach der Vorstellung des Macintosh. Jerry ließ sich denn auch weiter aus: "Macintosh kommt zusammen mit MacWrite, einem begrenzt leistungsfähigen Text-Editor, und dem Grafik-Programm MacPaint. Apple erwartet von Außenstehenden Software-Entwicklung für die Maschine. Da ist aber so weit nicht viel. Außer Microsofts Multiplan – das beim Macintosh kopiergeschützt ist, aber nicht beim IBM-PC; sind Macintosh-Benutzer vermutlich weniger ehrenwert als IBM-Käufer? – sah ich nur eine weitere Applikation für den Mac." Er beschreibt dann dieses Programm und fährt fort: "Das war alles, was wir für den Mac gefunden haben. Die Maschine hat einige Grenzen, insbesondere für gewerbliche Benutzer. Eine Hauptschwierigkeit ist das Fehlen von Programmen. Eine ausführliche Erörterung dieser Maschine und was sie für die Welt der Mikros bedeutet, wird mehr Raum beanspruchen, als ich ihn in dieser monatlichen Kolumne habe.

In der gleichen Ausgabe von BYTE wird ein Vergleich gezogen, der bei Eingeweihten schon die Runde gemacht hat: "Wenn IBM oder AT&T mit einer Maschine herausgekommen wären, die ein einziges Laufwerk hat, keine Control- oder Esacpe-Tasten, standardloses Interface zwischen Tastatur und System, ein Betriebssystem mit Eigentumsvorbehalt, begrenzten Speicherplatz, geschlossene Architektur ohne jeden Zugriff auf Innereien der Maschine, Diskettenformat mit völliger Inkompatibilität zu irgend etwas in der Mikro-Gemeinde, keine Sprachen außer Microsoft BASIC (und einer Menge Fehler darin) und absolut keine Software – die Mikro-Gemeinde würde Mord und Totschlag gezetert haben. Apple hat genau das getan, und jedermann applaudiert. – Tut mir leid, ich tu's nicht. Dieweil ich das schreibe, ist der Macintosh ein wundervolles Spielzeug; aber viel mehr ist er nicht."

Es tut schon weh, erst in amerikanischer Literatur nachlesen zu dürfen, was in deutschen Magazinen längst hätte stehen können. Es kann nicht daran gelegen haben, daß alle deutschen Journalisten nicht fähig waren, auch Macs Macken zu entlarven. Oder doch? Waren die Testgeräte nur zum Herumprobieren benutzt worden? Hatte niemand sich den Mac als ständiges Arbeitsgerät geschnappt und den Alltag mit einem solchen  Computer zu bewältigen getrachtet? Sollte wirklich anzunehmen sein, daß kaum jemand Augen im Kopf hatte, die Problematik des Mac zu erkennen? Besaß niemand ein Vertrauensverhältnis zu einem Apple-Händler, der vielleicht seinem Herzen Luft zu machen wagte?

Den Unterschied macht, daß die meisten amerikanischen Journalisten, die dem Mac den Marsch bliesen, ihn gekauft hatten. Sie hatten ihn nicht nur zum Anschauen kommen lassen, um Datenblätter umzuformulieren, ein paar schöne Bildchen zu machen und durch aufgeblasene Sprüche mit watteweichem Kern Leser zu beeindrucken, die vielleicht nicht einmal Bit und Byte auseinander halten können. In den Vereinigten Staaten gibt es Testgeräte meistens gegen Rechnung. Gehen die Geräte nicht innerhalb einer bestimmten Frist zurück, ist der Rechnungsbetrag fällig. Es ist anzunehmen, daß kaum jemand sich von dem Mac, den er nun einmal kennenlernen konnte, wieder trennen wollte. **Bruce F. Webster**, der die von Jerry Pournelle offengelassenen Fragen in der August-Nummer mit einer großen System-Betrachtung zu beantworten trachtete, besitzt sogar zwei. Was mit denen ist, erzählt er auch. Frank und frei.

The Macintosh ist sein Bericht überschrieben. Und in amerikanischer Kürze preßt er das Ergebnis bereits in den Untertitel: *Die vielen Facetten eines leicht getrübten Edelsteines.*

"Wenige Computer – mehr noch: wenige Konsumgüter irgendeiner Art – haben eine solche Vielfalt von Meinungen provoziert wie der Macintosh", stellt Webster gleich zu Beginn fest. "Kritisiert als teurer Gimmick und gelobt als der Befreier der Massen, ist der Mac ein potentiell großartiges System. Ob es zu diesem Potential aufblüht, bleibt abzuwarten."

Webster macht anschließend sofort klar: "Persönlich halte ich den Macintosh für eine wundervolle Maschine. Ich benutze einen täglich bei der Arbeit. Und abends dann spiele ich mit dem, den ich zu Hause habe. Ich versuche es wenigstens. Wissen Sie, meine Frau – die sich jahrelang gegen meine Versuche gestemmt hatte, sie an Computer heranzuführen – hat sich in den Mac verliebt (ihre Worte, nicht meine!). Sie benutzt ihn zum Schreiben medizinischer Berichte, Aktenvermerke und persönlicher Briefe. Wahrhaftig, sie hat vorgeschlagen, daß wir einen zweiten Macintosh anschaffen, damit wir uns nicht um den einen vorhandenen streiten müssen."

Ohne Umschweife kommt er dann zur Sache und stellt lapidar fest: "Die Reserven sind mager – er braucht mehr Speicher und mehr Platz auf der Diskette –, und Software kam zu zögerlich auf den Markt." Auch hackt Webster auf dem Preis herum, zumal Apple erst erwogen hatte, sich mit weniger saftigen Profiten zufrieden zu geben. Wahrhaftig, 500 US-Dollar sind in deutschem Gelde je nach Laune des Devisenmarktes rund 1.400 Mark, von denen man weiß, daß Apple sie als zusätzlichen Profit einstreicht, weil ein niedrigerer Preis auch schon ausreichend Profit abgeworfen hätte. Das tut weh!

Dann vermißt Webster einen sogenannten "text mode". Die Bit- oder Pixeldarstellung frißt permanent nahezu 22.000 bytes auf. Bei Verwendung (auch) eines Charaktergenerators, in dem Zeichensätze abgelegt sind, könnte man diesen Speicherplatz anderweitig nutzen, etwa auch zum "Einfrieren" eines Bilschirminhaltes, den man zurückholt, wenn man via Charaktergenerator die Bildröhre für andere Arbeiten eingesetzt hat. Darauf ging Webster aber nicht ein. Er bemängelte nur, daß allein ein Sechstel des Speicherplatzes allein vom Bidschirm beschlagnahmt wird. Dann beschrieb er nüchtern den Mac, wie es manche andere Autoren auch schon getan haben, ehe er Lob und Tadel gemischt protokollierte.

"Bevor ich meinen Macintosh kaufte", berichtete Webster, "benutzte ich eine Maus an einem IBM-PC und war nicht beeindruckt. Die Macintosh-Maus beeindruckt mich. Bei manchen Programmen, wie etwa MacPaint, berühre ich selten die Tastatur, außer, um mit meiner Linken Shift-, Option- oder Kommando-Taste gedrückt zu halten, während meine Rechte mit der Maus herumfährt. Mir kommt der Gebrauch der Maus schneller, leichter und weniger den Fortgang störend vor als der Gebrauch von Funktions- und Cursortasten." Damit bestätigt er den Eindruck aller Benutzer des Macintosh, die ihn auch wirklich intensiv benutzen und nicht nur gelegentlich an ihm herumfummeln. Die Alternative der Benutzung von Funktions- oder Cursortasten beschrieb Webster so: "Um sie einzusetzen, muß ich anhalten und über die benötigte Taste nachdenken, auf die Tastatur schauen, die Taste finden, sie drücken und wieder hochschauen. Oft muß diese Prozedur verschiedene Male wiederholt werden. Bei der Maus entfernen sich meine Blicke niemals vom Bildschirm. Ich hole nach rechts aus, krabbele nach der Maus und tue das Notwendige."

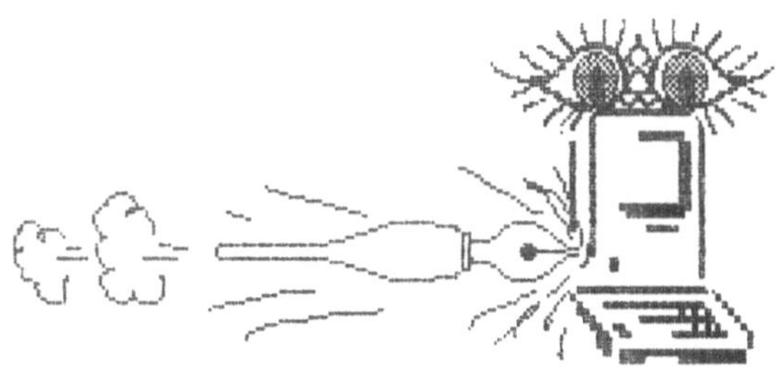

Nach so vielen Streicheleinheiten und noch ein paar weiteren ging Webster von Moll nach Dur, wie es dem amerikanischen Verständnis von Pressefreiheit entspricht. Erst einmal bekommt der Mac Schläge wegen seines lächerlich geringen Speicherplatzes. "Der 68000 ist ein mächtiger Mikroprozessor, aber er hat im Macintosh nur eine dürftige Umgebung. Der Mac kommt mit 128 Kbytes RAM: weniger als 1/100 des 16 Megabyte-Bereiches, den der 68000 benutzen könnte, und es gibt keinen Weg, das zu ändern. Sicher, Apple plant eine Erweiterung des Mac auf 512 Kbytes irgendwann in der Zukunft, aber das läßt noch 97 Prozent des möglichen Speicherbereiches ungenutzt und unerreichbar. Der Mac hat keine Optionen für eine Erweiterung des Speichers jenseits des Auswechselns der gegenwärtigen 64 Kbit-Chips gegen 256 Kbit-Chips, wenn diese lieferbar sind. Er hat keine Erweiterungsanschlüsse und keinen herausgeführten Bus." Vergleicht man diese Aussage mit einigen von Apple geschürten Gerüchten, wird einem bange...

Bruce F. Webster beschäftigte sich dann mit den Gründen, warum Apple den Mac so schmächtig ausgelegt haben könnte. Den meistgenannten Grund, daß nämlich der "Einheitsbereich" von 128 Kbytes einen einheitlichen Software-Rahmen für alles und jedes garantieren soll, führt er mit der Frage ad absurdum, wo denn dieser Rahmen bleibe, wenn die Erweiterung auf 512 Kbytes ermöglicht wird. Dann führte er an, daß viele Softwarehäuser entweder zu dumm sind, den 128er Mac zu unterstützen, oder über ihn hinwegsehen, um erst bei 512 Kbytes einzusteigen. Dann aber würde es nicht länger mehr einen Standard geben, wenn Apple nicht eine kostenlose Anpassung böte."

Erschütternd. Apples dickste Argumentation wird mit ein paar Worten als Bluff entlarvt. Webster befaßte sich dann mit dem Argument, daß ja neben den 128 Kbytes RAM noch die 64 Kbytes ROM zählen, in denen eine Art Vorprogrammierung für die Mensch-Maschine-Verständigung steckt. Zusätzlich käme dann noch der Hinweis auf MacWrite und MacPaint, die doch herrlich arbeiteten. "Ja", meint Webster dazu, "aber beide haben leicht zu sprengende Grenzen. Weiterhin, diese Programme wurden über einen langen Zeitraum entwickelt, zusammen mit dem Macintosh. Die Autoren dieser Programme wußten eine Menge über die Optimierung des Codes für den Mac. Softwareentwickler mit weniger Zeit und anspruchsvolleren Vorstellungen werden das Fehlen von RAM als ernsthaften Hemmschuh empfinden." Daß die Erweiterung auf 512 Kbytes alle Probleme lösen könnte, glaubt er nicht. "Man kann niemals genug RAM haben."

"Ich glaube, daß 128 Kbytes RAM offensichtlich nicht reichen, aus dem Mac einen wahrhaft mächtigen Computer zu machen", urteilte Webster in seinem Erfahrungsbericht. Später fuhr er fort: "Ich bin überzeugt, daß dieser begrenzte Speicher das Erscheinen von Software behindert hat. ... Mac sollte von Hause aus mindestens das Doppelte an Speicher haben und Erweiterungs-RAM bieten, das heißt 256 Kbytes beziehungsweise 1 Megabyte. Es kann sein, daß Apple eine andere Erweiterung ermöglicht, sobald 1-Megabit-Chips in Stückzahlen erhältlich werden – oder sie bringen eine neue Maschine heraus."

Anschließend kam von Webster erst einmal wieder etwas Lob. Er stellte ganz besonders die Leistung der Toolbox heraus und ging ausführlich darauf ein, welch unglaublich große Leistung die Systemprogrammierer durch in höchstem Maße optimierten Maschinensprache-Code aus den 64 Kbytes ROM herausgeholt haben. Was zu loben ist, wurde auch gelobt.

Webster kommt dann zu einem heiklen Thema: "Der Mac leidet auch Mangel an ausreichendem Massenspeicherplatz. Auf den ersten Blick sieht es gar nicht schlecht aus: er besteht aus einem eingebauten einseitigen 3 1/2-Zoll-Diskettenlaufwerk (hergestellt von Sony) für 400 Kbytes. Nur ein Laufwerk zu besitzen, kann eine Plage sein, aber es ist annehmbar, falls das Laufwerk genug Daten aufnimmt und man bequem kopieren kann. Wie auch immer, die System-Files auf einer Macintosh-Diskette beanspruchen über 200 Kbytes oder die halbe Diskette. Auch mit Beschneidung hat man nur rund 220 Kbytes nutzbaren Speicherplatz auf einer bootfähigen Diskette. Wenn irgendeine andere Gesellschaft ein CP/M- oder MS-DOS-System mit einem Einzellaufwerk und nur 220 Kbytes Speicherfähigkeit anböte, würde es keiner kaufen. Es kostet eine Menge Zeit und Diskettenwechsel, Files zu kopieren oder eine Diskette zu doppeln. Macs einzige Ehrenrettung in diesem Punkte ist, daß er automatisch die Diskete auswirft und eine andere verlangt."

Websters Urteil ist klar und unmißverständlich: "Der 128-Kbytes-Macintosh mit nur einem einseitigen Laufwerk ist keine leistungsfähige Maschine. Man kann nützliche Arbeit mit ihm verrichten, und die Benutzeroberfläche macht alles andere nieder. Doch für den gleichen Preis oder weniger könnte ich losmarschieren und, beispielsweise, einen Compaq kaufen mit 256 Kbytes RAM und zwei 360-Kbytes-Diskettenlaufwerken. Und ich könnte eine *Menge* an Software für ihn bekommen – Programme, die größere, schwierigere Aufgaben erledigen könnten, als es der Mac gegenwärtig kann."

"Die Schlußfolgerung", so zieht Webster Bilanz, "ist diese: ein 3000 Dollar-Macintosh mit 128 Kbytes RAM, einem 400 Kbytes-Diskettenlaufwerk und einem Imagewriter-Drucker ist eine entzückende Maschine, aber keineswegs eine leistungsfähige." Leistungsfähig wäre der Mac erst mit zwei Laufwerken und 512 Kbytes RAM, meint Webster, bevor er zu seinem Ratschlag kommt: "Man sollte sich um ein 512-Kbytes-System bemühen mit zwei Laufwerken und einem Drucker. Irgendein Abstrich – und man wird sich durch die Grenzen der Maschine frustriert fühlen." Sein letzter Satz: "Der Mac ist ein Edelstein – roh, etwas getrübt, aber nichtsdestoweniger ein Edelstein."

Stünde Webster nun allein mit seiner Kritik, könnte man versucht sein, ihn als einen Nörgler abzutun. Aber er befindet sich mit anderen mutigen Schreibern in guter Gesellschaft. Im gleichen Heft meldete sich jedoch noch jemand zu Wort, der die Chance zu einer anderen Meinung gehabt hätte.

J. Edward Chor begann seine Betrachtung mit einer Aufzählung der Module, die der Mac benötigt, um nach dem Einschalten erst einmal zu Verstand zu kommen. Je nach geladenem Programm "wird der Mac zu einer 18K- bis 38K-bytes-Maschine", stellt er dann fest. Allerdings (und das beweist, daß auch in amerikanischen Magazinen Fehler auftauchen können) rechnet Chor vor, daß bei geladenem BASIC nur 13 Kbytes für Programm und Daten verbleiben. Das ist falsch. Wieviel Speicherplatz unter BASIC genutzt werden kann, hängt vom CLEAR-Statement ab. Zwar muß man mit dem Speicher vielleicht etwas jonglieren und vom HEAP etwas abzwacken, aber mehr als 13 Kbytes sind im Gegensatz zu Chors Behauptung auf jeden Fall locker zu machen.

Was Chor zum Diskettenwechsel beim Kopieren zu berichten wußte, schlug dann aber alles in jeglicher Literatur Gelesene und auch persönlich Erfahrene: "Dieses Schaufeln von Disketten schien tolebel. Dachte ich. Bis ich versuchte, eine Diskette mit 270 Kbytes Daten zu doppeln. Es gingen mehr als 50 Diskettenwechsel und 20 Minuten drauf, diese simple Operation zu bewältigen." Der Jurist aus Chicago hält sich bei Macs Disketten-Kunststücken länger auf, als die meisten anderen Autoren es taten. Ihm stieß auch auf, daß Mac so furchtbar an dem System der Diskette hängt, mit der er beim Start hochgefahren wird. Hat man beispielsweise irgendeine andere Diskette in Arbeit und möchte man auf Macs Uhr sehen, wirft er prompt alles von sich, um nach der Boot-Diskette zu rufen. Das tut er auch dann, wenn die ausgespuckte Diskette ein komplettes, identisches System enthält. Das hängt mit seiner Schreibtischverwaltung (Desktop) zusammen. Der Finder weiß es eben nicht besser und möchte seine Aufzeichnungen in Ordnung halten.

"Deshalb", schrieb der Jurist trocken, "die Notwendigkeit eines Zweitlaufwerkes ist eine geheimer und unausgesprochener Kostenpunkt für die Nutzung dieser Maschine." Wie recht er hat, kann man gar nicht laut genug hinausschreien. Als die verbleibende Zeit für die Fertigstellung dieses Buches knapp wurde, ergab eine überschlägige Rechnung, daß nur noch die Anschaffung eines zweiten Diskettenlaufwerkes die notwendigen Zeitgewinne würde herausschinden können. Nach endlosen Recherchen am Telefon ließ sich dann auch ein Laufwerk ausfindig machen. Die Fahrt von 150 Kilometern war nichts gegen die Erleichterung durch den Betrieb des Mac mit zwei Floppies. Auch die Tatsache, daß eineinhalb Tausender den Besitzer wechseln müssen, ehe eine winzige Kiste als zusätzlicher Diskettenfresser Erlösung bringen kann, ließ sich verschmerzen. Das Arbeiten mit dem Mac verbessert sich drastisch. Man fühlt einen Unterschied wie zwischen Krieg und Frieden.

Persönliche Beichte

Zum Abschluß des Buches möchte ich die Form wechseln und als "Ich" zu Ihnen sprechen. Damit möchte ich auch die Basis legen zu einem Dialog, an dem Sie hoffentlich interessiert sind.

An vielen Stellen des Buches habe ich mich sehr zurückgehalten, bis ich mich dann mit den Beiträgen in der Presse beschäftigte, insbesondere den erfrischenden aus den Vereinigten Staaten.

Ich muß zugeben, daß **Chor**, **Pournelle** und **Webster** in ihren Beiträgen nichts an Erkenntnissen umgesetzt haben, die ich nicht selbst auch gewonnen hatte. Nur war ich, offen gestanden, zu feige gewesen, meine Wahrnehmungen so freimütig niederzuschreiben, wie es die amerikanischen Kollegen getan haben. Aus verschiedenen Anlässen hatte ich auch schon einmal erfahren müssen, daß Pressefreiheit und Recht auf Meinungsäußerung nach Artikel 5 des Grundgesetzes nicht immer bedeuten, daß die Presse sich die Freiheit nimmt, bekannte Tatsachen auch zu veröffentlichen, und daß das Recht auf freie Äußerung einer Meinung oft schon an der andersartigen Meinung eines Redakteurs zu Bruch gehen kann.

Im Zwiespalt mit mir selbst habe ich mich dann aber entschlossen, weder mich selbst noch die Leser im Stich zu lassen. Von Anfang an habe ich mit meinen Beiträgen in der Fachpresse versucht, den Anwendern zu helfen, sich zu orientieren - um nicht zu sagen: sich zu wehren. Es ist nicht zu bestreiten, daß Anbieter häufig versuchen, ihren Kunden das Fell über die Ohren zu ziehen.

Aus dem Buch ist unschwer zu erkennen, daß während des Schreibens ein Stimmungsumschwung sich breit machte. Ich werde nicht bestreiten, daß ich dem Macintosh auch zunächst euphorisch auf den Leim gekrochen bin. Doch dann hat er gezeigt, was er wert ist...

Er ist jedenfalls nach meiner Meinung zur Zeit den Kaufpreis kaum wert. Und er arbeitet nicht zuverlässig. Mit dieser Meinung stand ich ja auch nicht allein. Das machte mir Mut, nun auch noch selbst etwas aus dem Nähkästchen zu plaudern und mich der Schützenhilfe von Jerry Pournelle zu vergewissern, der neben Webster in der August-Ausgabe von **BYTE** auch noch zu offengebliebenen Fragen seine Meinung abgeladen hatte.

Zuvor telefonierte ich etwas in der Landschaft herum, wobei ich besonders der Leute gedachte, die sich an einem Lisa/Mac-Treffen beteiligt hatten, das ich leider verpassen mußte. Was ich bestätigt bekam: Mac spinnt des öfteren. Worin alle sich einig waren: Es macht Spaß, mit dem Macintosh zu arbeiten; er ist eine faszinierende Maschine, aber zu nicht viel zu gebrauchen. Will man schöne Dokumente zum Vorzeigen erstellen, leistet Mac gute Dienste. Aber Programme sind rar. Und von den wenigen Programmen, die es mittlerweile gibt, kann man für seine persönlichen Absichten vielleicht nicht eines gebrauchen. Man ist also auf den Zufall und die Gnade angewiesen, daß irgendein Softwarehaus von den ach so vielen, die apple annonciert hat, sich herbeiläßt, ausgerechnet das Programm herzustellen, an dem man Spaß haben kann.

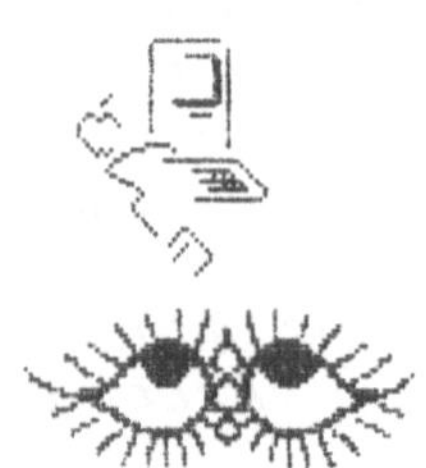

Leute, die es wissen müssen, weil sie seit je mit apple-Produkten auf intimem Fuße leben, ärgern sich darüber, daß man vorwiegend auf fertige Programme angewiesen ist, die ja auch so viel Geld kosten, wie es mancher nicht immer übrig hat, und daß man selbst keine attraktiven Programme schreiben kann. Mit Forth könne man zwar die Toolbox ansprechen, unter BASIC jedoch nicht. Außerdem sei die Programmentwicklung sehr stark an die Lisa gebunden, so daß es auch nichts nütze, wenn man die von apple herausgegebenen Unterlagen kenne. Der Mac sei eine "zue Kiste" (Fachjargon) und mehr was zum Herumspielen. Den Rest der Welt könne man damit nicht beglücken...

Das Schlimmste von allem, weil es so ärgerlich ins Geld geht, ist die Tatsache, daß der Mac - außer zum Herumfummeln - ohne ein zweites Diskettenlaufwerk zu wirklicher Arbeit nicht taugt. Diese Tatsache wird von apple an keiner Stelle eingeräumt. Bei Vorführungen - etwa Messen - ist in der Regel jetzt ein zweites Laufwerk angeschlossen. Dann sieht alles sehr "toll" aus. Es wird erwähnt, daß man sogar ein zweites Laufwerk anschließen **kann**, nicht aber, daß man es anschließen **muß**, wenn man nicht vor lauter Verzweiflung in die Luft gehen will.

Viele neue Erkenntnisse ergaben sich aus der intensiven Beschäftigung mit dem Mac anläßlich des Buches und aus der wachsenden Erfahrung durch praktischen Gebrauch. Als ich vor echter Verzweiflung erfolgreich Jagd auf ein zweites Laufwerk gemacht hatte und einer Redaktion einen neuen Rundblick über die Mac-Szene anbot, wurde erst einmal abgewinkt: "Über den Macintosh ist jetzt so viel berichtet worden, da sollte erst einmal eine lange Pause sein." - Gut, im Prinzip mochte das ja stimmen. Ich ließ jedoch nicht locker, berichtete von Gesprächen mit Mac-Besitzern, von den Artikeln in der amerikanischen Presse und von der Tatsache, daß all die Negativpunkte in der deutschen Presse noch nicht aufgetaucht, wenn nicht "unterschlagen" worden waren ("unterschlagen" glaubte ich selbst nicht; die Kollegen haben nur nicht genug im Mac gebadet!). Das Interesse wuchs. Ich empfand es als glatte Erpressung, durch ein System zu seiner angemessenen Benutzung zu einer Ausgabe von noch einmal 1.500 Mark genötigt zu werden, und schlug das Wort "Erpressung" sogar als Titel vor. Das Interesse sank.

Jerry Pournelle hatte es gut. Er durfte schreiben, was sich ihm aus der Feder drängte. Er zweifelt am Überleben des Mac. Man könne ihn höchstens kaufen, wenn man ihn zu den Discount-Bedingungen bekomme, die den 24 Universitäten in den USA als Konsortium eingeräumt worden seien. Mit nur einem Laufwerk sei der Macintosh "a real pain" - eine echte Qual. Das stimmt. Jerry berichtet auch über Fehler im Betriebssystem, die dazu führen können, daß wertvolle Files einfach futsch sind - weg, unrettbar verloren, weil außer apple kaum einer weiß, was sich auf der Diskette überhaupt abspielt. Er hält den Mac im wesentlichen für einen Gimmick, dem man nicht recht trauen kann.

Aus eigener Erfahrung weiß ich, daß der Mac unvermutet schon mal aussteigt und die "Bombe" zeigt. Er entschuldigt sich, daß leider ein "ernsthafter Irrtum" aufgetreten sei, gibt auch den Fehler bekannt (meistens die Codes 2, 10 und 12), doch nirgends ist dokumentiert, wie diese Codes zu interpretieren sind.

Das ist schon schlimm. apple tut so, als sei außer dem Macintosh unter der Sonne nichts mehr ein wahrer Computer, scheint aber eine ganze Menge verbergen zu wollen oder verbergen zu müssen. Das kann nicht nur damit zu tun haben, daß apple sich gegen Nachahmer abschotten möchte. Ich persönlich habe aus eigenen Erfahrungen eher das Gefühl, daß eine Menge Arroganz dahinter steckt. Jerry Pournelle spricht von "wahnsinnigen Versprechungen", mit denen apple um sich geworfen hatte, und verweist auf zurückgenommene Ankündigungen. Ihm scheint der Mac ein phantastisches Gerät zur Herstellung bebilderter Dokumentationen zu sein. Nun, wenn der Mac mehr nicht sein sollte, müßte er einen Hochstapler genannt werden. Zumindest wäre er auf keinen Fall die Computerlösung für den Rest der Welt.

Der Macintosh ist ein Trauerspiel, das unsere heutige Zeit der großen Sprüche dokumentiert. Irgendeine Moral scheint im Geschäftsleben und insbesondere bei apple kaum noch eine Rolle zu spielen. Auch Jerry hegt den Verdacht, daß apple mit dem Macintosh eher an Profitmaximierung als an Marktanteile denkt. 750 US-$ müsse man für Speichererweiterung und Zweitlaufwerk ausgeben (zu apple-Preisen eher nach das Doppelte), um aus dem Mac erst einen ordentlichen Computer zu machen. Ihn stört auch, daß apple alles zu unternehmen scheint, nur bestimmten Kreisen von Softwaremachern die Programmierung zu ermöglichen. Gerade den intelligenten Neulingen, die sich vom Muff der traditionellen Maschinen abwenden wollten, werde dadurch der Weg versperrt, ihre Kreativität auszuspielen. Es spricht nichts dagegen, daß apple den arrivierten Häusern die Gelegenheit zuschanzen will, bekannte Programme auf den Mac herüber zu ziehen. Doch die scheinen nicht gerade brennend interessiert zu sein. Sonst wäre schon mehr prominente Software für den Mac zu bekommen. Auch dürfte es für manches Haus kein Weihnachtsfest werden, den Mac sich mit ansonsten gut laufenden Programm herumquälen zu sehen.

Ich habe zweimal ordentliche, anständige, höfliche, gesittete Briefe an apple in Cupertino mit wichtigen Fragen geschickt und bis heute keine Antwort erhalten. Sie waren zuvorkommender Weise in Amerikanisch geschrieben, damit niemand Schwierigkeiten hätte, mein Anliegen zu verstehen und zu bearbeiten. Schwierigkeiten scheint apple selbst zu haben, wenn es darum geht, die Käufer seiner Produkte ernst zu nehmen. apple hat einmal sinngemäß zu verstehen gegeben, bei anderen Firmen werde nicht genügend auf Kundenwünsche eingegangen. Der Macintosh dagegen solle ein Computer sein, der sich den Benutzern anpaßt. Das stimmt weitgehend, und ich habe auch ausführlich darüber berichtet und diese Tatsache anerkannt. Der Mac ist der "menschlichste" Computer. Nur - welche Ironie! - das stimmt auch, wenn es um die Schwächen geht. Und verkauft wird der Mac nach dem Motto "Friß oder stirb". Entweder man ist zufrieden mit dieser Maschine, oder man ist es nicht.

Ich bin begeistert vom Macintosh, aber nicht mit ihm zufrieden. Vor langer Zeit hatte ich einen Sportwagen, von dem ich begeistert war. Teufel, haute das Ding ab!!! Mit offenem Verdeck fühlte man sich wie der Größte. Nur war ich mit dem Auto nicht zufrieden, weil es überall knackte und klapperte, die Ventile Ärger bereiteten, die Maschine nicht drehzahlfest war und andauernd etwas mit der Elektrik nicht stimmte. Aber dieses Auto war einfach ein "sagenhafter Ofen", der schließlich bei einem Platzregen ausging (er flog aus einer Kurve gegen einen Baum, entließ mich aber unterwegs).

Nach meinem Geschmack, auf den ich mich "demokratisch" berufe, ist der Mac im Vergleich mit apples großen Sprüchen eine Verhöhnung, für die ich Zeugen habe.

Der größte Vorteil des Mac ist, daß er mich wieder zum Lesen kommen läßt. Für das Ausdrucken von jeweils zwei Buchseiten benötigt er an die zehn Minuten. Ich habe es mir abgewöhnt, beim Drucken fasziniert aufs Papier zu starren und die Druckqualität zu bestaunen. Statt dessen nehme ich lieber meine Pflichtlektüre zur Hand, etwa amerikanische Computermagazine, und unternehme etwas für meine fachliche Bildung. Beim Ausdrucken von achtzig Seiten kam ich einmal auf eine Lesezeit von mehr als fünf Stunden. Manchmal ging nämlich das Telefon...

Dramatisch ist es auch mit den Umlauten. Unter BASIC kann man Texte eingeben, die auf dem Bildschirm immer wieder korrekt mit den Umlauten und ß wiedergegeben werden. Druckt man die gleichen Texte jedoch als ASCII-Zeichen mit dem Imagewriter aus, ist von Umlauten nichts mehr zu sehen. Wo sie waren, ist einfach nichts, nicht einmal eine Leerstelle. Ich habe vorsorglich untersucht, ob das nur am amerikanischen Betriebssystem und an der amerikanischen Tastatur liegt. Das trifft jedoch nicht zu. Auch beim deutschen Betriebssystem haben Umlaute und ß abenteuerliche Codes:

ä = 138		Ä = 128
ö = 154		Ö = 138
ü = 159		Ü = 134
	ß = 167	

Will man vermeiden, daß der Mac seinen Haß auf deutsche Speziallaute ausspielt, muß man kuriose Zeichen auf den Bildschirm rufen:

{ für ä	[für Ä
| für ö	\ für Ö
} für ü	] für Ü
	~ für ß

Das ist besonders notwendig bei der Vorbereitung von ASCII-Texten für die Telekommunikation, wenn Files von der Diskette gelesen und über den Draht gejubelt werden sollen.

Wenn ich einen Geschäftsbetrieb und viel Geld hätte, würde ich mir einen Macintosh zur Herstellung präsentabler Dokumente kaufen. Für alle anderen Aufgaben würde ich mir einen "vernünftigen" Computer mit gut dialogorientierten Programmen zulegen – einen IBM, eine TA oder sonst eine mehr ausgereifte Maschine. Bei einem Geschäftsbetrieb und wenig Geld würde ich auf den Mac "mit Kußhand" verzichten – vorausgesetzt, ich hätte Websters und Pournelles Informationen gelesen und nicht nur apples Werbesprüche im Sinn.

Jerry Pournelle meint, es gebe gegenwärtig keinen zwingenden Grund, einen Macintosh zu kaufen. Jerry, mein Freund, ich habe dem nichts hinzuzufügen.

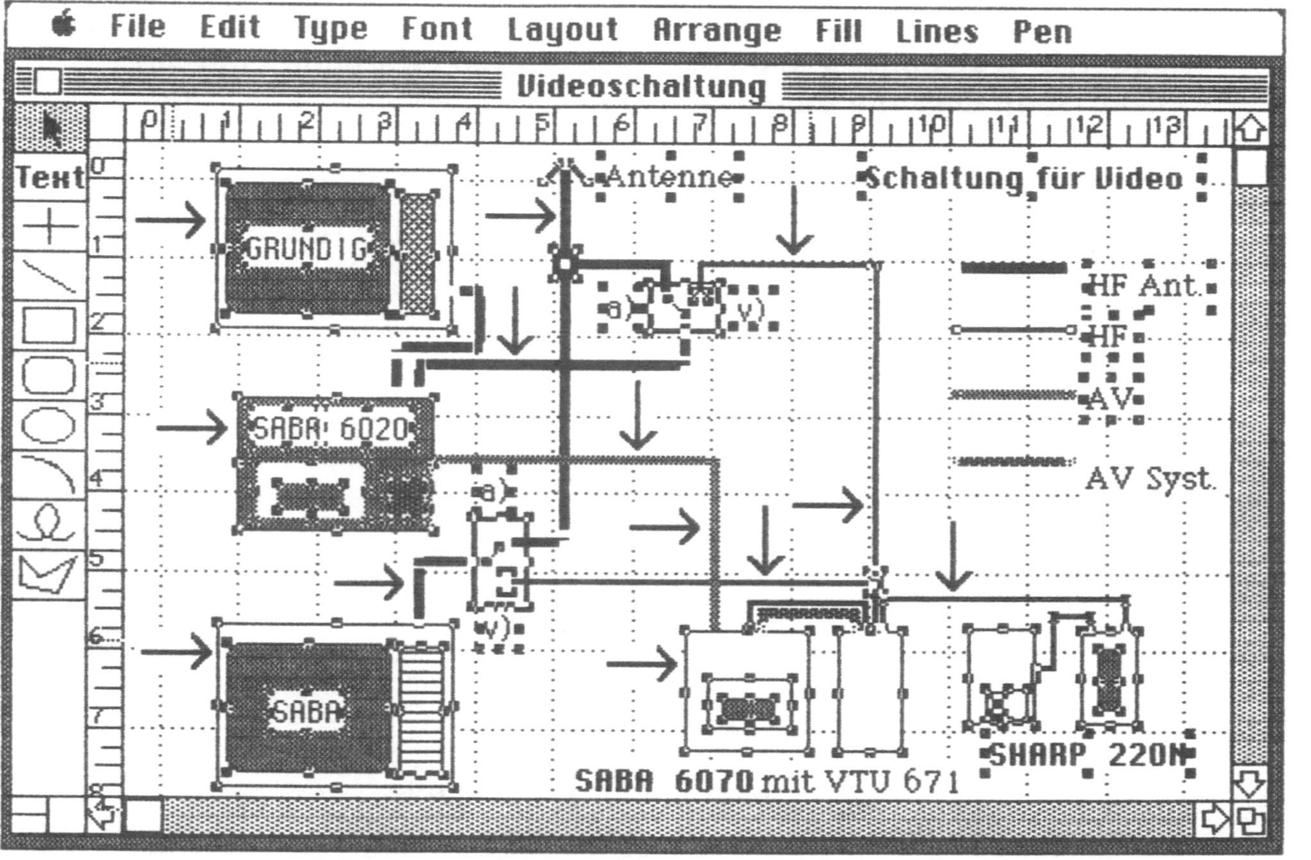

Bild 1: MacDraw-Zeichnung. Die einzelnen Elemente sind hier durch ihre Markierungspunkte sichtbar gemacht. Die Pfeile zu einzelnen Elementen wurden mit MacPaint hinzugefügt.

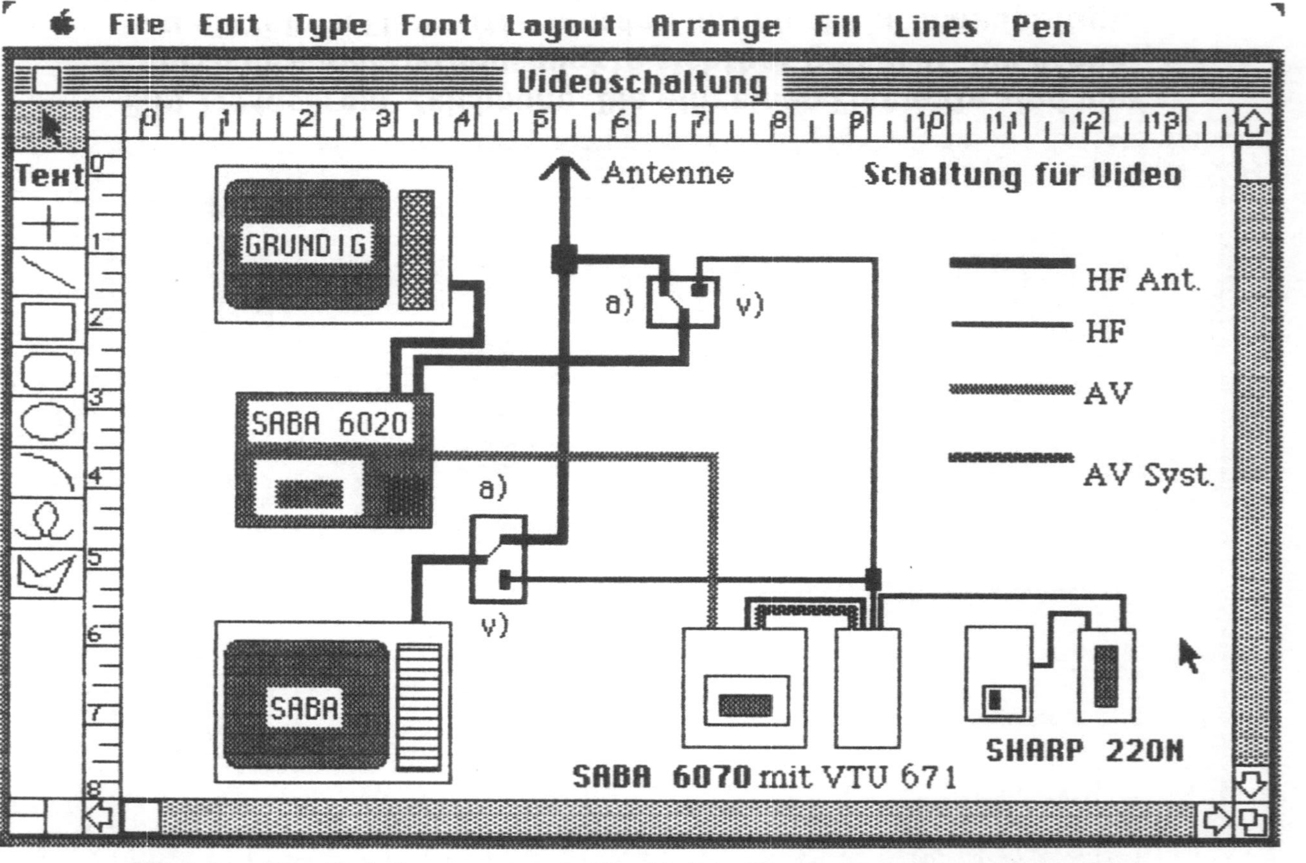

Bild 1a: Die Zeichnung nach Fertigstellung auf dem Bildschirm. Die Hilfslinien sind unterdrückt. Sie kann gespeichert, geladen, verändert, ausgedruckt und fernübertragen werden.

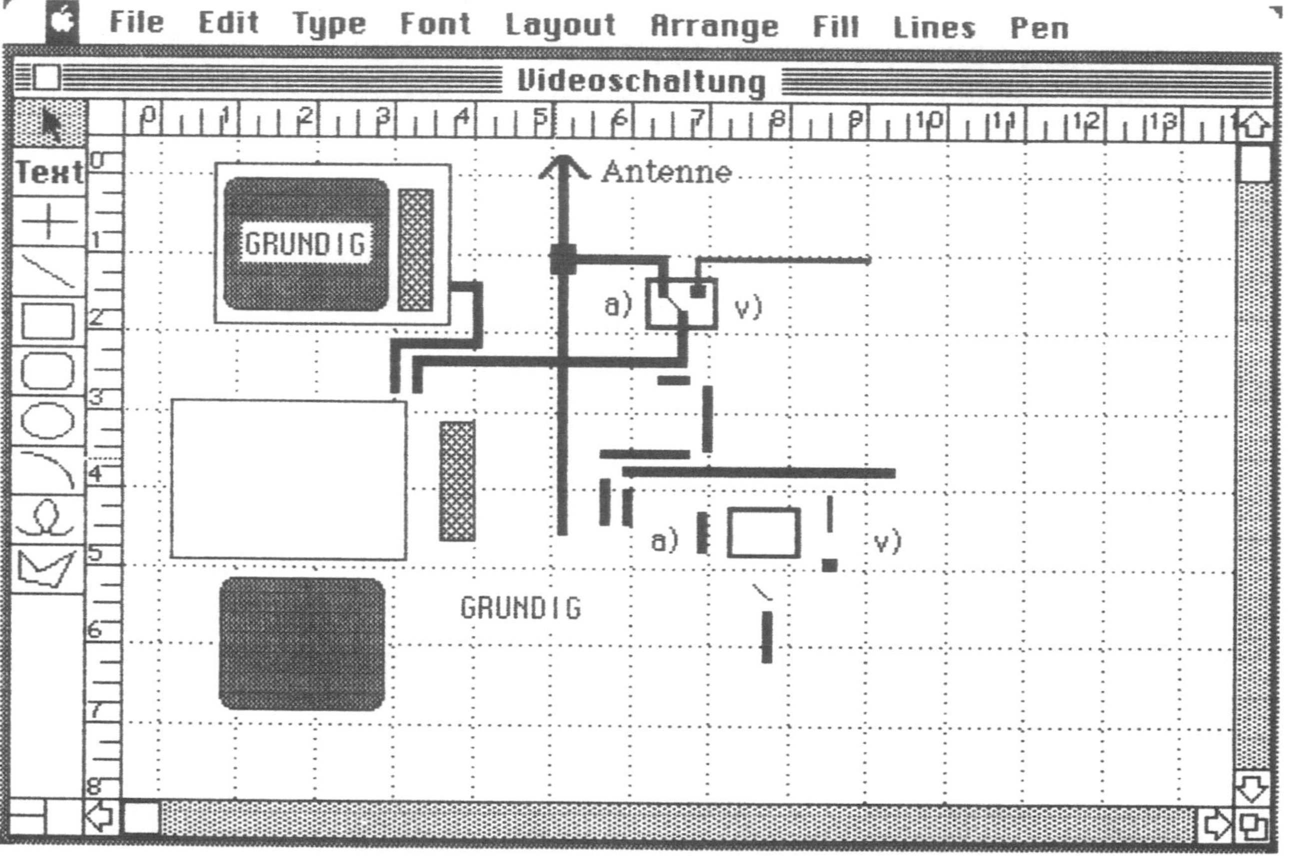

Bild 2: MacDraw-Bildschirm. Der nicht gelöschte Teil der Zeichnung einmal im Zusammenhang und einmal in seine Bestandteile zerlegt. Der Bildschirmausdruck ist mit Paint bearbeitet.

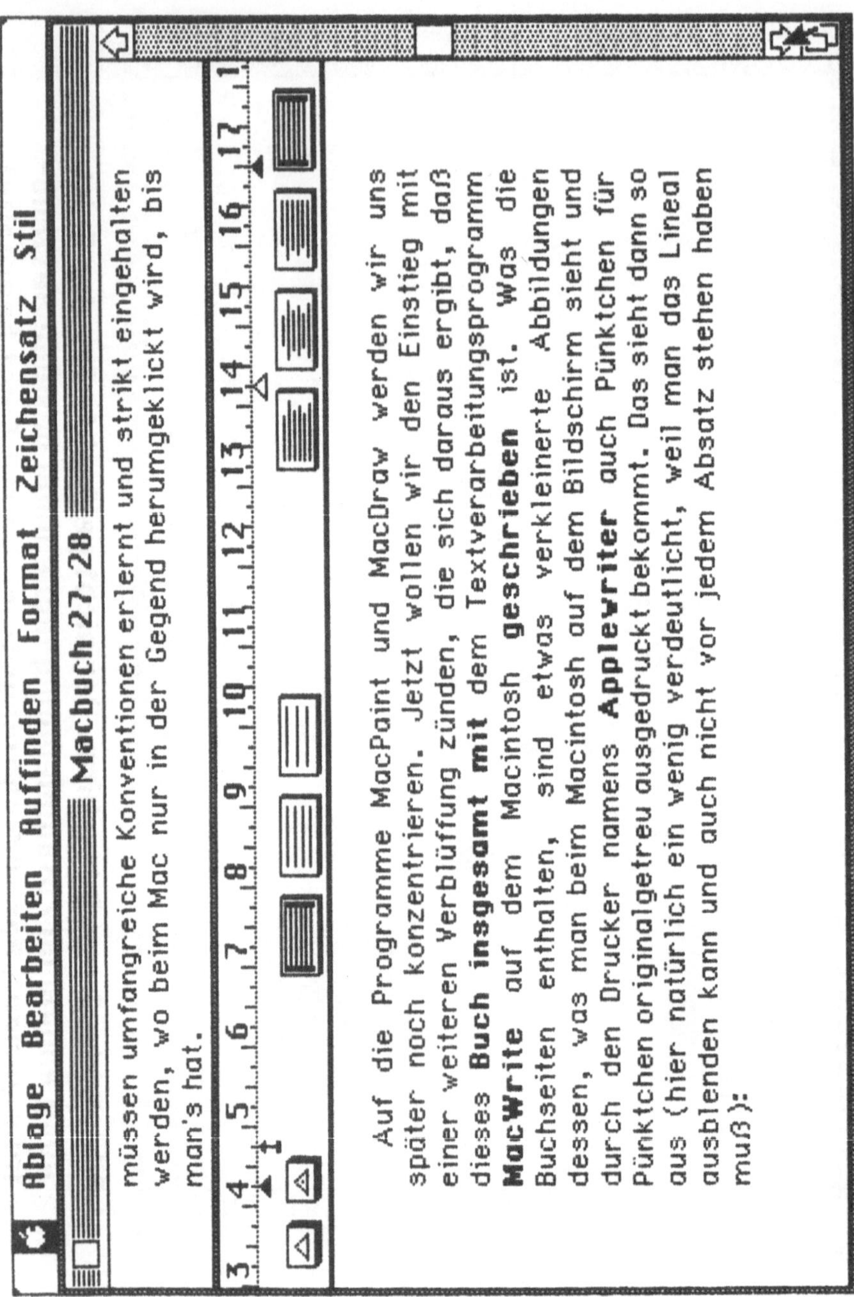

Macbuch 27-28

müssen umfangreiche Konventionen erlernt und strikt eingehalten werden, wo beim Mac nur in der Gegend herumgeklickt wird, bis man's hat.

Auf die Programme MacPaint und MacDraw werden wir uns später noch konzentrieren. Jetzt wollen wir den Einstieg mit einer weiteren Verblüffung zünden, die sich daraus ergibt, daß dieses **Buch insgesamt mit** dem Textverarbeitungsprogramm **MacWrite** auf dem Macintosh **geschrieben** ist. Was die Buchseiten enthalten, sind etwas verkleinerte Abbildungen dessen, was man beim Macintosh auf dem Bildschirm sieht und durch den Drucker namens **Applewriter** auch Pünktchen für Pünktchen originalgetreu ausgedruckt bekommt. Das sieht dann so aus (hier natürlich ein wenig verdeutlicht, weil man das Lineal ausblenden kann und auch nicht vor jedem Absatz stehen haben muß):

Bild 3: Der Arbeitsbildschirm bei MacWrite. Die "Lineale" werden wie bei einer Schreibmaschine benutzt, können beliebig eingefügt, verändert und ein-/ausgeblendet werden.

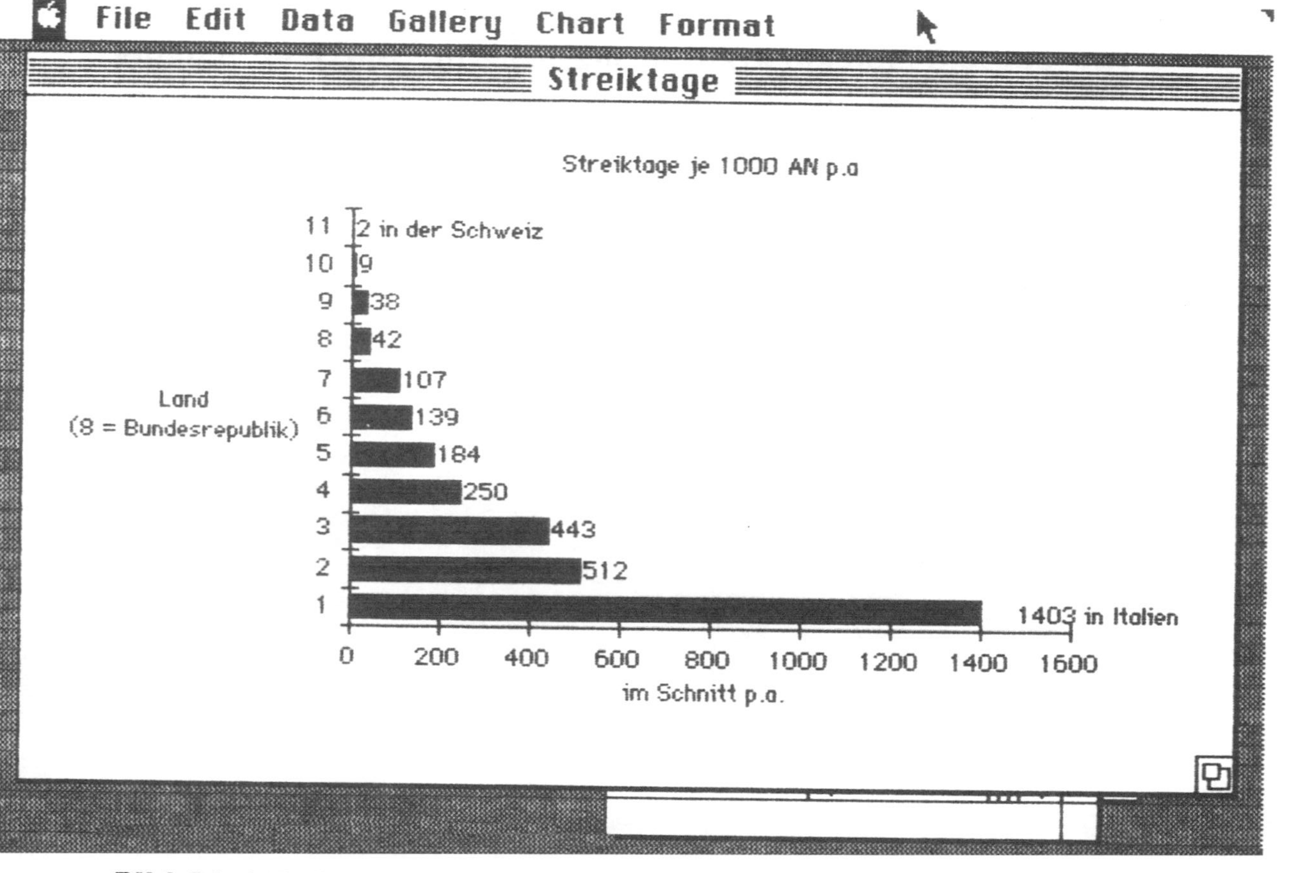

Bild 81: MS–Chart. Der Bildschirm bei einer Balkengrafik. Die grafische Darstellung wird vollautomatisch vom Programm ausgegeben. Nur die Grundeinstellung wird festgelegt.

186

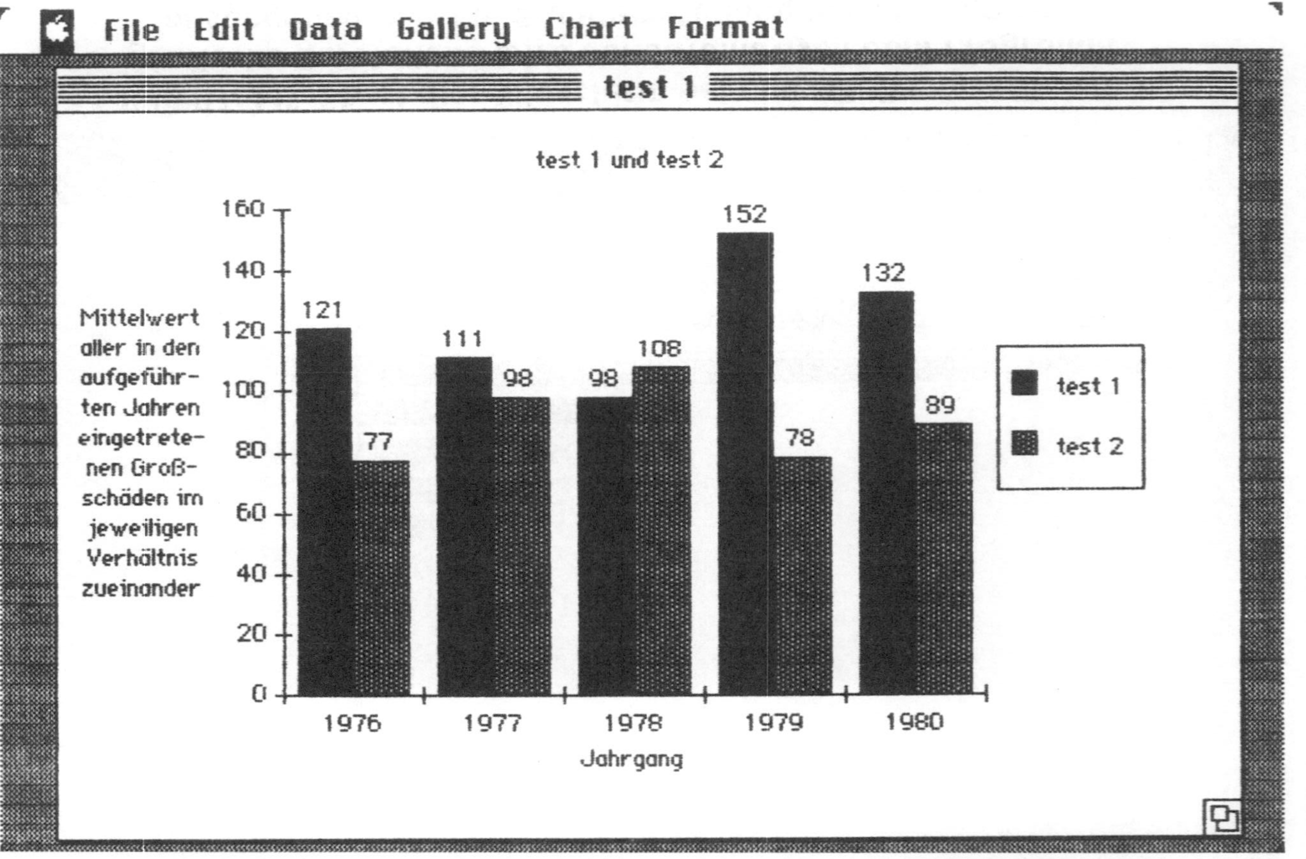

Bild 82: Bildschirm mit einer Säulengrafik. An beliebiger Stelle können "Fenster" für zusätzliche Texte plaziert werden. Mit verschiedenen Mustern ist auffällige Unterscheidung möglich.

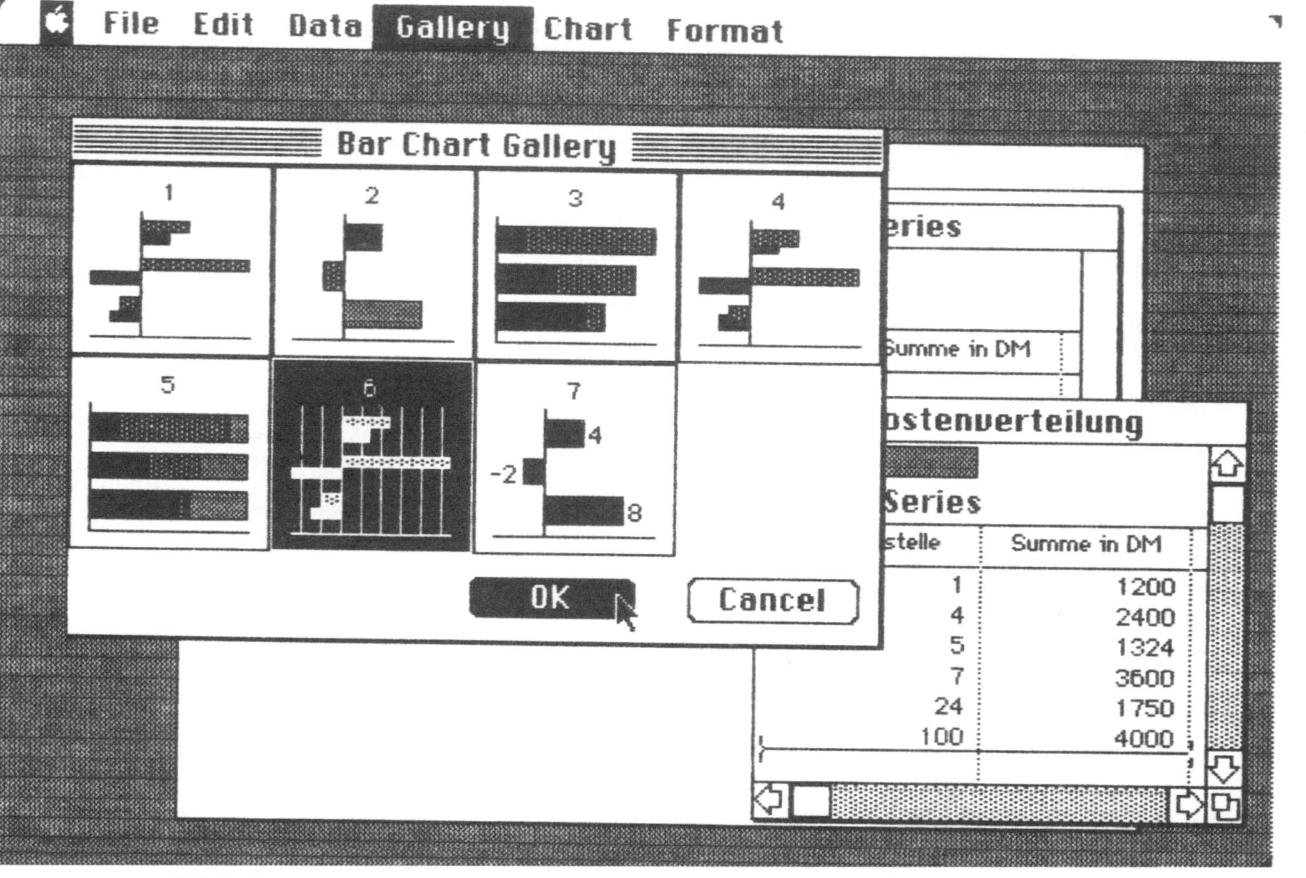

Bild 85: Nach der Eingabe der Werte wird in der "Gallery" die bildliche Darstellung ausgewählt. Das ausgewählte Muster erscheint invers. Danach wird mit "OK" der Plot gestartet.

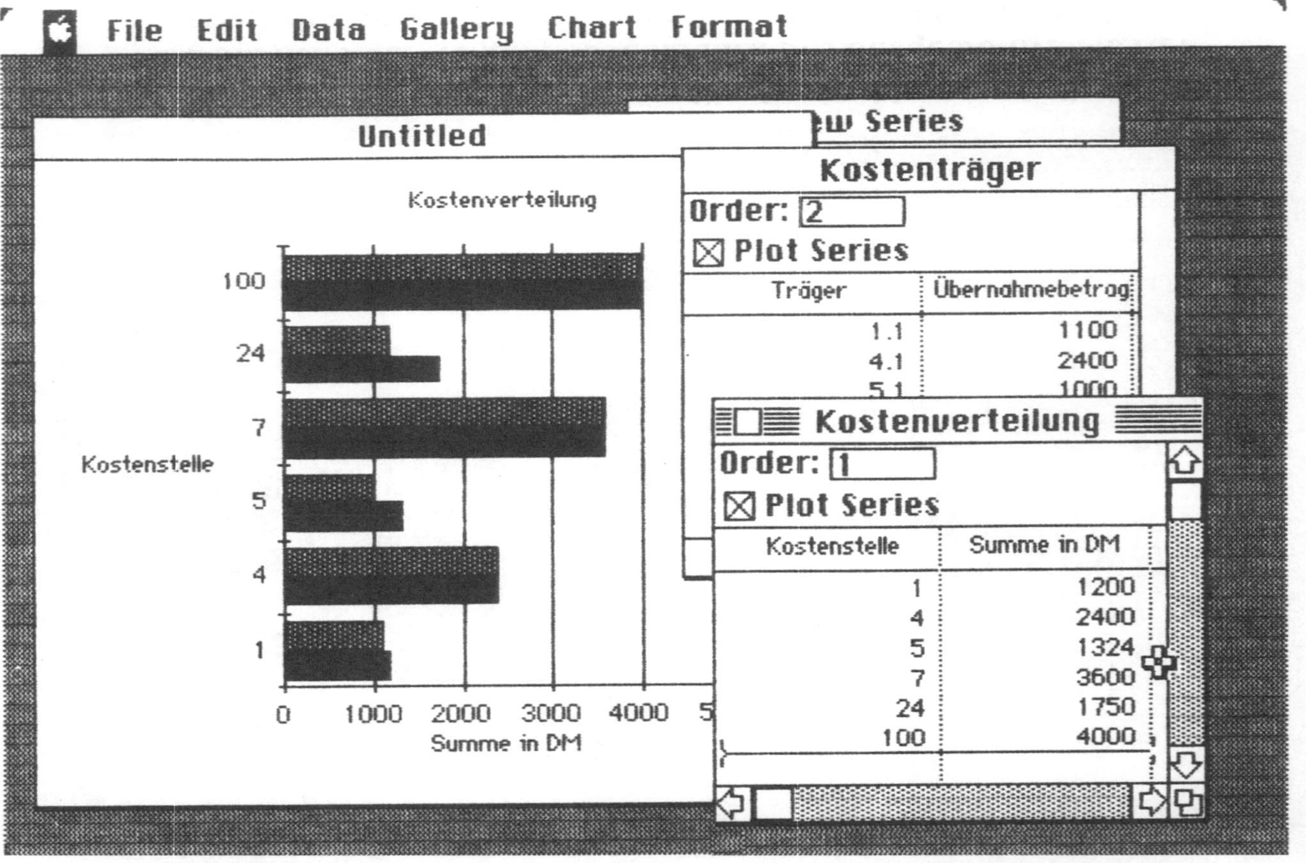

Bild 86: Weitere Serien lassen sich problemlos erstellen. Sobald man einen neuen Plot vorbereitet, wird ein frisches Fenster bereitgestellt. Die Abbildung selbst beruht auf Standardwerten.

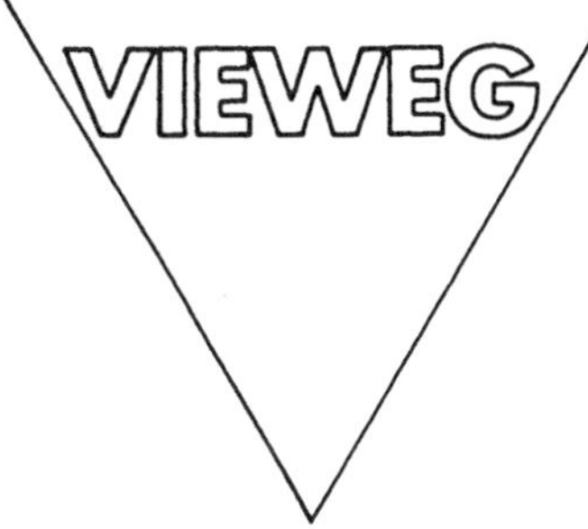

Mikrocomputer-Literatur

Wolfgang Schneider
Einführung in BASIC
2., durchges. Aufl. 1980. VIII, 139 S. mit 10 vollst. Progr. und zahlr. Beisp. 16,2 X 22,9 cm.
(Programmieren von Mikrocomputern, Bd. 1.) Br.

Wolfgang Schneider
BASIC für Fortgeschrittene
Textverarbeitung, Arbeiten mit logischen Größen, Computersimulation, Arbeiten mit Zufalls-
zahlen, Unterprogrammtechnik. 1982. X, 189 S. mit 10 vollst. Progr. und zahlr. Beisp.
16,2 X 22,9 cm. (Programmieren von Mikrocomputern, Bd. 3.) Br.

Wolfgang Schneider
Strukturiertes Programmieren in BASIC
1984. Ca. 320 S. 16,2 X 22,9 cm. (Programmieren von Mikrocomputern, Bd. 13.) Br.

Dieser Band richtet sich an die Programmierer, die auch mit BASIC strukturiert programmieren
wollen. Jedes Problem wird in Blöcke zerlegt und mit der verfügbaren BASIC-Anweisung
codiert. Gibt es keine passende Anweisung, wird eine BASIC-Ersatzdarstellung vorgeschlagen,
die nach außen wie ein Block wirkt und die strukturierte Darstellung im Programm nicht
zerstört. Mit vielen vollständig programmierten Beispielen wird dem Leser eine grundlegende
Einführung vermittelt.

Ekkehard Kaier
MBASIC-Wegweiser für Mikrocomputer unter CP/M und MS-DOS
Datenverarbeitung mit MBASIC für die Mikrocomputer SIRIUS 1, IBM-PC, Olympia PEOPLE,
alphatronic PC. 1984. X, 234 S. mit 86 vollst. Progr. und zahlr. Abb. 16,2 X 22,9 cm. Br.

Die Software zum Buch:
**MBASIC-Programmierkurs-Diskette für den IBM-PC unter PC-DOS (MS-DOS)
und kompatible Computer**   5 1/4'' Disk.

**MBASIC-Programmierkurs-Disketten-Set für den Apple IIe unter CP/M 2.20
und kompatible Computer**   Zwei 5 1/4'' Disk.

Ekkehard Kaier
BASIC-Wegweiser für den Apple II
Datenverarbeitung mit Applesoft-BASIC für Apple II/IIe und kompatible Mikrocomputer. 1984.
X, 200 S. mit 80 vollst. Progr. und zahlr. Abb. 16,2 X 22,9 cm. Br.

Die Software zum Buch:
Applesoft-BASIC-Programmierkurs-Diskette   5 1/4'' Disk.

Ekkehard Kaier
BASIC-Wegweiser für IBM-PC, -PC XT, -Portable PC und -PC jr.
1984. XII, 415 S. mit 111 vollst. Progr. und zahlr. Abb. 16,2 X 22,9 cm. Br.

Die Software zum Buch: Diskette mit allen im Buch gelisteten Programmen.

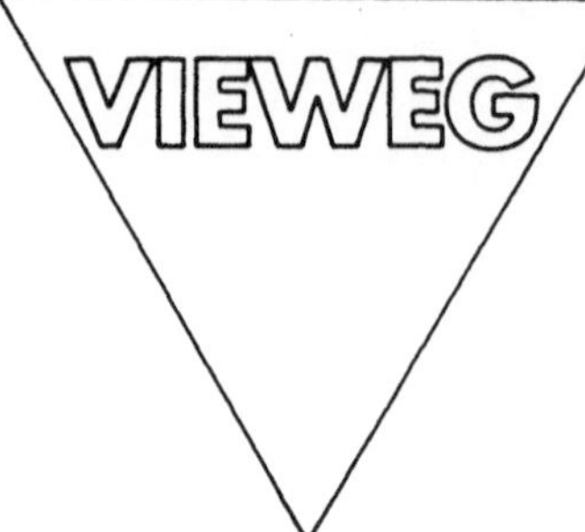

MIKRO-WISSEN für Einsteiger

Creekmore, Wayne
MIKRO-WISSEN griffbereit
1984. 64 S. mit zahlr. Abb. 21,5 X 25,4 cm Br.

Hier wird ein anschaulicher und leicht verständlicher Überblick über das Medium Computer gegeben. Reichlich bebildert ist das Buch eine Lektüre für jedermann.

Günter Rolle
MIKRO-WISSEN A—Z
1984. Ca. 160 S. 16,2 X 22,9 cm. Br.

Dieses neue Nachschlagewerk erklärt die wichtigsten Hard- und Software-Begriffe aus dem Bereich Home- und Personalcomputer. Verwandte Gebiete wie Datenkommunikation und Bildschirmtext werden ebenfalls berücksichtigt. Die Begriffserklärungen werden zusätzlich durch zahlreiche Abbildungen unterstützt. Abgerundet wird das Buch durch ein Register Englisch-Deutsch, so daß das Verständnis englischsprachiger Literatur erleichtert wird. „MIKRO-WISSEN A—Z" richtet sich an alle, die sich — aus welchen Gründen auch immer — über Mikrocomputer informieren möchten. Es ist ein zuverlässiger Begleiter und Ratgeber beim Studium einschlägiger Kataloge, Zeitschriften und Fachbücher.